古论今语

仝延龄——编著

陕西新华出版传媒集团
三秦出版社

图书在版编目（CIP）数据

古论今语 / 仝延龄编著. —西安：三秦出版社，
2022.4
ISBN 978-7-5518-2592-4

Ⅰ.①古… Ⅱ.①仝… Ⅲ.①儒家 ②《论语》
— 研究 Ⅳ.①B222.25

中国版本图书馆CIP数据核字（2022）第038244号

古论今语

仝延龄 编著

出版发行 陕西新华出版传媒集团 三秦出版社
社 址 西安市雁塔区曲江新区登高路1388号
电 话 （029）81205236
邮政编码 710061
印 刷 西安市金雅迪彩色印刷有限公司
开 本 850mm×1168mm 1/32
印 张 10.25
字 数 292千字
版 次 2022年4月第1版
2022年4月第1次印刷
标准书号 ISBN 978-7-5518-2592-4
定 价 77.00元

网 址 http://www.sqcbs.cn

前　言

《论语》可以称之为孔子的代表作，可是这部代表作不是孔子以文字的形式写的论著，也不是根据孔子口述整理的著作，而是其学生将老师平时讲述的观点和主张记录下来，在孔子去世以后，进行收集、汇总、编辑成册的语录集。可以说是孔子一生心血的凝聚和思想精华，它促进了孔子学说的形成，反映了孔子的治国理念和主张，是一部影响深远的不朽著作。

一、《论语》产生的时代背景

《论语》产生的时代背景，即孔子学说产生的时代背景。

孔子所处的时代是中国早期社会大变革、大转型的时代，史称春秋战国时代，距今 2000 多年，也就是说，是早在人类纪年之前（前 770—前 221），历时 500 余年。可见其经历时间之长、社会转型之艰、社会撕裂之深、付出代价之大，都是罕见的。

这 500 余年，分为两个大阶段，第一阶段是春秋时期（前 770—前 476），是周王朝的衰落时期。周朝先祖周武王灭商建周，建立了天下有道、国家安定、百姓安居乐业的太平盛世。由于周朝采取分封制，大大小小的诸侯逐渐强大起来，到了春秋时期，周王朝大权旁落，诸侯自立为王，各自称霸，国家四分五裂，周王只是一个"招牌"。为了适应争霸的需要，诸侯国对内横征暴敛，鱼肉百姓，以致民不聊生；对外相互争霸，战争连年不断。这就进入第二阶段（前 475—前 221）即战国时期，演变成兼并战争，最后由秦国完成统一。

孔子生活的时代是春秋末期（前 551—前 479），他的一生都是处在这个大争霸的年代之中。就出身而言，孔子先祖为贵族，但到父亲时家道已经中落。孔子幼年丧父，家境贫寒，正如他自己所说："吾少也贱，故多能鄙事。"由此身处下层，目睹周朝的衰落。诸侯整天忙于争霸，文王武王建立起来的礼仪制度和大好天下日渐衰退，引起他强烈的不满。可是他没有对社会进行抨击，而是从治的理念上提出自己的主张。开始他涉足仕途，但是由于提出的主张与当时社会相悖，根本推行不了；继而他周游列国，宣传、推行自己的主张，亦行不通；与此同时，广招学生，以自己的主张为教材，教育学生。《论语》就是孔子教育学生的教材。

既然孔子的主张与当时的社会相悖，为什么当政者还允许其存在？这得从另一面来看这段历史。从人类社会发展和社会进步的角度看，在人类初始阶段，以孔子所主张的方式进行转型是一种历史必然，对社会发展起推动作用。而且，这一初始阶段的特点、所产生的一些成果以及对后世的影响都是不可磨灭的。

在春秋战国之前，中国已经有了几千年的文明史。争霸和战争运用了社会发展的成果，又在客观上促进了社会的发展，它有以下特点：第一，中国早在周朝以前就结束了石器和狩猎的时代，到了周朝农牧业有了很大的发展，春秋战国争霸与战争，就是在农牧业发展的支撑下进行的，而农牧业又是在战争的需求下加快发展的。从《论语》中看到，自耕农的出现，加速着农奴制的解体；冶炼和青铜器发展很快，兵器不断改进，已经脱离了原始的野蛮厮杀；同时，锻造兵器亦加速着手工业的发展。第二，争霸与战争不再是单独士兵的拼杀，军事人才快速成长，不仅有统兵的将才，而且还有有谋略的文才，军事将领如孙膑，谋士如管仲。还有军事理论的研究，例如《孙子兵法》，在2000多年前就出现这样的军事理论经典著作，反映出当时军事文化有了高度的发展。第三，奠定了中华文明和传统文化的深厚根基。与争霸形成鲜明对照的是，这是一个知识暴增、文化溢流的时代，出现了一批圣贤级的著名人物，如老子、孔子、孟子、荀子、墨子、韩非子等，成为道、儒、法等学派的创始人，其圣名横贯古今，其著作如《老子》《论语》都名扬中外。孔子只是其中之一。

孔子与其他人不同的是，他被后世统治者极力推崇，达到了登峰造极的程度，其根源就在于他创立的孔子学说。《论语》是孔子学说的集中体现。孔子的主张与当时争霸的时势是针锋相对的，又具有可实践性，如果按此实行，必然会动摇争霸的政治基础。既然如此，为什么当政者能让其存在呢？这与当时的大环境有关。争霸与战争不是单纯的人力拼杀战，不是只重战将，而是更重智力战，更重谋臣。这就是说，当政者对文人很看重，再加上他们的精力放在争霸上，这就给孔子留有自由活动和推行学说的空间。还有一点，就是孔子走的是一条教育治国之路，他不是政治人物，不可能用政治手段强力推行治国的主张，这是他的主张当时无法实现的主要原因。也正因为如此，他对当时执政者的地位和利益不会造成任何实质性的冲击。所以当政者认为，一介书生翻不起大浪，怎么说在你，实行不实行在我，我不实行，你能奈我何？这种放任、宽容的态度，是孔子学说能立于世的一个重要原因。

二、孔子的历史贡献及《论语》的主要内容

一部《论语》，说来说去，就是一个主题，即是治理国家的主张。全书紧紧围绕这一主题，一节一个主张，观点明确，语言精练，言简意赅。既然是治国的主张，主要是对当政者讲的，是对当政者的要求，因为当政者是治国的主体，要治理好国家，靠的是当政者。在形式上，常常是问答式，问的最多的是两个字，一个是仁，一个是政。仁，是仁德，要治好国，首先是国君及当政者要有仁德，国君和当政者没有仁德，就治理不好国家；政，是仁政，而非暴政，是仁德在政策上的体现。这些主张和观点的汇集，就构成了孔子学说。由此可以看出，其学说在当时推行不了，不是学说本身的问题，相反，其学说是站在治的制高点上，提出超越制度、国家和时代的治国良策，这是孔子对人类做出的最大贡献。

虽然孔子的学说在当时社会推行不了，但是在教育和培养学生上却是收获颇丰。

孔子是私人办学，属于"成人教育"。他没有固定的校舍和教室，没有现成的教材，其教材就是他讲的治国之道。这种教育与现实结合

得很紧密。他周游列国，带上学生，有些话是讲给当政者说的，学生将其记录下来；有些话是针对不同的情况说的，这些都不是空洞的理论，而是现实问题的理论提升。正是依靠这样的教育，培养了大批突出的人才，号称"三千弟子，七十二贤"。这些学生都是他的学说的信奉者和推行者，其中一些学生如有子、曾子、子思、子夏、子贡、子张等都成为了顶尖的专家学者。正是这些学生将孔子的主张汇集成册，这才使孔子的学说传世，成为我国优秀的思想文化遗产。如果没有学生，孔子的学说就是再好，也只能湮没在滚滚向前的历史洪流之中。这就是中华文化的伟大之处。

三、《论语》在中国历史上的地位和作用

《论语》在中国历史上影响之大、影响之深、影响之久是独一无二的，这是由其独特的历史地位所决定的。

秦统一中国之后，结束了四分五裂的格局，建立了大一统的封建王朝，却很短命。汉武帝执政以后，接受秦国的教训，"罢黜百家，独尊儒术"，孔子被推上"大成至圣"的地位，《论语》就被确定为封建统治的思想基础，成为教化全民的教科书。虽然以后多次改朝换代，孔子和《论语》的地位却始终没有改变，长达2000多年，为稳定社会秩序，维护国家统一和社会经济文化发展做出了巨大贡献；另一方面，被封建制度所绑架，孔子的思想逐渐被扭曲，《论语》变成了统治者奴役人民的思想枷锁，对延长封建统治、减缓历史演变起到了负面作用，特别是在社会大变革的过程中，孔子的某些思想甚至成了变革的障碍，给中国人民留下了难以磨灭的记忆，挥之不去。

中华人民共和国成立以后，发生了翻天覆地的变化，社会发展突飞猛进，面貌日新月异，经过70多年的艰苦奋斗，旧中国的痕迹越来越少了，留在思想上的记忆也逐渐淡去了。2000多年即使再长，在历史的长河中也只是一瞬间，而且已经远离了我们所处的时代，其负面影响已不复存在了，只能是历史的过客。今天，我们再来谈孔子及其《论语》的历史作用，就不必受那个时代的影响，而是摆脱负面的阴影，恢复《论语》的原意，弘扬中华优秀传统思想文化，去伪存真，古为今用。

基于上述认识，中国封建统治 2000 多年，也不都是负面的东西。从统治者来说，凡是按《论语》治国的，社会就进步，凡是扭曲《论语》原意，自搞一套的，国家就衰退，这是我国封建社会的发展逻辑。纵观这段历史，也有其辉煌的时期，如汉唐盛世、康乾盛世等。这个时期的特点是，皇帝仁德，政治清明，施行仁政，社会稳固，天下太平，都较好地遵循了孔子的治国之道。一些帝王将相至今都受到民众的称颂。

由于封建统治者官方推崇，剔除其负面的影响，孔子学说的优良传统是通过两个渠道传承的：一个是伦理构建。将《论语》作为教化全民的教科书，要求上自官员下至普通老百姓认真去做。以孝悌为核心的家庭伦理和以仁为核心的社会伦理被强力推行，一代一代相传，形成勤劳、朴实、宽厚、仁慈、和善、崇德、尊道、守礼、重义、诚信的优良品质，以及以爱国为核心，热爱祖国、艰苦奋斗、吃苦耐劳、忍辱负重、坚韧不拔的民族精神，经过长期的铸造，这种优秀特质和民族精神，已经融入到中华民族的血液之中，这是中华文明发展的主线，是中华自强不息、摆脱历史灾难、迅速崛起的精神动力和源泉。另一条线是文化传承。中国的文化底蕴极其深厚，在官方的推崇下，无论是官方还是民间，文化传承都很强势。一些资深的官员，特别是一些文人，包括顶尖的专家学者、大师，对《论语》的研究颇丰，各种注释、译文和解读功力深厚，可以说是到词到字，很有见地，有不少著作思想性很强，形成了优良传统和思想宝库。这些论著受封建制度的制约，其思想无不打上那个年代的烙印。但是舍弃负面的东西，从文化的传承来观察，这些都成为研究孔子学说的宝贵史料，是中华优良传统和思想宝库的重要组成部分。这两个渠道是中华文明发展的主线，不会随着时代的变化而消失，而且随着中华文明不断发展和社会不断进步将会不断增强。

四、《论语》的现代意义

当前，中国已经进入实现中华民族伟大复兴的新时代，贫穷落后的中国已经一去不复返了，一个民富国强的现代化强国必将展现在世界人民的面前。这个伟大时代深深扎根于五千多年中华文明的深根厚土之中，这是中华民族得天独厚的优势。《论语》必将以其丰富的治国内涵在这个新的伟大时代发挥其应有的作用。这是因为现在中国的政权已经掌握在人民手里，《论语》再也不会因受到制度的约束而改头换面，可以原汁原味立足于新时代的前沿。其中的治国学说、思想和文化，与新时代的治国之策、主流思想和文化相向而行，将其融入主流思想和文化之中，就会起到深根固本丰厚果实的作用。

《论语》产生于那么久远的时代，是针对当时的时弊而论的。但是，其提出的观点和主张却跳出制度之外，站在了人类思想文化的制高点上。其观点和主张始终与时代潮流相向而行。这一点，从我们周边的一些国家和地区已经得到验证。这些国家和地区受儒家影响较大，运用比较成功，有人将其称为儒家发展圈，或者是东方发展模式。现在孔子的影响越来越大，一些西方国家也在研究东方模式的优越性，不少国家和地区成立孔子学院，孔子的名望已经逐步从中国走向世界。作为孔子学说发源地，中国应该加大研究《论语》的力度，为中华民族伟大复兴做出贡献，也为世界了解中华文明做出贡献。

为了让现在的人读懂《论语》，我将我的阅读体会写出来，定名为《古论今语》。古论即是原文，今语就是用今天的语言予以意译和解读。所谓意译，即将原文用今天的语言表述出来；所谓解读，即我自己的理解和体会。根据去伪存真、古为今用的原则，尊重原意，又跳出原文。尊重原意，是指其特指性；跳出原文，是指按文字进行理解，具有一般性。这样的好处是，可以为那些有兴趣阅读和研究的人们提供一种思路。

书名与编目

书名《论语》，顾名思义，是孔子的言论集，准确地讲，主要收集的是孔子的言论，也有少数几个孔子学生的言论，是孔子学生的学生，在收集、整理、选精、汇总、编写时，认为自己的老师对领会孔子思想有独到之处，便也将其收录其中。因此，《论语》是一部如实反映孔子思想的书。

"论"是全书的内容，是指孔子的论述，集中体现孔子的理论、学说以及思想。说是孔子的主张也对，但"思想"能够反映孔子学说的系统性、完整性、全面性，可以归之为思想体系。有人将"论语"解为"伦语"，也没有错，因为全书通篇都有讲伦理，但这是以偏概全，伦理是一个重要部分，但不是全部，《论语》主要是讲治国之道。

"语"是论述的方式，是口述，而非文字记载。因此，《论语》是一部将孔子一生的讲述，根据学生的记录，汇集成为孔子完整的思想体系，并以文字的形式记载下来的经典教科书。

只有把握好《论语》这些要义，才能准确地理解孔子思想的真谛。

根据我所见的版本，全书共二十篇。虽有编辑不完全一致的地方，但内容均没有差错。篇目名称主要是由每篇首句而得，有两种情况，一是首句开篇内容，二是选用人名。似乎各篇题目相互之间没有关联，但是都反映了各篇的重要论述。

也有个别特例，例如第十篇，不是口述记录，而是由弟子如实记录孔子的行为，彰显孔子严格要求自己，言行一致，表里一致。

目　录

学而篇第一

【原文】

子曰:"学而时习之,不亦说乎? 有朋自远方来,不亦乐乎? 人不知而不愠,不亦君子乎?"

【意译】

孔子说:"学习知识而且经常复习、练习、实习,这不是令人喜悦的事情吗? 有朋友从远方来拜访你,这怎么能不让人快乐呢? 别人不知情,误会你,对你有看法、有意见,你不生气,这不正是君子之为吗?"

【解读】

这三句话各有其单独的含义。为何将这三句话放在一起作为全书开篇,这是要研究的问题。从全书看,孔子的面孔很严谨,师道尊严,而开篇这三件事却反映高兴和快乐,这仅仅是对"学而时习之""有朋自远方来""人不知而不愠"三件事满意吗? 学生编写时,为什么将此作为开篇之首? 说明孔子讲的不是就事论事的小道理,而是做人处事的大道理,可以说对全书起到提纲挈领的作用。可从三个层面加以解读。

第一个层面是孔子淋漓尽致地表露出了自己的人生态度。在三句话中,两句表露出在全书找不到的难得愉悦心情,还有一句表现出了君子风度。据此,第一句话"学而时习之,不亦说乎?"的"学"是学习,孔子对学习达到废寝忘食的程度。"习",不仅是复习、增加知识,而且是"温故而知新""闻一而知十",不断创新自己的主张,进而形成学说体系。常常有新主张,新观点,有自己的学说。"说"读"悦",即愉悦、愉快,这是多么让人愉快的事情。"有朋自远方来,不亦乐乎?"这里的"朋",不是指一般朋友,而是指志同道合者,因为他认为"道不同,不相为谋"。他的学说在当时难以推行,有志同道合者慕名而来,与他交流切磋,"乐"即快乐、高兴,这是多么让人高兴的事情。"人不知而不愠,不亦君子乎?"他的学说常常遭到非议、冷落,甚至连下层的人也不理解他、讥讽他,对此他很大度,说人家不知道、不了解你,你不必为此生气,不要计较人家这样对你，这就是君子风度。这充分反映了孔子积极向上的人生理念、坚定不移的人生理想以及从不退缩的执着追求。

第二个层面，围绕学而，可以作这样的解读：学习不仅是学习知识，还要通过复习、练习和实习，将书本知识变为自己的知识，并且能够联系实际，用之于实践之中，这是多么令人高兴的事情；有志同道合的人从远方来与你交流和切磋，这是多么令人快乐的事情；人家由于不知情，对你产生误会，提出意见，不必生气，这就是君子，这就是君子所为。这是特指性解读。

我将其作为一般性，推而广之。其一，学习是内在需求，是立人、立业、立世之本。孔子这里强调的是，不仅学习知识，而且要通过复习、练习和实习，将书本知识变为自己的知识，提高文化水平、认识水平、思维能力和创新能力，并且能够联系实际，用之于实践之中。其二，以诚待友，这是为人处世的道理。人家能从远方来拜访你，说明人家信得过你，怀念你。因此不要做酒肉朋友，不要做利益朋友，而是交真朋友、知心朋友。有将"朋"作"志同道合者"解，我以"朋友"解，更广泛些，也不违背原意。其三，"人不知而不愠"，是指人的素养。生活中往往有很多事，由于不知情而产生误会，这些都不要计较，不要耿耿于怀，对人要宽容一些、大度一些。这三件事，"学"是内需，"朋"是外需，"人不知而不愠"是人的修养。"君子"是孔子设立的典范标杆型的"贤"人。现在"君子"一词还在使用。

第三个层面，从治国治世层面古为今用的现代解读：一是建立学习型组织、学习型国家、学习型社会，以应对新形势的挑战；二是建立新型的伙伴关系、合作共赢关系，构建人类命运共同体；三是正确处理国家关系，"和而不同"，处理好不同社会制度、不同类型国与国之间的国际新秩序。

【原文】

有子曰："其为人也孝弟，而好犯上者，鲜矣；不好犯上，而好作乱者，未之有也。君子务本，本立而道生。孝弟也者，其为仁之本与！"

【意译】

有子说："能够孝顺父母、尊重兄长，却喜欢冒犯长辈和上级，这样的人是很少见的；不喜欢冒犯上级，却喜欢做乱的人，是不会有的。君子致力于牢根固本，打好基础，根本立起来了，基础打好了，为人处世之大道、国家之大道、社会之大道就建立起来了。孝弟（同悌），就是仁的根本、根基和社会基础。"

【解读】

有子是孔子的学生，姓有，名若。孔子的三千学生中，有七十二贤。在《论语》中，能够与孔子同称为"子"的只有两人，有子就是其中之一，可见其造诣之深。他的这个称谓，可能是他的学生参与编写《论语》时，对自己老师的尊称，说明他在学生中威望之高。而他的学生能够参与编写这样流芳百世、永不褪色的不朽古代经典名著，"名师出高徒"，是当之无愧的专家学者，也是很了不起的。

这段话，重点有二，一是"仁"，二是"孝悌"。"仁"是孔子伦理道德的最高准则，也是孔子思想的核心理念。"孝悌"是达到"仁"的基础。家庭是社会的最小细胞，家庭伦理是社会伦理的重要组成部分，是社会伦理的根基，而"孝悌"是家庭伦理的核心内容，是"仁"的重要体现。孝顺父母、尊重兄长，家庭才能和睦；家庭和睦，社会才能和谐。有子对孔子思想有深刻的见解，并将其提到"本立而道生"的理论高度，具有规律性和普遍性，由此推出"孝弟也者，其为仁之本与！"是理论的应用。

【原文】

子曰："巧言令色，鲜矣仁！"

【意译】

孔子说："在语言上花言巧语，讨好人，而在行为上察言观色，虚伪善变，这种人是很少有仁德的！"

【解读】

口中说得天花乱坠，花言巧语，而在行为上见风使舵，表里不一，言行不一，这样的人缺乏品德和素质。这种人我们不仅在为人处事中要警惕，在选人用人上更要注意，要听其言而观其行。对于个人而言，要加强修养，注意提高自己的品德和素质，而不是投机取巧，在伪装自己、拉拢关系上下功夫。

【原文】

　　曾子曰："吾日三省吾身：为人谋而不忠乎？与朋友交而不信乎？传不习乎？"

【意译】

　　曾子说："我每天都再三反省自己：为他人做事是不是诚心实意了呢？与朋友交往是不是以诚相待呢？对老师传授的学业是不是都认真复习了呢？"

【解读】

　　曾子是孔子的学生，姓曾名参，字子舆，在《论语》中是被称为"子"的二人之一。他的学生亦参与编写《论语》，"子"是他学生对他的尊称。

　　这段的重点是"三省"。"省"是"反省"，"三"是"多"的意思。二者放在一起，就是多次反省。曾子是在说他自己，能够严格要求自己，每天都对自己的所作所为进行回顾，看自己今天做得怎么样。其重点是回顾三件事，一是为他人做事是不是实心实意尽心去办，这里是指"为他人"而不是"为自己"。推而广之，对工作是否尽职尽责？二是与朋友交往是不是以诚相待，推而广之，对人是否以诚相待？三是对老师讲的是不是进行了认真的复习，亦指是否练习、实习和联系实际，曾子是根据他当时的情况，重点反省这三方面。人们对这三方面可以借鉴，但是，主要是学习他"吾日三省吾身"的精神，每日根据自己的情况，回顾一天所作所为：哪些做到了，哪些没有做到；哪些做得好，哪些做得不好；还有没有失误或者错误需要加以改正。严格要求自己，总结经验教训，这却是可以做到的。

【原文】

　　子曰："道千乘之国，敬事而信，节用而爱人，使民以时。"

【意译】

　　孔子说："治理好一个拥有千辆兵车的国家，就要对事业兢兢业业而且取信于民，要节约开支并能爱护下属、体恤人民，要根据农闲农忙役使百姓，不要加重人民的负担。"

【解读】

孔子这里讲的是诸侯国。"千乘"是以四匹马拉的兵车来标志国家的大小，即兵车数量，我将其泛称为"国家"。"敬事而信"，要精心用于治理，重要的是要取信于民，不要丧失民心。"节用而爱人"，要勤俭治国，节约开支，但是要爱护下属，提高他们的待遇，关心他们的生活。"爱人"推而广之，就是要关心人民的疾苦，不断改善他们的生活。"使民以时"，当时社会以农为主，统治者忙于战争，以苛捐杂税盘剥人民，还实行暴政，经常拉丁拉夫，过度使役人民，使民不堪重负；针对这种情况，孔子提出使役农民要根据农闲农忙合理安排，不要加重农民负担。如果拓展为一般规律，就是给群众摊派任务，要根据不同情况合理安排，不能加重群众负担。

古为今用，用现代语言解读就是要治理好国家，就要抓好三件大事，同时要处理好三个关系，概括起来：一是励精图治，抓事业，抓发展，抓治理，同时要处理好治与信的关系。信，指信任，即人民对政府的信任，在治时，不要做那些损害人民利益、有损人民对政府信任的事情。"民无信不立"，执政者的政策、举措、措施，要得到人民的拥护和支持，才能调动起人民的积极性和主动性。二是要勤俭治国，要节约开支，不断增加国家收入，同时要处理好节用与爱人的关系。爱人，泛指爱人民，就是不要贪图享受，铺张浪费，要把增加和节约的钱用在惠民上，为人民谋福利，给人民以实惠。三是"使民"，这里的使民，可泛指领导人民，依靠人民完成事业和发展任务，同时要处理好"使民"与"时"的关系。时，是指农时，这里泛指要适当，要合理，不要增加人民负担，让人民安居乐业，生活幸福美满。这三件大事中，均包含"人民"二字，即民信、民惠、民情，也就是说，以人民为执政核心，要把全部精力用在人民身上，大政方针要符合民意，取得人民对政府的信任，从而得到人民的拥护和支持；要节约行政开支，不断增加人民收入，使人民得到真真切切的实惠；要减轻人民负担，让人民安居乐业，只有这样，才能将国家治理好。

【原文】

子曰："弟子入则孝，出则弟，谨而信，泛爱众，而亲仁。

行有余力，则以学文。"

【意译】

孔子说："年轻人在家要孝顺父母，尊敬兄长；出门在外，说话要谨慎，要言而有信；要广泛地爱众人，亲近有仁德的人。如果有空闲的时间，就把精力用在学习上。"

【解读】

这段话，"孝"是第一层意思，用"入"字，是指父母所住的房间；"弟"（悌）是第二层意思，用"出"字，是指离开父母的房间，在家里就要尊敬兄长；"信"是第三层意思，谨言而守信，出门在外，说话不能信口开河，夸夸其谈，说话办事讲究的是一个"信"字，让人放心，能信得过；"爱"是第四层意思，广泛地爱众人，对人民充满爱心，诚心实意为人民办事；"仁"是第五层意思，这里指有仁德的人，这样才能从他们身上学到好的东西，不要和那些不三不四的人亲近，以防沾染不好的东西；"学"是第六层意思，年轻人要把精力放在学习上，多学一些知识，不要虚度年华。

【原文】

子夏曰："贤贤易色；事父母，能竭其力；事君，能致其身；与朋友交，言而有信。虽曰未学，吾必谓之学矣。"

【意译】

子夏说："对自己能做到贤，重品行（贤）而轻女色；侍奉父母，能竭尽全力；为国君做事，能不惜献出生命；与朋友交往，能以诚相待，说话守信用。能做到这些，虽然自己说没有学过，我也必定认为他是学习过的。"

【解读】

子夏是孔子的学生，姓卜名商，字子夏。能将其论述收编于《论语》之中，足见其是"七十二贤"中的有突出造诣者。"贤贤易色"，除上述意译外，有人解读为，对妻子重品德，不重容貌；也有人解读为，尊重有贤德的人，而不重女色。以上三种均将"色"作女色解。会不会有这种情况？是指改掉华而不实、只做表面文章、重"色"而不重"贤"的不良习惯。究竟哪种意译才是原意，我们还不得而知，对于世人来说，只要能够增加正能量，就可针对不同情况，取其所需，古为今用。"君"，在孔子时代是"国"之象征。孔子受时代局限，认为忠君就是忠国。如果将"君"改为"国家"，这句话就可以运用了。最后一句是说要重实践而不是重书本，实践是检验学还是未学、学得好还是学得不好的标准。

【原文】

子曰："君子不重，则不威；学则不固。主忠信。无友不如己者。过，则勿惮改。"

【意译】

孔子说："君子如果不庄重，就没有威严；学习知识学问也不会巩固。最重要的是'忠诚'和'守信'，才能建立起威望；不与不讲忠信的人为友；有了过错，也不怕丢掉面子，敢于改正。"

【解读】

这段话有着不同的解读。我以为，从总体上看，可以说这是孔子主张的为学之道、君子之道。重，指庄重，重视，持重，不轻浮；威，指威严、威信、威望。孔子在告诉人们，只有重，才能有威望，学习知识学问才能巩固，学有所成。那么，什么是重？重什么？怎样才算重？孔子说了三点：主要的是忠信；不与忠信差的人也就是"道不同"者为友；有了错误，就勇于改正。这是孔子主张的对待君、友、错误的态度和原则。坚持这种态度和原则，在这方面下功夫，就是重。我们不能把"不如"泛化，看作人与己的比较，而应该理解为在忠信主张上的不一致甚至相反。如果把"无友不如己者"解读为"不与不如自己的人交朋友"，那么谁还会有朋友呢？"君子不重，则不威"，不庄重，就没有威严，这句话单独使用，可称为经典。"主忠信"、"过，则勿惮改"也是经典句。

【原文】

曾子曰："慎终，追远，民德归厚矣。"

【意译】

曾子说："慎重举行父母的丧礼，虔诚对先祖进行追思和祭祀，这样民风和社会伦理就会归于淳厚了。"

7

【解读】

曾子这里讲的，不仅仅是一种礼节和祭奠仪式，而是要人们不要忘记父母养育之恩，不要忘祖。通过祭奠和追思，表达自己的情怀，传承好的家风，激励自己前行，进而营造良好的民风和社会伦理。

【原文】

子禽问于子贡曰："夫子至于是邦也，必闻其政，求之与，抑与之与？"子贡曰："夫子温、良、恭、俭、让以得之。夫子之求之也，其诸异乎人之求之与？"

【意译】

子禽问子贡："先生到一个国家，总能听到这个国家的政事，是他自己请求得到的，还是人家主动告诉他的？"子贡说："他老人家是靠温和、善良、恭敬、简朴、谦让而得到的。老师通过自己的举止取得别人信任、获得这种待遇的方法，也许与别人有所不同吧？"

【解读】

子禽，姓陈名亢，字子禽。子贡，姓端木名赐，字子贡，是孔子的学生。"夫子"，是对老师的称谓，特指孔子。

这里是在讲关于了解真实情况的具体事例，通过子贡的口，讲出孔子身上具有"温、良、恭、俭、让"的优秀品质，成为人们学习和效仿的典范。温者，和蔼可亲；良者，与人为善；恭者，诚恳待人；俭者，朴实厚道；让者，谦虚谨慎。这五种品质，对今人来说，仍然是应该具备的优良品质。

【原文】

子曰："父在，观其志；父没，观其行；三年无改于父之道，可谓孝矣。"

【意译】

孔子说："父亲健在时，主要是看他的志向、意愿，能否遵从父亲的期盼、管教；父亲去世后，主要看他的行为，是否能仍然遵照父亲生前的期盼和教诲去努力和坚持；如果行动上长期不改变父亲的期盼，就可以称得上孝了。"

【解读】

"志"，指志向，意愿，目标；"道"指准则，规范，是父亲对子女的期盼、教导和心愿，有父亲在，看着你、期望你、教育你、关照你、督促你；"行"是指行动，父亲去世后，就要看你是否能够自己践行、完成父亲的遗愿。"孝"是家庭伦理的核心内容，不仅生前尽孝，而且长期坚持和完成父辈的教诲和遗愿，不辜负父亲对你的期盼，才能称得上孝。"志向"和"践行"，是父亲最大的心愿，完成父亲的心愿，这才是真正的尽孝。

【原文】

有子曰："礼之用，和为贵。先王之道，斯为美。小大由之，有所不行，知和而和，不以礼节之，亦不可行也。"

【意译】

有子说："礼的运用，以做到恰到好处最为可贵。过去圣明的国君治理国家，对此都做得很好。但无论大事还是小事，都只顾着恰到好处是不行的，只是从认知上为恰当而恰当，不用礼来加以节制，也是不行的。"

【解读】

有子将孔子"和"的思想用于"礼"上，是对孔子思想的深刻理解，提出"和为贵"的观点，则是对孔子思想的发展。将其运用于"礼"上，是作"恰到好处"解；将其单独使用，就具有"和"的一般意义，内容十分丰富。如以和为贵、家庭和睦、社会和谐、世界和平；和美家庭、和谐社会、和平发展、协和万邦、和平共处；和气生财、家和万事兴等。由此可以这样说，"和"是中华伦理的核心理念，是中华文明的核心内涵，也是中华民族优秀品质和传统美德的善之反映。深而探之，亦是人之为人、社会文明、人类社会发展和进步的内在需求。

【原文】

有子曰："信近于义，言可复也。恭近于礼，远耻辱也。因不失其亲，亦可宗也。"

【意译】

有子说:"作出承诺符合道义,才可以实践和兑现。行为举止符合礼节,才可以避免受辱。依靠亲密可信即'信近于义'和'恭近于礼'的人,才能靠得住。"

【解读】

这段话的意思是说,做什么事,有什么承诺,只有符合道德和信义,才能行得通;为人处事、言行举止都要严谨庄重,按规矩办,才不会失去威信,让人看不起,也才不会受到侮辱。这里的"亲",不是指亲友,也不是指亲近的人,而是指信得过、靠得住的人,是有道德、讲诚信、重信义、守规则、行为端庄、做事放心的人。重点在"义"和"礼"上。

【原文】

子曰:"君子食无求饱,居无求安,敏于事而慎于言,就有道而正焉,可谓好学也已。"

【意译】

孔子说:"有德行的人不求吃得好和住得舒适,主要是就就业业做事,说话谨慎,多做少说,能够向有道德的人学习他们的优点,并改正自己的缺点,这样就可以称得上是好学了。"

【解读】

孔子要人们多注意向他人学习,善于学习他人身上的优点,以吸取有益的东西,弥补自己身上的缺陷和不足,而不是把精力放在吃住和享受上。"好学"是关键词。

【原文】

子贡曰:"贫而无谄,富而无骄,何如?"子曰:"可也;未若贫而乐,富而好礼者也。"

子贡曰:"《诗》云:'如切如磋,如琢如磨。'其斯之谓与?"子曰:"赐也,始可与言《诗》已矣,告诸往而知来者。"

【意译】

子贡问孔子："贫穷而不巴结奉承，富有却不傲慢，怎么样？"孔子回答："这样就可以了。但是还不如虽然贫穷却快乐，富有却崇尚礼节的人。"

子贡听到老师的回答，有所感悟，继而说："《诗经》有这样的话：'自我修养就像匠人加工骨器、玉器一样，锯开挫平、雕琢磨光。'大概就是这个意思吧？"孔子说："赐（子贡）呀，现在可以谈论《诗经》了，因为告诉你的道理，你能够有所发挥、举一反三了。"

【解读】

这是孔子教育学生的一个具体事例。在方式上，他不是采取灌输式教育，而是对学生具体问题理解进行点评，指出其对的方面和认识不足的地方，引导学生进一步深入理解。他对学生能够开动脑筋深入思考加以表扬，说现在可以对《诗经》进行探讨了，意思是说，《诗经》是一部代表当时思想文化水平的经典著作，不是什么人都能探讨，能够与之讨论《诗经》，说明其认识水平和思维能力已经达到一定的高度。在内容上，他在告诉学生，在贫穷时不能低三下四、看人脸色，要人穷志不短，毫不气馁，不做违背道德和违纪违法的事情；在富有时，不仅富而不骄，谦虚谨慎，还要富而好礼、更加努力，不飞扬跋扈、盛气凌人，不做违背人伦和良心的事情，要堂堂正正做人。同时，他在教育学生时，要求学生能够独立思考，从中悟出道理，有所发挥、举一反三，这比懂得教育内容更为重要。

【原文】

子曰："不患人之不己知，患不知人也。"

【意译】

孔子说："不担心别人不了解我，而是担心我不了解别人。"

【解读】

别人不了解我，我不在乎，因为我最了解自己。由于不了解产生误会，我也不会生气，"人不知，而不愠"，我还是我。我最为担心的是我不了解人，这在于我，不了解别人，就可能看错人、信错人、用错人，就可能产生误解和误判，给别人带来不愉快和伤害。要避免这种情况的发生，就应多了解别人，遇事要多从别人角度考虑。如果发生不愉快的事情和误会，就要及时解释和赔礼道歉，化解误会，不要形成疙瘩和过节，让别人产生对自己的成见。

【本篇思考】

这是《论语》全书的开篇，也是本篇的开篇。篇名是根据第一句"学而时习之"而来，"学而时习之"有专指性，"学而"就变成为一般含义。

从字面上理解，"学"即是学习，"而"即是而且。学习与而且组词，合在一起，学仅指学习，而且却包罗万象，可以说一切都是由学习而得，学习对实践具有重大意义。

从"学而时习之"的本意来讲，不仅要学习，而且要复习、练习、实习，进而推广之，不仅要学，"学而不厌"，活到老，学到老，"不知老之将至"，而且要联系实际，学以致用。书本读得再多，给你工作拿不动，给你任务完不成，学了能有什么用？

学习不是死读书，仅仅提高知识和文化水平，而且要"温故而知新"，"举一隅"而"三隅反"，"知一而知十"，提高思维能力和创新能力。

学习不能只读书本知识，"敏而好学"，还要"不耻下问"，"每事问"，"三人行，必有我师"，对其有益无害的学，对其无益有害的弃，"择其善者而从之，其不善者而改之"。

学不是为学而学，而是"志于学"。为了实现自己的理想、信念，实现人生的志向，为实现治国之道而学。

由此，可以说学是立人之本、立业之本、实践人生之本、成就人生之本；学亦是思维之本、创新之本、提高智能之本、提高认识水平和实践能力之本、提高人的素质之本；进而是形成学习型社会之本、实现民富国强之本、构建和谐社会之本、建立文明社会之本。可以这样说，一切都是学而用，用而学，学是源泉和动力，成是学用实践的成效。只有两者紧密结合，才能起到"本"的作用，发挥"本"的功能，做到学而事成之，这两者缺一不可。也可以这样说，学习提高智慧，智慧提高能力；学习提高思维，思维创造未来。还有一点，不仅要学习知识，而且要提高人的素质；不仅要学会做事，而且要学会做人；不仅要树人，而且要立德。提高素质是求知之本、立德是树人之本、做人是做事之本。

总而言之，学而，不是为了满足人的需求的小道理，而是实践人生的大道理；不是为了满足个人的小道理，而是治国之道的大道理。将其作为开篇，足见孔子的学生和学生的学生对孔子学说理解之深，不愧为学有造诣的孔子学说的继承者和传播者。

"学而篇第一"是沿用原文，写成第一篇、第一辑、第一编均可，采用原文也很明白，不必改动。（以后各篇均按此形式，不再提示）

为政篇第二

【原文】

子曰："为政以德，譬如北辰，居其所而众星共之。"

【意译】

孔子说："用德来治理国家，就好像北极星一样，群星都环绕在它的周围。"

【解读】

为政，指执政、当政，"以德"是指以德治国。"为政以德"，就是执政要以以德治国为治国理念、治国方略。孔子提出的"以德治国"的治国理念和方略，既具有针对性，又具有普世性，是治好国之大道。在两千多年前人类科学还不发达的时代，孔子能用星辰做比喻，足见我们老祖宗的大智慧。将其运用于"为政以德"上，既生动易懂，又具有说服力。

为政的主体是当政者，即统治者、掌权者，孔子时代就是指国君或者国政的主宰者，统治者即是政府的代表，所以孔子讲的"为政"，是针对统治者说的。

"为政以德"这里包含两个含义，一是德化，二是德治。"德化"是指，作为统治者，首先要自己有仁德，为国人做出表率，用仁德感化人民。自己有仁德，才能让下属和人民信得过，才能得到下属和人民的信任和拥护。"德治"即是仁政，以德治政，爱护下属，热爱人民，能让人民安居乐业，建立良好的社会伦理和社会秩序，能给人民以恩惠，构建文明之邦、和谐之邦、国泰民安之邦、人民幸福之邦。只有做到这两点，才能将下属和群众团结在自己的周围，产生向心力和凝聚力。故而可以说，"为政以德"是治政之本、治国之本。

【原文】

子曰："《诗》三百，一言以蔽之，曰：'思无邪。'"

【意译】

孔子说："《诗经》三百篇，用一句话来概括，就是'思想纯正。'"

【解读】

"思无邪",原来是《诗经·鲁颂》其中一篇中的一句,被孔子用来概括整个《诗经》,为他的主张而运用,强调"思想纯正"的重要性。以此可以看出,孔子对于《诗经》这样的经典著作,也不是死扣原意,而是取其精华而用之。这里不必关注孔子对《诗经》的评价考证,重点在对"思无邪"的理解上。

撇开原意特指性,仅就字面理解,"思无邪"可作"思想没有邪念"解。这与"思想纯正"意思相同,前者重点在预防和防止,后者重点在构建和修养。"思想纯正"包括思想的正确性、坚定性、纯正性,同时也包括理想信念、道德品质、行为举止等,即理想远大、信仰坚定、道德高尚、品行端庄,不存私心杂念,不搞邪门歪道,不做违背人伦的事情。

【原文】

子曰:"道之以政,齐之以刑,民免而无耻;道之以德,齐之以礼,有耻且格。"

【意译】

孔子说:"靠行政强力推行,靠刑罚强力整治,可以制止犯罪,但犯罪者没有廉耻之心;用道德来教化人民,用礼来约束人民,人民就有廉耻之心,不会去犯罪,而且对政令、刑罚也能心服。"

【解读】

孔子在告诉统治者,仅靠政令和刑罚,是治标不治本的,能够制止违法犯罪,但不能从根本上预防和根治犯罪。只有用道德和规范,从思想上构筑防火墙,认识到哪些该做,哪些不该做,并以违法犯罪为耻,这样才能从根本上防止犯罪。这里强调的是德治,既治标又治本;强调的是重在预防,不要等到发生了以后再去处治;重在内化,不要仅仅依靠刑罚。

【原文】

子曰:"吾十有五而志于学,三十而立,四十而不惑,五十而知天命,六十而耳顺,七十而从心所欲,不逾矩。"

【意译】

孔子说："我从15岁开始有志于学知识；30岁开始立业，实现自己的理想；40岁就将世事看明白了，不再感到困惑；50岁就将世事看得透彻了，就能掌握其规律了；60岁时，就不再被困难和问题所困扰，坚定不移地推行自己的理念了；到了70岁，就可以怎样想就怎样做，而不会逾越规矩。"

【解读】

这段话是孔子对自己一生的总结，我对其再做进一步解读，是说，我从15岁就立下志向，为实现自己的理想而学知识、学做人，打好人生基础，这用了15年；到了30岁，我已经成熟了，知识和做人的基础打好了，可以立足于社会了；从30岁开始，我用了10年的时间，实践自己的志向，推行自己的主张，取得了一些成绩，也受到了挫折，产生了困惑；到了40岁，我对自己的志向不再困惑了，更加坚定不移，建立自己的学说用了10年；我本来依靠国君推行自己的主张，却遇到阻力，难以推行，到了50岁，我已将这一切看明白了，知道天命是怎么一回事，能将命运掌握在自己的手中，形成自己学说的理论体系；在本国（指诸侯国，下同）推行不了，周游列国，推行受到冷遇，甚至引起民间的非议和讽刺，我更加矢志不移；到了60岁，我对这些已经听起来"耳顺"了，不在乎了，这一切都不影响我了，我将我的思想理论体系更加完善了；再经过10年的继续坚持和完善，到了70岁，我已经到了随心所欲都不会逾矩的程度。

这段孔子对人生的总结很重要，故而从事业上和思想境界上作了意译和解读，意在给人们提供思考的思路。

对于孔子的人生总结，有三点应该引起注意：第一，孔子的人生总结可以说是对人生之路最为简洁的总结和高度概括，也是最为精辟和经典的总结，可见其思想造诣之高。第二，孔子的人生，是理想和实践的统一，理想高远，信念坚定，严格践行，无论遇到任何困难和挫折都矢志不移。自己立下志向，通过学习、立业、实践和跨越，逐渐走向人生的顶峰。在遇到冷落、阻力、讽刺，根本推行不了的情况下，坚信自己学说正确，周游列国无果，就广收学生进行传播，虽然在当时的社会不能实现，但是正因为他的学说站在超越制度的高度，他的学说对后世却具有不朽的价值。第三，这不仅是孔子对自己人生的总结，还以自己的身教给学生以人生示

16

范作用，也能对所有人的人生之路给予启示和借鉴。

根据意译和解读，简要列出孔子人生概括：

事业上，特指性：为治国之志而学习—实践治国志向—创建治国学说—形成治国理论体系—推行和完善治国理论体系—形成完善的治国之道。

一般性：为志而学—事业有成—矢志不移—掌握规律—成就斐然—达到人生顶峰。

思想境界上：志而学—而立—不惑—知天命—耳顺—从心所欲，不逾矩。

由此可以看出，孔子的人生，从事业上讲，是台阶式爬坡；从思想境界上讲，是跨越式提升。事业和思想境界相辅相成，而思想境界对事业更为重要，起到精神和动力作用。故而对六大跨越和提升作简要的解读。

志而学之年：是指 15 岁，在这以前，学习和教育均是养成，是形成良好习惯的过程，到了 15 岁，立下志向，为实现人生理想而学习，这是人生思想境界的第一次大提升。

而立之年：是指 30 岁。从 15 岁到 30 岁，通过学知识、学做人，经过 15 年，人已经成熟了，打下了坚实的知识和做人基础，可以自立于世，实践自己的志向，这是人生思想境界的第二次大提升。

不惑之年：是指 40 岁。从 30 岁到 40 岁的 10 年期间，通过实践，取得成绩，其中也遇到不少困难和问题，影响自己的理想信念，通过磨练，到了 40 岁，人已从不惑中走了出来，坚定不移地继续实践志向，这是人生思想境界的第三次大提升。

知天命之年：是指 50 岁，从 40 岁到 50 岁的 10 年期间，人取得了更大成就，可是在实践中，人会发现，人的命运不是掌握在自己手中，受到客观环境的影响较大。到了 50 岁，人将世事看得很清楚了，知道"天命"是怎么一回事了，就能够将命运掌握在自己的手中，这是人生思想境界的第四次大提升。

耳顺之年：是指 60 岁，从 50 岁到 60 岁的 10 年期间，人已经历过人生的辉煌，也有了丰富的经验，而此时，也会听到议论、批评和意见，但通过自我修养，到了 60 岁，就能听得进去意见和批评，对于一些不正确的议论也毫不在意，这是人生思想境界的第五次大提升。

从心所欲不逾矩之年：是指 70 岁，人从思想境界上已经达到"思想纯正"的境界，无论做什么事都不会越轨，这是人生思想境界的第六次大提升。

孔子 72 岁去世，可以说这是他一生最为完整的总结，他之所以能够达到如此高的思想境界，全是靠他终身修养的结果，这是常人很难达到的，特别是在不顺心、出现困难和挫折甚至受到委屈时，人的意志和信心就很容易动摇，这就是孔子以他自身的总结来给人们立下的榜样。说明不是到了这个年龄，就自然有大跨越和大提升，而是要经过毫不松懈的艰苦磨练和修养，这就是孔子不同凡人之处。

【原文】

　　孟懿子问孝。子曰："无违。"

　　樊迟御，子告之曰："孟孙问孝于我，我对曰，无违。"樊迟曰："何谓也？"子曰："生，事之以礼；死，葬之以礼，祭之以礼。"

【意译】

　　鲁国大夫孟懿子问孔子什么是孝，孔子回答："不要违背礼节。"

　　孔子学生樊迟为孔子赶车，孔子将这个回答告诉樊迟，说："孟孙问我什么是孝，我回答他，不要违背礼节。"樊迟问："这是什么意思？"孔子说："父母在世时，按照礼节尽孝；父母去世后，按照礼节安葬和祭奠。"

【解读】

　　孟懿子是鲁国大夫，姓孟孙，名何忌，"懿"是谥号。他的父亲是孟僖子，孔子回答学生问题时以"孟孙"称之。樊迟是孔子的学生，姓樊名须，字子迟。孔子这段话是针对当政者说的，强调不要违背礼节，要讲规矩。

　　用一般道理讲，孔子的意思是说，父母生你养你，对你有养育之恩。在他们在世时，要遵循孝道，好好孝敬他们；在他们去世后，要遵循礼节，进行安葬和祭奠，这就是孝道。孝敬父母，就是必须遵循的孝道，对父母不孝顺，就是违背孝道。

【原文】

　　孟武伯问孝。子曰："父母唯其疾之忧。"

【意译】

孟武伯问什么是孝，孔子回答："父母最担心的是自己生病。"

【解读】

孟武伯是孟懿子的儿子，名彘，"武"是谥号。父与子问的是同样的问题，孔子的回答却不同，具有针对性。上述意译是说，父母最担心的是自己生病，子女能将父母照顾好，使他们健健康康生活，有了病，就要抓紧治疗和精心护理，这就是尽孝。

还有一种解读，是说父母最担心的是子女生病，希望子女无灾无病，所以子女要好好的，不让父母操心，这就是尽孝，这也说得通。能从两方面去做，这样最好。

【原文】

子游问孝。子曰："今之孝者，是谓能养。至于犬马，皆能有养。不敬，何以别乎？"

【意译】

子游问什么是孝，孔子说："现在所谓的孝子，能够供养父母就是尽孝了。可是狗和马也能得到人的饲养。如果不孝敬父母，只是供养，这和养犬养马有什么区别呢？"

【解读】

子游，姓言名偃，字子游，是孔子的学生。这段话是对那些认为只供养父母就足够而对父母不能尽孝道的子女最为严厉的批评和抨击。指出只给父母供吃供穿，这和养狗养马有什么区别？这样怎么能称得上是"孝"呢？显然，孔子说的孝，不只指物质方面，也包括精神方面。在现今社会，由于生产高度社会化、生活节奏加快，大多数成年子女与父母在一起的时间很少，还有许多"空巢"家庭。不少父母衣食无忧，但孤独感、失落感等却比较严重。所以，子女既要尽可能从生活上照顾，又要"常回家看看"，从精神上关心安慰，这才是孔子所说的尽孝之道。

【原文】

子夏问孝。子曰："色难。有事，弟子服其劳；有酒食，先生馔，曾是以为孝乎？"

【意译】

子夏问什么是孝，孔子说："子女对侍奉父母始终能够做到和颜悦色，是一件很难做到的事情。仅仅有事情替父母去做，有酒食供父母吃喝，而做这些事时脸色却很难看，这能算是做到孝吗？"

【解读】

子夏，姓卜，名商，字子夏，孔子学生。孔子对"孝"的解释不尽相同，但有一点是肯定的，孝都是指孝顺父母，了解这一点，这句话就好理解了。色难，对父母和颜悦色，这是态度，不给脸色看，始终态度好，这是很难做到的。按照"孝"的含义，这里的"弟子"和"先生"，不是指一般的年轻人和长者，而是对子女而言，子女是晚辈，父母是长辈。将这种理解再和"色难"衔接起来是说，仅仅从做事上替父母去做，在生活上给父母做好吃的，就以为这就是孝，却常常给父母脸色看、耍态度，这怎么能说做到了孝呢？

【原文】

子曰："吾与回言终日，不违，如愚。退而省其私，亦足以发，回也不愚。"

【意译】

孔子说："我给颜回讲课，讲一整天，他都不提什么意见和看法，好像很愚笨。可是他回去后，能够认真思考，对讲的内容理解很深，并且能够有所发挥，可见颜回并不愚笨。"

【解读】

孔子对学生的看法，不是看你是不是认真听讲、认真复习，而是看能不能够认真思考、有所发挥。

【原文】

子曰："视其所以，观其所由，察其所安。人焉廋哉？人焉廋哉？"

【意译】

孔子说："要了解一个人，就要审视他行为的动机，观察他的言行，考察他的言行产生的效应，如能做到这样，这个人是什么样的人能隐藏得住吗？这个人是什么样的人能隐藏得住吗？"

【解读】

孔子是在讲识人的问题。人要将自己掩藏起来，是掩藏不了的，只要将你的行为出于什么动机、你是怎么做的、做后带来什么效果，通过审视、观察、考察搞清楚了，你能藏得住吗？连续两句反问是加重语气，强调做人靠伪装是不行的。这里有两层意思，一方面强调无论如何伪装都一定能够识别，要善于识人；另一方面，要老老实实做人，不能投机取巧。

【原文】

子曰："温故而知新，可以为师矣。"

【意译】

孔子说："能够在温习已学知识时，又通过思维增加新的发现，就可以当老师了。"

【解读】

孔子一直强调学习，但他不是要求学生死记硬背书本知识，而是要开动脑筋，经过思维加工，将书本知识变为自己的知识，进而得到启示，能有新的见解，获得新的知识。

【原文】

子曰："君子不器。"

【意译】

孔子说："君子是人，而不是器具。"

【解读】

首先要搞清楚孔子说的"君子"是什么，将这个问题搞清楚了，这句话就好理解了。"君子"是孔子为人们立的标杆，可以说是完美的人。有两种人，一种是指"贤人"。贤人是人中的贤者。作为人，不是物，是有

21

头脑、有思想的人，其行为是受思想指挥的，对人的基本要求是做有品行的人，要懂得哪些是善，哪些是恶；哪些是对，哪些是错；哪些是好，哪些是恶；哪些该做，哪些不该做。"贤人"就是今人说的品行兼优的人，有高尚品行的人，是做人的典范，做的都是对事、好事、善事，能为他人和社会做有益的事。另一种君子，是指贤才，就是今天说的德才兼备的优秀人才，品行要求比一般人更高，起表率作用，能够全心全意为人民服务。鉴于孔子使用"君子"之处较多，这里做一些解读，以后只是使用"君子"称谓，不再专门为此解读。

"君子不器"是说，君子是人，而不是物。其意思是说，人不能像器物那样，只看能不能出产品，而不看是什么产品。只要有收效，什么手段都无所谓。有品行，是做人的底线，是对人的基本要求。能称得上君子的人，不是一般的人，要求更高，既具才，又具德，做道德高尚的人。当然，从另一方面讲，孔子是对不重品行、只重才、以成败论英雄的批评，不能把那些人当成君子。

【原文】

子贡问君子，子曰："先行其言而后从之。"

【意译】

子贡问怎么做才算是君子，孔子回答："你说出的话就要去做，将你说的话做到了，就可以算是君子。"

【解读】

这里有两种理解，一种是先做不说，做到了再说；另一种是说出的话，就要去做，说到做到。孔子是知行统一论者，认为君子要说到做到，言行一致，表里一致，不能只说不做，说大话空话。说出的话，有了承诺，就要认真去做，有所兑现。看你怎么做，而不是看你怎么讲。至于做了事，是否要讲出来，或者先做后讲，将其理解为做了后"再说出来"，似乎不是孔子原意。"先行其言"是要点，"从之"可以理解为"做到"。如果解读为，君子有什么话，不要先着急去说，你做到了，再说出来，这样才是说话算话。这样理解也能说得通，也是在强调做，强调言行一致、表里一致。

【原文】

子曰："君子周而不比，小人比而不周。"

【意译】

孔子说："君子能搞好团结，而不互相勾结；小人则互相勾结，做损害团结的事情。"

【解读】

孔子说的"小人"与"君子"相对，是指品行低下的人。这段话重点是解读"周"和"比"二字，周，是指团结，讲求团结，维护团结。比，是指为了各自的利益，不顾道义，结党营私。周还是比，就将君子与小人区别开来。君子品行高尚，能团结人；小人品性低下，做损害团结、破坏团结的事情。这段话用现代话解读就是，要团结，不要分裂；要讲团结，不要勾心斗角；要团结一致，不要结党营私。这就要求要以团结为重，为人处世注意搞好团结，有利于团结的话说，不利于团结的话不说；有利于团结的事做，不利于团结的事不做。要做君子而不做小人。

【原文】

子曰："学而不思则罔，思而不学则殆。"

【意译】

孔子说："只是学习知识而不进行思考，就知其然而不知其所以然，无法提高；只是进行思考而不去学习，就得不到要领，就会很危险。"

【解读】

孔子是学思统一论者，一方面要认真学习知识，另一方面要善于思考。学习以提高思维能力和智能开发，思考以提高创新能力和理论水平。

【原文】

子曰："攻乎异端，斯害也已。"

【意译】

孔子说："研究并接受错误的学说，这是有危害的。"

【解读】

这句的关键是弄清"攻"的含义，因为"异端"意思比较明确，是指错误的观点学说。"攻"有两个含义，一个是"主攻"，一个是"攻击"。如果是指"主攻"，是说你一门心思研究错误的观点和学说，不是为了抵制，而是接受它，这是有危害的。我这里加了一个"接受"，就不容易产生误会。另一个是"攻击"，即是抨击的意思，对于错误的主张、观点和学说，不仅不能接受，而且要加以抵制和批判，这样才可以不使其危害他人和社会。前者是讲给个人说的，是抵制，不受其毒害，后者是对大众说的，有错误就要批判，不使其毒害他人。我采取前者，是从对"斯害也已"的理解而得，将这句话理解为"有危害"。有的将其理解为消除危害，意思正好相反，是将"已"作"消除"解。我以为，这两种含义不冲突，首先是抵制，进一步要澄清，明确表明态度。作为专家学者，观点要正确，不传播错误的观点，以免对人们产生误导；同时，要敢于坚持正确的观点，批评错误的观点，以让人们明辨是非，不受其影响。

【原文】

子曰："由！诲女知之乎？知之为知之，不知为不知，是知也。"

【意译】

孔子对学生仲由说："由呀！我教给你的你掌握了吗？掌握就是掌握，没掌握就是没掌握，这样才是聪明。"

【解读】

由，姓仲名由，字子路，孔子学生。仲由是当官者，他的所作所为往往违背孔子的主张，所以加重语气，针对他这样讲，是说我讲的你真的弄懂了吗？懂就是懂，不懂就是不懂，不要不懂装懂，故弄玄虚，其实就是无知。我的意译，是将特指性变为通指性即一般性。重点是在解读"知之为知之，不知为不知，是知也"，通常解读为，知道就是知道，不知道就是不知道，不要不知道装知道，这才是正确的态度。

【原文】

子张学干禄。子曰："多闻阙疑，慎言其余，则寡尤；多见阙殆，慎行其余，则寡悔。言寡尤，行寡悔，禄在其中矣。"

【意译】

孔子学生子张请教谋事之道。孔子回答："多听，有疑问的不要急于表态，有把握的要慎重说出来，这样才能少说错话；多看，拿不准的事情不要做，有把握的慎重去做，这样就可以少犯错误而不后悔。言语少出错，做事少后悔，谋事的道理就在其中。"

【解读】

子张，姓颛孙，名师，字子张，孔子的学生。"干禄"是指求官职拿俸禄，可理解为谋事。孔子讲，要在职场站得住脚，就要老老实实做事，谨言慎行，少说错话，少做错事，不要太张扬、说话不靠谱；不要太冒失、做事不稳重。只要说话少出错，做事少后悔，这样就能取信于人，就能在职场站得住脚。不能将谨言慎行理解为谨小慎微，胆小怕事，该说的话不说，该做的事不做，该说的话还是要说，该做的事还是要做。所以，孔子使用"寡"字，而不是"不"字。

【原文】

哀公问曰："何为则民服？"孔子对曰："举直错诸枉，则民服；举枉错诸直，则民不服。"

【意译】

鲁哀公问孔子："怎么做才能让老百姓服从？"孔子回答说："把正直的人提拔起来，放在不正派的人之上，老百姓就会服从；把不正派的人提拔起来，放在正派的人之上，老百姓就不会服从。"

【解读】

鲁哀公是鲁君，面对国君提问，才使用"孔子对曰"。鲁君问孔子如何使人民服从的问题，孔子没有谈使民服的举措，而是谈看你用什么人，是"举直"还是"举枉"。用人是执政的关键问题。"举直"，就是要选拔重用正直的人，而不能"举枉"，即选拔重用那些不正派、品行不端以至胡作非为的人。这也是能够取得民心、民信和民服的关键问题。这段话具有特质性，但从内容上讲，具有通用性。

【原文】

季康子问："使民敬、忠以劝，如之何？"子曰："临之以庄，则敬；孝慈，则忠；举善而教不能，则劝。"

【意译】

季康子问孔子："要让老百姓对上（当权者）恭敬、忠心并勤奋努力，应该怎么做？"孔子回答："上位者行为端庄，老百姓就会对上敬重；上位者能做到孝敬父母，对子女慈爱，老百姓就会对上忠诚；上位者能够扬善教不善，这样老百姓才会从中受到教育，勤奋努力。"

【解读】

季康子姓季孙名肥，"康"是谥号，鲁哀公时任正卿，是权重的人。季康子问的是如何才能使老百姓对上忠心和敬重，孔子则把重点放在当权者如何以自身言行感化老百姓上面，只要你行为端庄，老百姓就会敬重你；你能起到表率作用，老百姓才会对你忠诚；你能扬善除恶，对人民充满爱心，这就是最好的教育。当政者品行不端，"民敬、忠以劝"是达不到的。孔子这段话是针对季康子说的，从内容上具有通用性，对"当政者"、"从政者"都适用。

【原文】

或谓孔子曰："子奚不为政？"子曰："《书》云：'孝乎惟孝，友于兄弟，施于有政。'是亦为政，奚其为为政？"

【意译】

有人问孔子："你为什么不当官从政呢？"孔子回答："《尚书》中有这样一段话：'孝，就是孝顺父母，又与兄弟友爱，将这些好传统应用于政治上。'这也是参与政事，为什么一定要当官才算是从政呢？"

【解读】

孔子很博学，他引用古语来回答当前人们提出的问题，是说这是前辈说的，以增加说服力。这里回答了两个问题，一个是政事是什么，就是做对社会有益的事情，弘扬好的社会风气和传统，善行善举，这些就是政事，从我做起，参与其中。孔子回答的另一个问题是，不一定当官才算从政，或者说只有到政界工作才算是从政。你能认真做人，敬业做事，就是为社会做贡献，这就是政治。这就告诉人们，不在于你做什么工作，而是看你在从事的工作中，能否做好事、做善事、做对社会有益的事情。

【原文】

子曰："人而无信，不知其可也。大车无輗，小车无軏，其何以行之哉？"

【意译】

孔子说："人不讲信用，真不知道怎么为人处事。这就像大车没有輗，小车没有軏一样，怎么能行走呢？"

【解读】

"大车"和"小车"都是指牛拉车。前面有两根辕木和一根横木，连接辕木和横木的木销，大车叫輗（ní），小车叫軏（yuè）。孔子用这个比喻讲信用，既形象又易懂。意思是说，人不讲信用，就无法在社会立足，根本行不通。做事不讲信用，不敢信你，谁敢将事交给你办；为人处世，不讲诚信，谁敢和你交往。这就像牛车没有木销连接车辕和横木，谁敢用这样的车，谁能使用这样的车。因此，不讲信用不是小事，是能否立世的大问题。

【原文】

子张问："十世可知也？"子曰："殷因于夏礼，所损益，可知也；周因于殷礼，所损益，可知也。其或继周者，虽百世，可知也。"

【意译】

子张问："十代以后的礼仪制度可以预知吗？"孔子说："殷朝对夏朝的礼仪制度，有废除，也有增加，这是可以知道的；周朝对殷朝的礼仪制度，有废除，也有增加，这也是可以知道的。据此，假使继承周朝，即使是百世，也是可以推知的。"

【解读】

学生问孔子，可不可以预知多年以后的事情，孔子回答这个问题，先以夏、殷、周三朝为例，从这三朝已过去的情况看，后者对前者有废除，也有增加，这是社会发展的变化规律，由此推之，不要说是十年八年，就是百年千年，都不会一成不变，而是有废止、继承和发展的。这就是说，对社会发展是可以预知的，这个预知是从已有发展和现在正在发展的规律而推知的。只要对已经过去和正在进行的进行科学总结和分析，就可找出其规律性和今后的可行性并做出预测。例如，礼仪制度，什么时代都会有，但不是一成不变，后者都会根据时代对过去的礼仪制度有废有增，这就是可预测性的根据。由上可知，孔子这段话揭示了三个客观规律，其一是变是社会发展和治理的永恒话题，要用变作为观察社会发展和治理的着眼点，所谓停止的、一成不变的观点是非常有害的；其二是所有社会发展和治理都是从过去过来的，与过去是废止、继承和发展的关系，即根据社会发展治理需求和时代变化有所废除，也有所增加，既不一成不变，又不割断历史；其三是事物发展变化是有规律性的，要善于总结过去的经验和教训，从中找出其发展变化规律，就可以预测今后的发展变化，增加决策的正确性，使社会发展和治理少走弯路。

【原文】

子曰："非其鬼而祭之，谄也。见义不为，无勇也。"

【意译】

孔子说："不是自己应该祭祀的鬼神，却去祭祀，这是谄媚。见到应该挺身而出的正义事情，却袖手旁观，这是怯懦。"

【解读】

孔子讲的是人事，而不是鬼事，或者是人间的"鬼事"。意思是说，不该你做的事情，去献殷勤，这是谄媚。该你挺身而出的匡扶正义的事情，却不去做，这是懦夫。这是对谄媚和见义不为现象的批评，要人去做人事，而不做鬼事。提倡正直和见义勇为。

【本篇思考】

在将"学而"作为开篇之后，直奔主题即治国之道。而治国之道首要问题就是"为政"。"政"就是政权，"为政"就是执政、治政、从政，这是治国的主体。要了解其问题的提出和孔子的基本设想，需要了解孔子生活的时代背景。其一，孔子所处的时代是周王朝衰落、诸侯国分治和争霸的时代，争霸和反争霸已成为国家（诸侯国）治国的主要任务，对内实行暴政，对外实行扩张，一切为战争服务，搞得民不聊生，难以重负，苦不堪言。孔子对此极为不满，但他并未做任何抨击和公开反对，而是针对时弊正面提出自己的治国、执政主张，具有极强的针对性。其二，孔子时代已从狩猎时代发展到以农耕为主的小农经济时代，没有什么工业，只有一些打造农具和兵器的家庭小作坊，不像现在要管工业、农业、文化、教育、外交等多个领域，既管经济，又管政治，那时治国，就是指为政。孔子的为政，不得不受这种局限性，但从治国而言，他能从这种社会形态中跳出来，亦具有普世性。其三，执政必然牵扯到政权、制度、道路、国体、政体，必然涉及到政治，而孔子正是跳出制度和政治范畴，提出自己的治国主张。但是由于君权至上，孔子为政主要是针对这一国体设想的，总体思路是治国而不是治民。其四，为政，涉及指导思想、战略布局、大政方针、实施举措，生活在那个时代、那个社会，他是一个学者，不可能提出具体设计方案，只能从大道理上提出有悖于统治者的为政理念和主张，这已经很了不起了。

"为政以德"是特指性，提出"为政"，就具有一般性，是指治国首先要执好政、治好政、从好政。上述一切关于"为政"的时代背景、国家制度、政权形式等具体制约都不成其为问题，"为政"的原始意义变成现代意义，成为新时代的主题，孔子思想就具有了借鉴的作用。

鉴于孔子的时代是君权时代，他的主张往往是讲给统治者说的，无不打上场景的烙印，因此在意译时，可能有些话语不一定完全是原意；而且根据古字多义的情况，做出不违背原意的解读，力图避免陷入为统治者出谋献策的境地，挖掘出其有益的东西；对一些负面观点，一般则采取取其精华、去其糟粕的原则，弃之不用，重在弘扬优秀思想文化传统，古为今用，增加正能量。如果有需要提出的，需得加以分析，不使其产生负面影响。

八佾篇第三

【原文】

孔子谓季氏：“八佾舞于庭，是可忍也，孰不可忍也？”

【意译】

针对季氏"在庭院用八佾来演奏舞蹈"这件事，孔子说："这样的事情都能容忍，还有什么事情不能容忍呢？"

【解读】

季氏是指季平子，即季孙如意，是鲁国大夫。"八佾"是一种舞蹈的礼仪形式。八人为一行，一行叫一佾，八佾是八行，八八六十四人，只有天子才能用；诸侯用六佾，即六行，四十八人；大夫用四佾，四行，三十二人。季氏只是一个大夫，就用只有天子才能用的六十四人在其庭院中奏乐舞蹈，这是严重违规。孔子对此不能容忍。这是对本篇主题的具体诠释。这是特指性，去其具体内容，是指国家有国家级的礼仪制度，地方政府和地方领导干部如果采用国家规格的礼仪制度，就是违规行为。

【原文】

三家者以《雍》彻。子曰："'相维辟公，天子穆穆'，奚取于三家之堂？"

【意译】

仲孙、叔孙、季孙三家，在祭祀他们的祖先时，也用天子的礼，唱着《雍》诗来撤除祭品。孔子说："'助祭的是四方诸侯，主祭的是庄严肃穆的天子'这两句《雍》诗的话，怎么能在自己家祭祖的庙堂上唱呢？"

【解读】

仲孙、叔孙、季孙都是鲁国掌握实权的大夫，他们不仅把天子不放在眼里，连鲁君也不放在眼里，在其家中竟然用只有天子才能用的礼仪，这是违礼违规的又一例证。

【原文】

子曰："人而不仁，如礼何？人而不仁，如乐何？"

【意译】

孔子说："人如果没有仁德，怎样对待礼呢？人如果没有仁德，怎样对待乐呢？"

【解读】

我以为这段话是针对上述两个事例而概括出来的，将"礼"提到"仁"的高度，"仁"指仁德，"礼"指礼节，"乐"指乐礼。例如，仲孙、叔孙、季孙这些人没有仁德，他们"三孙"都是鲁国掌握实权的人，他们没有仁德，制度对他们就失去了意义。"仁"是内在的本质，"礼"、"乐"是外在的表现。

【原文】

林放问礼之本。子曰："大哉问！礼，与其奢也，宁俭；丧，与其易也，宁戚。"

【意译】

有一个叫林放的人问孔子礼的本质是什么。孔子说："你问的这个问题意义重大呀！礼仪，与其铺张浪费，宁可简朴节约；丧礼，与其形式上大操大办，宁可在情感上哀悼缅怀。"

【解读】

孔子这段话是说，礼的本质就是一种礼节、一种规矩。一定要讲礼节、讲规矩，但不能搞形式、图排场。就像礼仪、丧礼，都不是小问题，都是关乎"礼"的大问题。要简朴节约，不要铺张浪费；要内心悲伤，不要大操大办。

【原文】

子曰："夷狄之有君，不如诸夏之亡也。"

【意译】

孔子说："边缘落后地区，虽然有君主管理，却粗野，不文明，不如中原没有君主，人们反而讲文明、讲规矩。"

【解读】

夷狄，是指边远地区的兄弟民族，是贬义词；诸夏，是指中原大地的各个诸侯国。由于地缘关系，边远地区发展、文化、认知等各个方面相对比较落后，治理有一定难度。孔子从这方面提出问题，要求重视这个地区的治理。还有一种意译，意思是说，夷狄都有圣明之君，不像中原诸国却没有。无论哪种意译，孔子都是说，如果国家治理不好，有领导还不如没有领导。至于"夷狄"之称谓带有偏见，弃之；说孔子对中原很满意，也不见得。对于边远地区的历史渊源及其原因，这里不予评述。

【原文】

季氏旅于泰山，子谓冉有曰："女弗能救与？"对曰："不能。"子曰："呜呼！曾谓泰山不如林放乎？"

【意译】

鲁国大夫季氏去祭泰山，孔子对学生冉有说："你能劝阻吗？"冉有回答："我不能阻止。"孔子说："可悲呀！你难道认为泰山神灵还不如林放懂礼吗？"

【解读】

冉有，姓冉名求，字子有，是孔子学生。祭泰山，是指上泰山祭神。泰山，在当时是只有天子和诸侯才有资格祭祀的名川大山，季氏只是诸侯国的大夫，竟然去祭泰山。冉有辅佐季氏，孔子让冉有去劝阻季氏，冉有说他劝阻不了。女，读"汝"，即"你"的意思。林放，是人名。孔子最后一句话是反问语，意思是说，可悲呀！连人都知道这不符合礼仪，难道山神还不如人懂规矩，能接受这样的事？这实际是在批评冉有，连这样的道理你都不懂，连这样违规的事你都不去阻止，你怎么去辅佐季氏？

【原文】

子曰："君子无所争。必也射乎！揖让而升，下而饮。其争也君子。"

【意译】

孔子说:"君子没有与人相争这样的事情。如果要说有争,一定是比射箭!射箭前相互作揖后登台,射完箭之后也相互敬酒,这样的相争,是君子之争。"

【解读】

孔子是说,君子没有什么可争夺的,对人友善和气。只有射箭,必有胜负。可是,射前先作揖,赛后又一起饮酒,这样的竞争不伤和气,而且会增加友谊。这就是说,如果君子有和别人相争的话,是不伤害他人之争,是增加友谊之争。道理很透彻。

【原文】

子夏问曰:"'巧笑倩兮,美目盼兮,素以为绚兮。'何谓也?"子曰:"绘事后素。"

曰:"礼后乎?"子曰:"起予者商也!始可与言《诗》已矣。"

【意译】

子夏问:"'漂亮的脸笑得很美呀,美丽的眼睛黑白分明呀,洁白的面容打扮得多么光彩照人呀。'这几句话是什么意思?"孔子回答:"就像绘画一样,先有白底子,然后才画上画。"

子夏听老师讲了以后说:"学礼要放在仁的后面,是这个意思吗?"孔子说:"商!你的理解让我很受启发,现在我可以与你谈论《诗经》了。"

【解读】

子夏引用《诗经》中的三句诗,问孔子是什么意思。孔子回答:"绘事后素。"原来是白底子,画是后来画上去的。意思是人本来就长得很好,笑得好看、眼睛好看,容貌好看,才显出好来。

经过孔子的点拨,子夏就马上体会到,这三句话是说,有了仁德,才有礼节,所以礼节要放在仁德的后面。这就像绘画,有了白纸,才能画出美丽的花;没有白纸,你画得再好也显示不出美来。孔子对学生的回答很满意，认为对他启发很大，已经具有一定的理解能力和认识水平，可以和其探讨一些高深的理论和道理。

【原文】

子曰："夏礼，吾能言之，杞不足征也；殷礼，吾能言之，宋不足征也。文献不足故也。足，则吾能征之矣。"

【意译】

孔子说："夏代的礼制，我能说清楚，但它的后代杞国我说不清楚，不足以证明；殷代的礼制，我能说清楚，它的后代宋国我说不清楚，不足以作证。这是杞、宋两国留下的历史资料和熟悉礼节的贤者不足的缘故。如果有足够的史料和贤者的传承，我就可以拿来证明了。"

【解读】

由这段论述可以看出，孔子是一个严谨的学者，他的研究是建立在翔实资料的基础之上的，他认为只要有翔实的资料，他就可以拿来为他的观点作证，对于那些似是而非的材料，他没有弄明白，是不会将其作为依据的。他的观点不是凭空臆想出来的，而是通过对社会进行研究和思考得来的，这就是他学说经典的根本所在。

【原文】

子曰："禘自既灌而往者，吾不欲观之矣。"

【意译】

孔子说："对于禘祭这样的礼仪，在第一次献上酒之后，我就不想看了。"

【解读】

禘礼，是古代一种极为隆重的祭礼，只有天子才能举行。周成王因为周公旦对周朝有重大贡献，特许其后代以禘礼祭祀周公旦。鲁国是周公旦的封地，以后鲁君均沿此惯例。"灌"是祭祀中的一项礼仪。

【原文】

或问禘之说。子曰："不知也。知其说者之于天下也，其

如示诸斯乎！"指其掌。

【意译】

有人向孔子请教禘礼的事情，孔子说："你问这个问题我不知道。知道的人治理天下，就像把东西摆在这里一样容易吧！"一面说，一面指他的手掌。

【解读】

人家问的是禘礼，孔子却答非所问，说知道禘礼的人治理天下就像将一件东西任意摆放一样简单。孔子对于鲁国违规的事，是明确反对的，却不说出来，而是用"不欲观""不知之"来表示，这里却用比喻表示理解禘礼的人治理天下易如反掌。孔子这样比喻，浅显易懂，同时，对于滥用职权者，这样比抨击更具讽刺性。

【原文】

祭如在，祭神如神在。子曰："吾不与祭，如不祭。"

【意译】

祭祀祖先就好像被祭者就在那里，祭神就好像神就在那里。孔子说："我不参与祭祀，祭祀与不祭祀就没有什么区别。"

【解读】

世俗认为，你祭祀祖先，就好像祖先真的在接受你祭祀；你祭神，就好像真的有神存在。孔子对此的评论，有几种解读，一种解读是，我如果不参加祭祀，是不请别人代理的。这种理解从特指性上讲，是指违礼违规，他不去参加，也不请别人参加。另一种解读是，如果相信，神就在自己心中；反之，你不信，神就不存在，这只是一种祭祀礼仪。孔子说，如果这样，我不参与，就如同不祭祀一样。这是将其变成一般性，可以用之于今。也许可以这样理解，你信神，神就在；你不信神，神就不在。

【原文】

王孙贾问曰："与其媚于奥，宁媚于灶，何谓也？"子曰："不然。获罪于天，无所祷也。"

【意译】

卫国大夫王孙贾问孔子："俗话说，与其巴结奥神，不如巴结灶神，这句话是什么意思？"孔子说："不尽其然。如果得罪了上天，祈祷也没有用。"

【解读】

奥是指屋内西南角，灶是指做饭的地方，古时认为这两处都有神，都要祭祀。王孙贾引用这句话可能有所指。有人解读为，王孙贾是将奥比作卫灵公或者南子，将他比作灶，暗示孔子：你与其巴结卫灵公或者南子，不如巴结我。孔子回答："我若做了坏事，巴结谁也没用；我不做坏事，谁也不巴结。"也有人解读为，王孙贾请教孔子，巴结卫灵公，还不如巴结掌握实权的南子，孔子说："你这话不对，你得罪了上天，巴结谁都不行。"

作一般性理解，不能看谁用处大、权势大，就奉承谁、拉拢谁、巴结谁，主要看你自己，上天在看着你，如果你做了坏事，得罪了上天，就是祈祷也没有用了。

【原文】

子曰："周监于二代，郁郁乎文哉！吾从周。"

【意译】

孔子说："周朝的礼仪制度是以夏、商两代为借鉴，其内容多么丰富多彩呀！我赞成周朝的礼仪制度。"

【解读】

有人说，孔子说"吾从周"，是力图恢复旧的一套，读了此段，不言自明。孔子曾经说过，殷对于夏礼，有损益；周对于殷礼，有损益。此论更明确，周朝的礼仪制度是周文王和周武王吸取夏商两代好的方面，舍弃不合时宜的方面，而制定的一种新的礼仪制度，这种礼仪制度比夏商的礼仪制度更好，所以孔子说他赞成周朝的礼仪制度。

【原文】

子入太庙，每事问。或曰："孰谓鄹人之子知礼乎？入太庙，每事问。"子闻之，曰："是礼也。"

【意译】

孔子入周公庙，每件事都要问。有人就说："谁说叔梁纥这个儿子懂得礼呢？他到了太庙，事事都要问。"孔子听到这话便说："这正是礼呀。"

【解读】

"太庙"：古时开国之君，叫太祖，太祖的庙叫太庙。周公旦是鲁国最初受封之君，故而太庙就是指周公庙。鄹人之子：孔子的父亲叔梁纥曾做过鄹大夫，古时经常把某地的大夫称为某人。"鄹人"用在此处，是贬义。这整段的话是说，鄹人那个儿子懂什么礼呀，他进了太庙，什么都要问。这种议论传到孔子耳里，孔子说："每事问，这正是礼。"礼不是天生就带来的，只有学，才能懂礼。每事问，正反映了孔子的求知精神。

【原文】

子曰："射不主皮，为力不同科，古之道也。"

【意译】

孔子说："练习射箭，并非一定要射中靶子，因为力量大小不同。这是自古以来就有的规矩。"

【解读】

射是古时六艺之一，孔子带领学生练习射箭。"皮"是指皮做的靶子。孔子鼓励学生，力气大小不一样，不能硬性规定达标标准，射中还是射不中靶子没有关系，这是自古以来就有的规矩。作为比赛，要比输赢；作为才艺，重在射，尽力而为。

【原文】

子贡欲去告朔之饩羊。子曰："赐也！尔爱其羊，我爱其礼。"

【意译】

孔子学生子贡（端木赐）要把鲁国每月初一祭祖庙用的活羊省去不用，孔子说："赐呀！你爱惜的是那只羊，我爱惜的是祭礼。"

【解读】

"朔",农历每月初一。"告朔饩（xì）羊",是古代的一种礼仪制度。每年秋冬之交,周天子把第二年的历书颁给诸侯,诸侯将历书藏于祖庙。每逢初一,便杀一只活羊祭于庙,然后回朝廷听政。"祭庙"叫"告朔",所用的羊叫"饩羊"。鲁君不亲临祖庙,只是杀一只活羊走走形式,所以子贡说,干脆羊也不用杀了。孔子说,这不是杀羊不杀羊的问题,这是礼仪制度执行不执行的问题,只重形式,而对礼节于不顾,实在令人痛惜。

【原文】

子曰:"事君尽礼,人以为谄也。"

【意译】

孔子说:"对待国君,按照规定的礼节去做,别人却认为是在向国君谄媚讨好。"

【解读】

对待国君,该有的礼节还是要有,只要按此去做,这不是谄媚,不必在乎别人怎么说。这里仍然强调礼节、规矩的问题。

【原文】

定公问:"君使臣,臣事君,如之何?"孔子对曰:"君使臣以礼,臣事君以忠。"

【意译】

定公问:"国君使用臣子,臣子侍奉国君,应该怎么做?"孔子回答:"国君要以礼用臣,臣对国君要忠诚。"

【解读】

定公,鲁君,"定"是谥号。这段话是讲君臣关系的双向要求,因为是讲给国君听的,其含义是,只有你以礼待臣,臣才会对你忠诚。从一般含义上讲,作为领导人,要尊重关爱下属,下属要忠于国家,敬重领导。

【原文】

子曰："《关雎》，乐而不淫，哀而不伤。"

【意译】

孔子说："《关雎》这首诗，快乐而不放荡，悲哀而不伤痛。"

【解读】

《关雎》是《诗经》的第一篇。孔子强调，《关雎》这首诗其所以是好诗，就是读后使人快乐，却不会做出不恰当的事情；其中有些地方让人悲伤、让人哀思，却不会过分悲痛，既伤身，又伤心。就是说，能给人增加正能量，产生启迪和激励作用，感人而不伤人。

【原文】

哀公问社于宰我。宰我对曰："夏后氏以松，殷人以柏，周人以栗，曰，使民战栗。"子闻之，曰："成事不说，遂事不谏，既往不咎。"

【意译】

鲁哀公问宰我做社木用什么木。宰我回答："夏代用松木，殷代用柏木，周代用栗木，其用意是让老百姓害怕发抖。"孔子听了这句话，对宰我说："已经做过的事情不要再解释了，已经做成的事情不必再规劝了，过去的事情就不要再责备了。"

【解读】

土地神叫社，这里指社木，是用木做的牌位，如果国家对外发动战争，必须载这一木主而行。宰我，名予，字子我，孔子的学生。鲁哀公问的是用什么来做社主牌子的问题，宰我就事论事，回答并没有错，孔子却反应强烈，对宰我进行批评，这涉及两个问题，其一是对战争的态度问题。孔子的学生说孔子慎言战争，在这样一个战争连绵不断的年代，却慎言战争，从全书看，只能理解为反对战争；其二是批评宰我不明事理、误导哀公。"成事不说，遂事不谏，既往不咎"，将其单独提出来，就成为了经典，常被后世引用。意思是，做过的事就不要再解释，不要再劝说，不要再追究了，主要是看以后怎么做。

【原文】

子曰："管仲之器小哉！"

或曰："管仲俭乎？"曰："管氏有三归，官事不摄，焉得俭？"

"然则管仲知礼乎？"曰："邦君树塞门，管氏亦树塞门。邦君为两君之好，有反坫，管氏亦有反坫。管氏而知礼，孰不知礼？"

【意译】

孔子说："管仲这人器量很小！"

有人问："管仲是不是很节俭？"孔子说："他收大量的市租，他的手下一人一职，从不兼职，这怎么能说是节俭呢？"

这个人又问："那么，他懂得礼节吗？"孔子说："国君在宫殿门前立一堵照壁，他也在他家门前立一堵照壁；国君设宴招待外国君主，在堂上设有放置酒杯的设备，他也给自己搞了这样的设备。他如果懂礼节，还有谁不懂礼节呢？"

【解读】

这是孔子对人物的评价。管仲是春秋时齐国人，名夷吾，是齐桓公的宰相，辅佐齐桓公成为了春秋时第一个霸主，在当时很有名望。孔子对此人评价不好，说这个人器量很小。有人将其理解为节俭，孔子用事实来反驳，收了那么多市租，手下人员庞大，挥霍浪费，这算什么节俭？此人又说起懂礼的问题，孔子说，只有国君才有的待遇，他也要有这个待遇。例如"树塞门""反坫"，这能说是懂礼吗？"树塞门"指照壁。"反坫（diàn）"，是用以放器物的设备，用土筑成的土台子，宴会时将酒杯放在上面。孔子批评说，这样的人，以为助国君称霸诸侯、称霸天下，就有多么了不起，功高盖世，其实肚量很小，重霸不懂礼。我以为，这不只是孔子对一个人的评价，因为齐桓公、管仲都是争霸的代表性人物，孔子通过对具体人的评价，来反映他对争霸的看法。"三归"，注释有所不同，杨伯峻先生作了考证，认为是指"市租"。

【原文】

子语鲁大师乐，曰："乐其可知也：始作，翕如也；从之，纯如也，皦如也，绎如也，以成。"

【意译】

孔子给鲁国管乐官的太师讲音乐演奏的道理，他说："音乐演奏的过程是可以知道的：开始演奏时，平和悦耳；继续下去，纯正和谐，洪亮明快，逐渐推向高潮，经久不息，完成演奏。"

【解读】

拼音：语（yù）、大（tài）师、翕（xī）、从（zòng）、皦（jiǎo）。孔子是一个多才多艺的人，不仅是思想家，而且对礼乐很精通，能够给管乐官的太师讲"乐"，足见其造诣之深。

【原文】

仪封人请见，曰："君子之至于斯也，吾未尝不得见也。"从者见之。出曰："二三子何患于丧乎？天下之无道也久矣，天将以夫子为木铎。"

【意译】

仪这个地方关防官要求拜见孔子，说："所有到这个地方的著名人士，我没有见不到面的。"随从孔子的学生让他见了孔子，他出来后对学生说："你们这些学生还担心你们的老师丢掉职位吗？天下无道已经很久了，是上天将你们的老师作为木铎派来人间传播真理。"

【解读】

木铎，是铜质木胎的铃，古代官员摇木铎召集大家来听政令。守关的边防官经见的著名人士多了，他见了孔子之后，认为是上天派来这样一个伟人，来传播治国的道理，这是多了不起呀！

【原文】

子谓《韶》："尽美矣，又尽善也。"谓《武》："尽美矣，未尽善也。"

【意译】

孔子评论乐曲《韶》："美极了，而且好极了。"评论《武》时说："美极了，却还不够好。"

【解读】

相传《韶》是舜时的乐曲名，《武》是周武王时的乐曲名。这里似乎是评论乐曲，实则比喻人事。美，是好的意思，善，从内容上是说，舜的天子位是尧禅让的，所以"尽善"；周武王的天子之位是靠讨伐商纣而得的，以孔子的意思是"未尽善"。这两种的简意，一个是"尽善尽美"，一个是"尽美未尽善"。

【原文】

子曰："居上不宽，为礼不敬，临丧不哀，吾何以观之哉？"

【意译】

孔子说："身居统治地位而不宽宏大量，对于礼节不尊重，参加丧葬时不悲哀，这些我怎么能看得下去呢？"

【解读】

这段话主要是针对"居上"即统治者而说的，是说统治者对下对人不宽宏大量，对礼节礼仪制度不尊重，对丧事丧礼走形式，伦理道德和不正风气到了让人看不下去的严重地步。

【本篇思考】

"八佾"是取这篇篇首"八佾舞于庭"的前两个字。"八佾"是指古时一种乐舞，是只在王官专为天子演奏的舞蹈，这是一种礼仪制度。在论及学而、为政之后，就论述礼仪制度，足见孔子对礼制的重视。

按"八佾"的内容来讲，这种礼仪为天子享用，孔子维护这种礼仪制度，是受时代制约，是其守旧的一面。

可是，孔子其所以拿"八佾"来说事，重点不是论述这个"八佾"的内容，而是说这个制度遭到了破坏。

　　这得从孔子所处的时代背景说起。周王朝在文王武王时期是鼎盛时期，随着分封制的发展，诸侯势力日渐强大，称霸为国，自立为君。孔子对此并未直接反对，只是阐述自己的主张，这些主张与当时统治者实行的政策格格不入，牵扯到整个社会时局，他不好直接提出来，而是对一些像"八佾"这样具体、却让他十分看重的礼仪制度进行抨击，因为不涉及整个社会制度，不会引起统治者的反感。

　　采用"八佾"是说，这是一种国家应有的礼仪制度，是一种规定，将其特指内容去掉，就变成，既然是一种制度和规定，破坏了，就没有规矩，就乱了套。用现在的话说，就是搞自己的独立王国，搞地方主义，为自己歌功颂德，超越了自己的权限。如果这样理解，孔子的道理就是从正面讲的，具有积极的意义。不必在"八佾"的具体内容上做文章，这样才能与全书的论述衔接起来。

里仁篇第四

【原文】

子曰："里仁为美。择不处仁，焉得知？"

【意译】

孔子说："居住在有仁德的地方，这样很美好。如果选择没有仁德的地方去居住，怎么能算得上是聪明的选择呢？"

【解读】

孔子强调"仁德"的社会环境对人的居住、生活、邻里相处都很重要。从个人讲，是选择的问题。可是往往不是个人选择的问题，这就有一个社会构建的问题，而"仁"是社会构建的核心问题。

【原文】

子曰："不仁者不可以久处约，不可以长处乐。仁者安仁，知者利仁。"

【意译】

孔子说："不仁的人不可以长期处于贫困之中，也不可以长期处于安乐之中。有仁德的人就会安心于践行仁德，有智慧的人也才能善于运用仁德。"

【解读】

孔子这段话的意思是说，没有仁德的人在贫困的时候，就缺乏约束自己的能力，容易做出越轨的事情，这样的人也经不起富裕安乐的考验，一有了钱，就不讲规矩了，同样会做出越轨的事情。只有具有仁德的人，才能自觉地处处用仁德约束自己，只有懂得仁德的人，也才能处处用好仁德。

【原文】

子曰："唯仁者能好人，能恶人。"

【意译】

孔子说："只有有仁德的人，才能喜欢某些人，也才能厌恶某些人。"

【解读】

为什么只有仁者才能"喜欢"或者"厌恶"人？首先是仁者具有"仁"的素质和品行，就能识别哪些人品行端正，令人喜欢，哪些人品行不端，令人厌恶，这是一层意思。还有一层意思是说，只有仁者才能对品行端庄和品行不端的人态度明朗，好恶分明。前者是说仁者能够识别，后者是说仁者态度分明。这就提出了另一个解读，只有具备"仁"的人，才能识别好恶，这里"仁"就成为人应具备的素养，"仁"也就成为人品行衡量的标准。这里只是提供一种思路，还不是结论。

【原文】

子曰："苟志于仁矣，无恶也。"

【意译】

孔子说："如果矢志不移地加强仁德修养和践行，就不会做出令人厌恶的事情。"

【解读】

如果上段意思还不够明确，这段明确提出了"志于仁"，将"仁"作为做人的达标要求，成为衡量人品性的标准，是人的道德高地，可以引导人扬善除恶。

【原文】

子曰："富与贵，是人之所欲也；不以其道得之，不处也。贫与贱，是人之所恶也；不以其道得之，不去也。君子去仁，恶乎成名？君子无终食之间违仁，造次必于是，颠沛必于是。"

【意译】

孔子说："富裕与高贵，是人人都向往的，不用正当的方法得到它，就不能这样做；贫穷与卑贱，是人人都厌恶的，不用正当的方法改变它，就无法摆脱。君子丢掉了仁德，怎么能保持住他的好名声呢？因此，君子就连吃饭的时候也不违背仁德，就是再匆忙也一定与仁同在，就是在颠沛流离的时候也一定与仁同在。"

【解读】

孔子告诉人们，人们追求"富与贵"、摆脱"贫与贱"，是正常的欲求，没有什么错。但是不能用不正当的方式，求得"富与贵"，摆脱"贫与贱"，这是一定要把握好的。他进一步将其提到"仁"的高度，强调如果这样做就坏了君子的名声，就难以在人的面前抬起头来。因此，君子一刻也不能放松对"仁"的要求，就连吃饭的时候也不能放松，就是再匆忙也不能忘记，在颠沛流离的时候也不能有丝毫违仁。

【原文】

子曰："我未见好仁者，恶不仁者。好仁者，无以尚之；恶不仁者，其为仁矣，不使不仁者加乎其身。有能一日用其力于仁矣乎？我未见力不足者。盖有之矣，我未之见也。"

【意译】

孔子说："我没有见到过完全达到仁德和厌恶不仁德的人。达到仁德的人，没有比他再高尚的了；厌恶不仁的人，自己能达到仁，同时也不使不仁德的东西添加在自己的身上。有谁能在一天内用足自己的力量达到仁德呢？大概这样的人是有的，只是我未见过。"

【解读】

孔子的意思是说，真正具有仁德或厌恶不仁德，是难以达到的，他说他没有见过这样的人。达到了仁德的人是很高尚的、无人能比的人；厌恶不仁的人，是自己已经具备了仁德、又不会沾染上不仁的人。现在真正具备高尚仁德、厌恶不仁的人太少了。仁德和厌恶不仁不是那么容易达到的，可是有些人认为，这些一天内就能达到，这是根本办不到的。

【原文】

子曰："人之过也，各于其党。观过，斯知仁矣。"

【意译】

孔子说："人犯的错误，往往与同类型人所犯的错误是一样的，考察这个人所犯的错误，就知道这个人是属于哪一类人了。"

【解读】

这段话的意思是说，人具有社会性，一个人犯错误不仅仅是个人的问题，因此，要对这个人所犯错误进行考察分析，才能找出犯错误的原因和性质，以便从根本上认识错误，不再犯同类的错误。

也有人以群分的理解。

【原文】

子曰："朝闻道，夕死可矣。"

【意译】

孔子说："早晨知道真理，即使当晚死去都可以。"

【解读】

这表明对真理的强烈追求，是说只要早晨能认识真理、获得真理，就是晚上死去也值了，也没有什么遗憾了。这里的"道"，是指真理，也可作"道理"解，或者可以这样说，"道"是品行和思想境界修行的高地。这里的意思是说，如果修行达到"道"的高度，人就具备了完善的品行和最高的思想境界。

【原文】

子曰："士志于道，而耻恶衣恶食者，未足与议也。"

【意译】

孔子说："有些读书人有志于追求真理，却将吃得差些和穿得烂些作为耻辱，这样的人不值得与其讨论问题。"

【解读】

这是说，读书人追求知识，不必在乎吃穿问题，应重内在而不重外在。学习知识，加强道德修养。这有两种含义，一种是有些读书人，以衣食看人；另一种是讲究吃穿。这都是道德修养不够，你和他探讨学问没有共同语言。

也有家庭情况不好而自卑者，有这种认识也是不应该的，也要加强道德修养。

【原文】

　　子曰："君子之于天下也，无适也，无莫也，义之与比。"

【意译】

　　孔子说："君子对于天下的事情，没有规定要怎么做，也没有规定不要怎么做，只要与'义'的要求相符合，怎样合情合理就怎样做。"

【解读】

　　孔子强调无论做什么事情都要讲求"道义"，社会有许多事情没有规定该做不做，作为君子，无论有规定也罢，没有规定也罢，都会按"道义"要求去做，这是君子的所为。

【原文】

　　子曰："君子怀德，小人怀土；君子怀刑，小人怀惠。"

【意译】

　　孔子说："君子胸中怀有道德，小人心中只有土地；君子胸中怀有法度，小人心中只有实惠。"

【解读】

　　"土"，这里是指土地，是自己拥有多少土地，这段话的意思是说，君子看重的是道德，小人看重的只是财物；君子看重的是法度，小人只是看重实惠。"刑"是指法度、规矩，孔子强调的是法度和规矩，不能只看获得的实惠而不顾道德和规矩，这是区分君子和小人的标志。对这段话做进一步剖析：德，指道德、仁德、品德、道义；土，是指获得、物质利益，要处理好这两者的关系，首先是重道德，先义而后获，不取不义之财；而不是只重物质利益，不讲道德，不顾道义，获取不义之财。在物质利益面前，要看符不符合道德和道义、该得不该得，不做违背人伦的事情。刑，是指法律、规矩、制度；惠，是指实惠，亦指物质利益，是说要遵循规矩、规定，遵守法律、制度，不要为了获得物质利益和实惠，不顾法律和规定，而违法乱纪。在物质利益面前，首先要看是否符合法律和规定，违法违纪的事情坚决不做。

从治国的角度讲，这段话可以解读为既重德治，又重法治。

【原文】

子曰："放于利而行，多怨。"

【意译】

孔子说："依据个人利益而行事，会招致很多怨恨。"

【解读】

这段话是说，只是追求个人私利的行为，就会损人利己，这样就招致他人的怨恨。还有一种解读是，仅仅为了个人利益而行事，往往不能满足个人的欲望，必然产生诸多怨气。这两种解读，一种认为自私自利，引起别人怨恨，一种是欲望没有满足产生怨气。两种解读意思相反，但并不矛盾，都是在说，人不能只考虑自己的私利，而不顾其他影响。进而探之，还有一种含义，是说社会发展不能只看成绩、能否获得利益，而忽视社会伦理和秩序，忽视文化、文明等建设，这样即使获得很多，也避免不了引起抱怨。

【原文】

子曰："能以礼让为国乎，何有？不能以礼让为国，如礼何？"

【意译】

孔子说："能够以礼让治理国家，这能有什么困难呢？如果不能以礼让来治理国家，这个国家的礼节和礼仪制度怎么体现呢？"

【解读】

孔子的意思也可以这样体会，在一个国家，人人都懂礼貌谦让，形成良好的社会风气，这是没有什么困难的。即使有困难，也要这么做。如果没有形成懂礼貌和谦让的社会风气，那么礼治怎么能体现呢？这还能称得上礼仪之邦吗？这段话重点要解读"以礼让为国"五个字。

【原文】

子曰："不患无位，患所以立。不患莫己知，求为可知也。"

【意译】

孔子说:"不必担心职位,担心的是称职不称职。不担心没有人知道你,担心的是你的所作所为能不能让人了解你。"

【解读】

人立业立世全靠自己。不要计较自己的职位,而是给你什么职位你都能胜任。不要担心人家不了解你,而是通过自己的工作让人看到你的才能,了解你的为人。

【原文】

子曰:"参乎!吾道一以贯之。"曾子曰:"唯。"

子出,门人问曰:"何谓也?"曾子曰:"夫子之道,忠恕而已矣。"

【意译】

孔子说:"参(曾子名参)呀!我的学说贯穿着一个基本观念。"曾子回答:"是。"

孔子说完走了出来,其他学生就问曾子:"这句话是什么意思?"曾子回答:"他老人家的学说,概括为一句话,就是贯穿着'忠'和'恕'两个字。"

【解读】

恕,其意思用孔子的话说是"己所不欲,勿施于人"。忠,是从积极方面说,"己欲立而立人,己欲达而达人"。(这两段话后有解读)"一以贯之",后来常被用来表明前后一致,始终如一。

【原文】

子曰:"君子喻于义,小人喻于利。"

【意译】

孔子说:"君子懂得的是义,小人懂得的是利。"

【解读】

在对待"义"和"利"的态度上，可以看出这个人是君子还是小人。君子看重的是义，君子所得，取之有道；小人看重的是利，为了获利，不择手段，获取不义之财。

【原文】

子曰："见贤思齐焉，见不贤而内自省也。"

【意译】

孔子说："见了贤人就向他看齐，见了不贤的人，就反省自己，看有没有存在他那样的问题。"

【解读】

这里有两层意思，一是要向优秀的人学习，对于品行不好的人，要从中吸取教训，警示自己不要变成那样的人；二是要学习他人的优点，对于他人身上存在的缺点，要对照进行反思，增强自己的内在预防能力。只有经常对照，吸取经验，进行反思，接受教训，才会让人少犯错误，发扬优点，始终保持"贤"，成为"贤人。"

【原文】

子曰："事父母几谏，见志不从，又敬不违，劳而不怨。"

【意译】

孔子说："侍奉父母，父母有什么不对的地方，要好言相劝；如果他们没有听从，仍然要恭恭敬敬地侍奉，不要顶撞；即使很苦闷，也不要埋怨。"

【解读】

要善待父母，精心侍奉，如果父母有什么不对的地方，好言相劝，不能粗言指责，就是不听，也不能顶撞、抱怨，不要产生怨恨。这是对子女的基本要求，是孝道的具体反映，是中华民族的优良传统。

【原文】

子曰："父母在，不远游，游必有方。"

【意译】

孔子说："父母健在的时候，不要出去太远，如果要出远门，要告诉他们自己要去的地方。"

【解读】

父母健在的时候，不要离父母太远，要好好照顾他们；如果要到远处去，要告诉自己的去处，不要让父母担心。主要是讲要照顾好父母，尽孝道。

【原文】

子曰："三年无改于父之道，可谓孝矣。"

【意译】

孔子说：父亲去世后，如果你的行为仍然遵照父亲生前的期盼和教诲，努力实行，并且长期坚持，就可以称得上孝了。"

【解读】

前文说过，"子曰：'父在，观其志；父没，观其行；三年无改于父之道，可谓孝矣。'"这里重复其最后一句，有强调之意，是说看一个人是不是孝，不但要看他在父亲在世时的表现，更要看他在父亲逝世后的表现。"道"指准则，规范，是父亲对子女的期盼、教导和心愿。父亲去世后，没有了严父的管教、督促，是否能够自觉遵循父亲生前的教导，践行、完成父亲的遗愿，更能看出一个人是不是孝。"孝"是家庭伦理的核心内容，每个家庭成员，无论父亲在世与否，都要长期坚持，自觉历行，做一个坚守孝道的人。

【原文】

子曰："父母之年，不可不知也。一则以喜，一则以惧。"

【意译】

孔子说："父母的年龄不能不常记在心里，一方面为他们的幸福和长寿而高兴，另一方面为他们的健康而担忧。"

【解读】

要记住父母的年龄，是说父母年龄大了，子女要多关心父母，让他们生活幸福，同时要多关心他们的健康，让他们长寿。这里的"惧"，不作"恐惧"解，可做"担忧"解，主要是讲要放在心上。

【原文】

　　子曰："古者言之不出，耻躬之不逮也。"

【意译】

　　孔子说："古人话不轻易出口，是怕自己的行动跟不上。"

【解读】

　　孔子是用古人的言行来教育现时人，说话一定要慎重，做不到的事情，不要先讲大话，说出的话就一定要做到。不能说得多，做得少，更不能光说不做。要少说多做，扎扎实实做人。

【原文】

　　子曰："以约失之者鲜矣。"

【意译】

　　孔子说："能够约束自己还犯过失的人，是少有的。"

【解读】

　　人必须对自己的行为有所节制，不能为所欲为、放松对自己的要求。对自己的要求放松，行为就可能失当，就有可能犯这样那样的错误。能够严格要求自己，用礼节和规矩约束自己，这样的人是很少有过失的。鲜，指少、少有，是说你能约束好自己，怎么会犯错误呢？

【原文】

　　子曰："君子欲讷于言而敏于行。"

【意译】

　　孔子说："君子说话慎重得当，做事勤劳敏捷。"

【解读】

　　这句话和《学而篇》的"敏于事而慎于言"意思相同，都在强调言行一致，说到做到，说话要谨慎，做事要勤敏。

【原文】

子曰："德不孤，必有邻。"

【意译】

孔子说："有道德的人不会被孤立，必然会有志同道合者支持。"

【解读】

有道德是做人的根本，做有道德的人是不会被孤立的，必然会受到人们的尊重和爱戴。也可以这样说，道德不是孤立的，必然会有"邻居"，受到道德的感染，转变为社会伦理和秩序。

【原文】

子游曰："事君数，斯辱矣；朋友数，斯疏矣。"

【意译】

子游说："对待国君，屡屡进谏，反而会招致侮辱；对待朋友，屡屡劝告，反而会被疏远。"

【解读】

言偃，字子游，孔子的学生，这句话是子游说的。"数"（shuò），多次、屡次，用今天的理解，就是屡次给上级提意见、提建议，对同事、对朋友多次劝阻、告诫。杨伯峻先生将"数"意译为"烦琐"，其含义要广些。对国君直言进谏，是应该的，可是常常进谏，进谏多了，会激怒国君，反而会受到侮辱；对朋友进行规劝，是好事，讲得多了，会招致朋友烦恼，反而关系变得疏远了。作为社会现象，上述情况是存在的。无论子游原意如何，都不能理解为对上少提意见和建议，对同事朋友少作劝阻和告诫，因为作为称得上"子某"称谓的优秀学生，不可能传播违背孔子原意的观点，孔子就批评过子路和冉有没有劝阻季氏讨伐和敛钱。从一般意义上讲，子游提出如何对待上级和同事的问题，实际上是一个双向问题，即都应有诚意，都应遵循"忠恕之道"。对于上级如何对待下级的问题，无论下级提的意见如何，都不能侮辱下级。就下级而言，无论是对上级还是同事，都不能过激，都不能带侮辱性语言，侮辱别人，你也可能受辱。

【本篇思考】

"里仁",取之于"里仁为美"的前两个字。里,指邻里,是居住的地方。仁,指仁德。"里仁为美",就是居住的地方重仁德,这样的地方是美好的地方。这具有特指性。将"里仁"单独提出来,用现在的话说,社区、村镇、城市等人们的居住环境,很重仁德,人们相处很懂礼节,是文明社区、文明村镇、文明城市。广而言之,是指社会风气。孔子认为他那个时代,人无法改变环境,但是可以选择好的环境。现在不同了,可以提出文明建设,为人们创造好的生活环境。但是从个人讲,人们仍然很注意选择好的居住环境。

从前后篇关系来看,在论述"礼"之后,他提出了他治国之道的核心理念——"仁"。对于"仁",首先从社会伦理论及,从"里仁"谈起,做好仁的社会基础工作,相对而言,亦易为统治者所接受。

公冶长篇第五

【原文】

子谓公冶长："可妻也。虽在缧绁之中，非其罪也。"以其子妻之。

【意译】

孔子说公冶长："可以把女儿嫁给他，虽然他曾经被关在监狱之中，但不是他的罪过。"便把自己的女儿嫁给他。

【解读】

孔子的时代，不是自由恋爱的时代，婚姻全凭父母做主。公冶长是孔子的学生，不是鲁国人，是齐国人。孔子给自己女儿选择对象，不仅要依据好学生的标准，还要能放心将女儿嫁给他。公冶长这个学生，曾经坐过牢，像孔子这样对人对己要求很严格的人，却偏偏要将女儿嫁给一个坐过牢的人，这可能会引起学生的议论。但他并没有在意这个人是否做过牢，认为罪不在这个人，这个人没有什么错，不能以此否定这个人。这就是说，看人要看他的本质和基本素质，对于人身上存在的一些事，不是看现象，而是进行分析，这样才能看准人。"非其罪也"，这才是关键，因此受到学生的钦佩。之所以将其作为开篇，是对如何观察人提供一个范例。"缧（léi）绁（xiè）"，拴罪人的绳索，这里指监狱。

【原文】

子谓南容："邦有道，不废；邦无道，免于刑戮。"以其兄之子妻之。

【意译】

孔子说南容："国家治理清明时，不会被废弃不用；国家治理黑暗时，能够避免遭受刑罚。"于是把自己的侄女嫁给他。

【解读】

南容，姓南宫名适（kuò），字子容，孔子的学生。这段主要理解孔子对人的评价，是通过此人在政治环境好时不会被弃之不用、在政治黑暗时也不会受到刑罚来说明，这个人老实本分，无论在任何环境下都能把握好自己。外部环境好时，不骄傲、不因脑子膨胀而犯错误；外部环境不好时，不放松对自己的要求，从而做出不理智的事情。这样的学生是好学生，这样的人是值得信赖的人。

【原文】

　　子谓子贱："君子哉若人！鲁无君子者，斯焉取斯？"

【意译】

　　孔子评论子贱："这个人是君子呀！鲁国如果没有君子，这个人从何处获得这样好的品德呢？"

【解读】

　　子贱，姓宓（fú）名不齐，字子贱，孔子的学生。孔子对前两个人的评价，是选（侄）女婿，通过具体事实来评价，对子贱则是总评价。称赞学生为君子，评价很高。意思是谁说鲁国无君子，如果没有君子，子贱这么好的品德是从哪里得来的。他在告诉学生，你的周围就有好的品德，只要你勤于学习，你也会成为子贱这样的君子。

【原文】

　　子贡问曰："赐也何如？"子曰："女，器也。"曰："何器也？"曰："瑚琏也。"

【意译】

　　子贡问："我是一个怎样的人？"孔子说："你，好比一个器皿。"子贡又问："是什么器皿？"孔子说："就像宗庙里盛黍稷的瑚琏。"

【解读】

　　子贡问老师他是什么样的人，让老师评价他，孔子没有直接回答，而是将他比作一个器皿，他再问是什么器皿，孔子说是瑚琏。瑚琏是古时宗庙里盛放祭品的很珍贵的器皿。意思是有用的人才，而且是很优秀的人才。因此，后人常使用"大器"来形容这类人才，如某某人大器、必成大器等。

用一个字或两个字评价一个人，精辟。

【原文】

或曰："雍也仁而不佞。"子曰："焉用佞？御人以口给，屡憎于人。不知其仁，焉用佞？"

【意译】

有人说："冉雍有仁德，就是口才不行。"孔子说："何必要有口才呢？伶牙俐齿，能言善辩，也会让人讨厌。至于冉雍是不是有仁德，我不知道，但是为什么要有口才呢？"

【解读】

雍，冉雍，字仲弓，孔子的学生。孔子对冉雍是否有仁德说不知道，不一定就是不知道，他对学生的评价是很慎重的，不会轻易说有还是没有。说明冉雍还未达到令孔子认可的标准，所以孔子说不知道。有一点却是肯定的，不能把没有口才作为人的缺点，这与仁德没有关系；也不能只看人的口才，有些人口才很好，却让人讨厌。通过具体事例，指出如何看人的问题。也可作这样解读，你将口才作为这个人的缺点，这是不对的。口才与仁德没有关系，你讲仁德时为什么提口才呢？

【原文】

子使漆雕开仕，对曰："吾斯之未能信。"子说。

【意译】

孔子叫漆雕开做官，漆雕开回答："我对当官还没有信心。"孔子听后很高兴。

【解读】

漆雕开，姓漆雕（diāo），名开，孔子学生。信，信心，"未能信"有能力不够之意。说，读yuè，即悦，喜悦、高兴。孔子让学生从政，学生说没有信心，孔子听后不仅没有生气，反而很高兴，何也？是认为学生有自知之明。孔子看学生好差，不是看你能不能做官，而是看你能不能老老实实做人、扎扎实实做事。

【原文】

子曰："道不行，乘桴浮于海。从我者，其由欤？"子路闻之喜。子曰："由也好勇过我，无所取材。"

【意译】

孔子说："如果我的主张行不通，我想坐个木排到海外去，跟随我的恐怕只有仲由（字子路）吧？"子路听了后很高兴。孔子说："仲由这个人很有勇气，其勇气超过了我，其他没有可取之处。"

【解读】

这段话是孔子感慨而发，是说如果他的学说推行不了，想到海外去游说。那时到海外去，要坐木排，需要勇气，仲由这个学生有胆量，看来跟随的人仲由最合适，仲由以为老师看重他这个人，很高兴，孔子却说，仲由有勇气，甚至勇气超过了他，除此之外，没有什么可取之处。还有其他解读，我认为这样解读，接近孔子的意思，因为孔子多次批评子路辅佐季氏，胆子大，不谦虚，助纣为虐，不按他的主张办。从记载看，子路常跟随孔子出去，说明子路这个学生很有才，但是他批评子路也较多，是恨铁不成钢。子路对孔子的批评也很尖锐，师生关系很真实。从这段也可以看出，孔子的意思是说，勇气是你的长处，除此之外你还有什么可取之处？这是在敲打子路。桴（fú），筏子、木排（或竹排）。

【原文】

孟武伯问："子路仁乎？"子曰："不知也。"又问。子曰："由也，千乘之国，可使治其赋也，不知其仁也。"

"求也何如？"子曰："求也，千室之邑，百乘之家，可使为之宰也，不知其仁也。"

"赤也何如？"子曰："赤也，束带立于朝，可使与宾客言也，不知其仁也。"

【意译】

鲁国大夫孟武伯问孔子子路的仁德怎么样，孔子回答："我说不清楚。"

孟武伯还在追问,孔子说:"仲由,拥有一千辆兵车的国家,可以让他负责军事工作,至于他有没有仁德,我说不清楚。"

孟武伯接着问:"冉求怎么样?"孔子回答:"冉求,有千户人口的大邑,或者是百辆兵车的大夫封地,可以让他当总管,至于他有没有仁德,我说不清楚。"

孟武伯继续问:"公西赤怎么样?"孔子回答:"公西赤,可以让他穿上礼服站在朝廷上,接待外宾,办理交涉,至于有没有仁德,我说不清楚。"

【解读】

子路即仲由,冉有即冉求,赤即公西赤,字子华,均为孔子的学生。鲁国大夫让孔子介绍三个学生的人品情况,孔子不想回答,在一再追问的情况下,孔子根据三个学生的才能,说出每个人适合干的工作,可是对人家问的仁德,却回避回答,这是因为这三个学生在孔子看来,不属于没有仁德,也没有达到孔子认为的仁德标准;是还不太理想,或有某方面的不足,但这牵扯对学生的看法,在别人面前,特别是在当政者面前,作为教师,说出会对学生影响很大,因此特别慎重。这不是有意隐瞒什么,而是对学生负责,也是对用人单位负责。"不知其仁",不是不知道,而是说,这几个学生是各有其才能的,是可用的,可用人之长。

从这里也可以看出,孔子通过教育推行治国之道,他培养人才的方向就是执政掌权的人,他的治理思想、伦理道德,主要都是说给执政者听的。

【原文】

子谓子贡曰:"女与回也孰愈?"对曰:"赐也何敢望回?回也闻一以知十,赐也闻一以知二。"子曰:"弗如也;吾与女弗如也。"

【意译】

孔子对子贡说:"你和颜回相比谁强?"子贡回答:"我哪敢和颜回相比,颜回知道一个道理,可以从中推出十个道理,而我知道一个道理,只能推出两个道理。"孔子说:"你的确比不上他,我同意你的看法,你不如他。"

【解读】

子贡（端木赐）和颜回（颜渊）都是孔子的优秀学生，颜回更优秀。孔子让子贡自己与颜回相比，知道自己的差距在什么地方，再由他点拨，这样效果要好得多，对子贡的印象会更深。从内容讲，二人的差距，不在学习成绩，而在思维能力，孔子用启发式开启学生的思维能力，而不是要学生死读书。

【原文】

宰予昼寝。子曰："朽木不可雕也，粪土之墙不可杇也；于予与何诛？"子曰："始吾于人也，听其言而信其行；今吾于人也，听其言而观其行。于予与改是。"

【意译】

宰予大白天睡觉。孔子说："腐朽的木头不能用来雕刻，粪秽似的污秽墙壁不能粉刷，对于宰予，我能用什么语言来责备他呢？"孔子又说："过去，我对人听他说的话就相信，现在是不仅听他说，还要观察他怎么做，这种认识是从宰予这件事以后才改变的。"

【解读】

宰予（宰我）是孔子的学生，起先从言谈中，孔子印象不错，却发现其在白天睡大觉，孔子非常生气，批评十分严厉，用朽木和污秽的墙来比喻，说再找不到比这更严厉的语言来责备他。从孔子非常生气来看，宰予白天睡觉，并不是偶然现象，否则不会如此生气。并且从这件事他受到启示，对人不仅要听其言，而且要观其行。

【原文】

子曰："吾未见刚者。"或对曰："申枨。"子曰："枨也欲，焉得刚？"

【意译】

孔子说："我没有见过刚毅不屈的人。"有人说："申枨就是这样的人。"孔子说："申枨欲望太多，怎么能说是刚毅不屈的人呢？"

【解读】

申枨（chéng），姓申名枨，字周，是孔子的学生。孔子说，他没有发现刚毅不屈的人，意思是说，意志坚强，刚毅不屈，坚定不移，能做到这样的人太少了。有人说，申枨就是这样的人。孔子认为，申枨有私欲，有私欲的人是做不到坚贞不屈的，只有做到没有私欲，才能做到坚贞不屈。这里孔子对学生的缺点明确指出，是因为涉及立标杆的问题，所以不能含糊，必须指出来，这样才具有教育意义。

【原文】

子贡曰："我不欲人之加诸我也，吾亦欲无加诸人。"子曰："赐也，非尔所及也。"

【意译】

子贡说："我不想他人强加于我的事情，我同样不想强加于他人。"孔子说："赐呀，这不是你能做到的。"

【解读】

我们不清楚，子贡在什么情况下、因为什么这样讲，孔子为什么说你做不到。如果按照上面的解读，只要个人去做，是完全做得到的。还有其他解读，如不想别人侮辱我，我也不想侮辱别人。但是无论何种解读，大致有两种情况，一是不能做，二是不愿意做。在做不到的原因上，一是因个人的原因做不到，二是社会因素，尤其是当时社会，自己是决定不了的。孔子一方面要求学生提高自己素质，要求自己，把握好自己，从这方面讲，子贡还做不到；另一方面是教育学生如何认识问题和对待问题，事情不是想就能那么简单。时至今日，这类问题依然存在，不能做的事还去做。还有一点，不想做的事，不完全都是不好的事，社会会强行要求你去做。我们应该从孔子的这句话中得到启示。

【原文】

子贡曰："夫子之文章，可得而闻也；夫子之言性与天道，不可得而闻也。"

【意译】

子贡说："老师对古代文献的讲授，我们能够听得到；而对于有关人性和天道的看法，我们却听不到。"

【解读】

这段话的重点不在于孔子为什么不讲人性和天道的内容，而在于孔子作为一名教师，其讲学的严谨态度。对于古代文献有根有据能讲明白，而对于他自己都没有搞明白，或者没有确切看法的东西如人性和天道，他都不随便、不信口开河给学生讲，因为师生的特殊关系，使得教师说出的话，都会对学生造成影响，弄不好会对学生产生误导，误人子弟。

【原文】

子路有闻，未之能行，唯恐有闻。

【意译】

子路听到主张还没有施行，就唯恐再听到新的主张。

【解读】

这段话似乎在描述子路，这也讲得通。但是根据孔子对子路的评价，这不大符合子路的行事风格。还有一点，如果只讲子路行事，有必要将此收集到《论语》之中吗？从前后文看，都是孔子对学生的评价，孤零零地说起子路，也不大顺。这反映孔子对学生的教诲很严格。

子路是孔子学生中当官的几个人之一，辅佐鲁国大夫季氏，季氏是鲁国掌握实权的人，很霸道，也就是说，在他手下做事，就要按他的办。子路拜孔子为师，说明他是孔子学说的信徒。孔子的学说在当时社会根本执行不了，可是孔子是一个非常执着的人，坚信自己的学说，极力推行自己的学说，子路身居官场，是孔子指望推行他学说的学生，对其要求要高些。按孔子的说法，子路胆子大，不谦虚，说明有才能。这就注定他经常处于矛盾之中，他的这种情况，其他学生不可能不知道，因此将其记载下来。造成这种情况的原因，不完全在于子路个人，而是社会制度造成的，这是我们观察子路这个人的着眼点。

【原文】

　　子贡问曰："孔文子何以谓之'文'也？"子曰："敏而好学，不耻下问，是以谓之'文'也。"

【意译】

　　子贡问："凭什么给孔文子'文'的谥号？"孔子说："孔文子聪敏而且爱好学习，能够向比他地位低的人请教学习，并且不为此感到耻辱，所以用'文'作为他的谥号。"

【解读】

　　谥号，是古时国君、大夫死后根据他生前的事迹给的称号，孔文子是卫国大夫，子贡问为什么给孔文子"文"的谥号，孔子用八个字概括，意思是，聪敏而好学，向下属和地位低的人学习能够放下架子、不怕丢掉面子，这是难能可贵的，这个谥号他当之无愧。"敏而好学，不耻下问"就成为从古到今的经典古训。

【原文】

　　子谓子产有君子之道四焉：其行己也恭，其事上也敬，其养民也惠，其使民也义。

【意译】

　　孔子评价子产，说他具有君子的四个特点：自己的言行举止端庄严谨，对君主恭敬礼貌，教养人民多给实惠，役使人民合乎道义。"

【解读】

　　子产，名公孙侨，字子产，郑穆公的孙子，是春秋时郑国的贤相，是杰出的政治家。孔子对其评价很高。将行为端庄、对上尊敬、给民实惠、使民合义作为衡量领导干部的四条标准，具有借鉴意义。第一是个人品行端庄，第二也可解读为对上面布置的事情或事业兢兢业业，第三是要给人民以实惠，第四是对老百姓布置任务要合情合理，或者说减轻人民的负担。从一般性上讲，做一个好干部，应具备四个特点：一是人品好，端庄正直；二是做事认真负责、兢兢业业；三是一心为民，为人民办实事，办好事；

四是爱护人民，不给人民增加负担。

【原文】

子曰："晏平仲善与人交，久而敬之。"

【意译】

孔子说："晏平仲善于与人交往，交往的时间越长，别人就越尊敬他。"

【解读】

晏平仲，姓晏名婴，字仲，是齐国大夫，著名政治家，"平"为谥号。孔子评价，这个人人品好，作为位高权重的人，善于待人，相处时间越久，人就越信得过他、尊敬他。"善与人交"，这是领导干部应具备的品质，而不是高高在上，盛气凌人，让人望而生畏。

【原文】

子曰："臧文仲居蔡，山节藻棁，何如其知也？"

【意译】

孔子说："臧文仲给蔡国的大龟盖了一间房屋，斗拱上雕刻着像山峦的图案，梁上短柱上画有藻草，这个人的聪明怎么会是这样呢？"

【解读】

臧文仲，鲁国大夫臧孙辰，"文"是谥号，"仲"是排行。他给龟单独盖房屋，雕刻绘画，比人住得都华丽。孔子批评他作为国家重臣，没有将聪明用在地方上，是说不务正业、逾越礼制。棁（zhuō）：梁上短柱。节：柱上斗拱。

【原文】

子张问曰："令尹子文三仕为令尹，无喜色；三已之，无愠色。旧令尹之政，必以告新令尹。何如？"子曰："忠矣。"曰："仁矣乎？"曰："未知，焉得仁？"

"崔子弑齐君，陈文子有马十乘，弃而违之。至于他邦，则曰：'犹吾大夫崔子也。'违之。之一邦，则又曰：'犹吾大夫崔子也。'

违之。何如？"子曰："清矣。"曰："仁矣乎？"曰："未知，焉得仁？"

【意译】

子张问："令尹子文多次做令尹，脸上没有喜色；多次被免职，也没有看出有什么怨气。在每次免职时，将自己的政事都毫无保留地全部告诉新令尹，交代得清清楚楚，这人怎么样？"孔子说："称得上尽忠。"子张又问："称得上仁吗？"孔子说："不晓得。仅凭你说的，怎么就能称得上仁呢？"

子张接着问："崔子杀了齐君，就因这件事，陈文子舍弃四十匹马不要，离开齐国。到了另一个国家，说：'这里的执政者和崔子差不多。'又离开。再到一个国家，说：'这里的执政者和崔子差不多。'还是离开，这个人怎么样？"孔子说："清高得很。"子张又问："算得上仁吗？"孔子说："不晓得，仅凭你说的，怎么能称得上仁呢？"

【解读】

令尹子文，斗榖於菟，字子文，这个人多次任职不喜形于色，多次被免职不灰心丧气，交接一丝不苟，这算得上是忠，但是不一定达到仁的标准。崔子，齐国大夫崔杼（zhù）。齐君，指齐庄公。陈文子，齐国大夫，名须无。崔子杀了齐君，齐国大夫陈文子由于此事，舍弃了自己的家产离开齐国，去了两个国家，认为其统治者均和崔子没有区别而离开，这些算得上清高，却不一定达到了仁的标准，可见孔子对"仁"的标准看得很高，不一定因一些突出事情就能达到，但是对其评价也不低，能做到"忠""清"就很不容易。

【原文】

季文子三思而后行。子闻之，曰："再，斯可矣。"

【意译】

季文子做事反复考虑以后才去做，孔子听到以后说："考虑两次就行了。"

【解读】

季文子，姓季孙名行父，"文"是谥号，是鲁国大夫。他做事过于谨慎，反复考虑，优柔寡断，考虑对自己的利害得失，故而孔子说没有必要思前想后，瞻前顾后，只要缜密思考，考虑成熟就果断去做。两次，不是说只考虑两次，是针对"三"即多次而言的。就"三思而后行"这句话来说，做事考虑周到，还是对的，至今还在运用。

【原文】

子曰："宁武子，邦有道，则知；邦无道，则愚。其知可及也，其愚不可及也。"

【意译】

孔子说："宁武子在国家政治清明时什么都知道，很聪明；可是在国家无道时，他就装傻。他的聪明别人做得到，他装傻的本领就没有人能赶得上。"

【解读】

宁武子，姓宁名俞，郑国大夫。孔子对宁武子的评价，将其特指性转变为一般性，用现代的语言可以这样说，作为领导干部，在国家一切都好时，他什么都懂，显得很有才能，而在国家危难需要他的关键时刻，他却装傻，什么也不干。其实，在国家情况好时，他的那点聪明才能别人也能做到，可是在国家情况不好时，他装傻的本领谁也赶不上他，这样的领导干部能够得上合格吗？这样的领导干部能说他是好的领导干部吗？

【原文】

子在陈，曰："归与！归与！吾党之小子狂简，斐然成章，不知所以裁之。"

【意译】

孔子在陈国时说："回去吧！回去吧！我们那里的学生们志向远大但行为粗疏，虽然学问很深，又有文采，斐然成章，但不懂如何节制。"

【解读】

孔子处于异国他乡，在陈游说遇到困难，就怀念还在鲁国的学生，称赞他们非常优秀，很值得骄傲，但不懂如何节制，还需打磨，可见其对学生感情之深。

【原文】

子曰："伯夷、叔齐不念旧恶，怨是用希。"

【意译】

孔子说："伯夷、叔齐兄弟两人不记过去的仇恨，别人对他们的怨恨就很少。"

【解读】

伯夷、叔齐，商纣时孤竹君的两个儿子，父亲去世后，相互让位，又都逃到周文王那里。周武王起兵讨伐商纣，他们曾拦住车马劝阻。周朝统一天下后，他们不吃周朝粮食，饿死在首阳山。孔子对兄弟两个相互让位的行为很称道，认为他们不结仇恨，所以人们也就很少记恨他们。

【原文】

子曰："孰谓微生高直？或乞醯焉，乞诸其邻而与之。"

【意译】

孔子说："谁说微生高这个人直爽？别人向他要点醋，他不说自己没有，却到邻家讨了一点给人家。"

【原文】

子曰："巧言、令色、足恭，左丘明耻之，丘亦耻之。匿怨而友其人，左丘明耻之，丘亦耻之。"

【意译】

孔子说："花言巧语，假装和颜悦色，装作一副对人恭恭敬敬的样子，左丘明认为可耻，我也认为可耻。对人内心隐藏怨气，表面上却好像要好的朋友，左丘明认为可耻，我也认为可耻。"

【解读】

有两种人，其行为是可耻的：一种是见人察言观色，陪着笑脸，满口恭维，低头哈腰，毕恭毕敬，虚心假意；另一种人是心存怨恨，面上装好，当面一套，背后一套，表里不一，心口不一。这两种人都很伪善，都要加以警惕。

【原文】

颜渊、季路侍。子曰："盍各言尔志？"

子路曰："愿车马衣轻裘，与朋友共敝之而无憾。"

颜渊曰："愿无伐善，无施劳。"

子路曰："愿闻子之志。"

子曰："老者安之，朋友信之，少者怀之。"

【意译】

孔子坐着，颜渊和季路（子路）侍立在那里。孔子说："何不谈谈你们的志向？"

子路说："我愿意将我的车马和皮衣与朋友共同享用，用坏了也没有怨言。"

颜渊说："我的意愿是，不夸耀自己的好处，也不表白自己的功劳。"

子路接着说："希望能听听老师您对这个问题的看法。"

孔子说："我想做的事情是使老年人能够安康，使朋友能够信任我，使青年人能够得到照顾。"

【解读】

这是围绕志向的师生互动。孔子让两个学生谈谈他们的志向。子路身处官场，生活条件较好，谈财物共享，真诚相待，是好官交友之道。颜渊是孔子最欣赏的学生之一，谦虚谨慎，诚实守信，是君子待人之道。孔子比他们的立意都高，他想做的事是使老年人安度晚年，对下一代人教诲栽培，让年轻人得到照顾。对朋友最主要的是一个"信"字，让人信得过你。"老者安之，朋友信之，少者怀之"，堪称经典。盍（hé），何不。

【原文】

子曰:"已矣乎,吾未见能见其过而内自讼者也。"

【意译】

孔子说:"算了吧,我没有见过知道自己有过错而从内心责备自己的人。"

【解读】

这似乎是警示学生对待过错的态度,不要表面认错,就认为已经改过,能真正从内心认识错误,自我反思,接受教训的人太少了。这是告诫学生,犯了错误,就要从内心进行认识,才能避免再犯错误。

【原文】

子曰:"十室之邑,必有忠信如丘者焉,不如丘之好学也。"

【意译】

孔子说:"在十户人家中,必定有人在忠诚和信用方面像我一样,但是,在爱好学习方面,他们就都不如我。"

【解读】

这是孔子对自己的评价,用现代的话说,在忠信方面,也会有人和我一样忠信,可是却没有人能做到像我一样爱好学习。这就是说,孔子具有非同一般的好学精神,他能成为创立学说的大师,成为被人们称为圣人的人物,都是从孜孜不倦学习而得来的,因此对自己的评价一点也不夸张。对人对己评价都确切到位,其洞察力也非常人所及。

【本篇思考】

前四篇均以开篇前两个字作为篇名,这篇却用人名作为篇名,这是因为开篇一段,没有两个字可以单独概括出其中心意思,但是这段又比较重要,因此就以此人做篇名。

纵观这篇,主要是对人物及其行为的看法,既然是对具体人和事的看法,为什么要收入到《论语》之中作为重要一篇?是由于孔子对人物的看法和评价有其独到之处,反映其思想的深邃性和洞察力。

首先，作为一个教师，他能通过观察，对学生做到了如指掌、准确判断，因而能因人施教，让学生深受教育，难以忘怀。

其次，他不仅仅是一个教师，而是治理国家学说的创建者，这种双重身份，使他在观察人和事时更具深邃性和洞察力，比一般人要深刻，具有典范性。

雍也篇第六

【原文】

子曰："雍也可使南面。"

【意译】

孔子说："冉雍这个学生，可以让他去做官。"

【解读】

古代以南为尊，无论国君、大夫、诸侯、将相临朝听政或者坐堂议政都是面南而坐，故而面南表示做官。南面即面向南。孔子对冉雍（字仲弓）很看重，认为其品行很不错，可以让他做官。

【原文】

仲弓问子桑伯子。子曰："可也，简。"

仲弓曰："居敬而行简，以临其民，不亦可乎？居简而行简，无乃大简乎？"子曰："雍之言然。"

【意译】

仲弓问子桑伯子这个人怎么样，孔子说："这个人办事从简。"

仲弓听到孔子讲后说："既严肃认真，又简单朴素，这样对待人民，不也可以吗？单纯为了省事而从简，这样做，不是过于简单了吗？"孔子说："你说的很对。"

【解读】

学生仲弓问孔子，子桑伯子这个人办事怎么样？孔子说他办事从简。仲弓听后说，既办得好，又简朴，不给人民造成很大负担，这样就办得不错。如果为了省事而省事，这样就不是简朴了。他问老师这样理解对不对，孔子说："你的理解很对。"这就是说，办事要为人民着想，办事办得大方节俭，该办的还是要办，不能为节省而办得过于简单。

【原文】

　　哀公问："弟子孰为好学？"孔子对曰："有颜回者好学，不迁怒，不贰过。不幸短命死矣，今也则亡，未闻好学者也。"

【意义】

　　鲁哀公问："你的学生中哪个好学？"孔子回答："有个学生叫颜回，他最好学。他从来不把怨气发在别人身上，也不犯同样的过失，不幸短命死了。现在再也没有听说过像他这样好学的人。"

【解读】

　　孔子认为颜回好学，不是指读的书多，而是遇到问题从来不怨恨别人，而且能严格要求自己，从自己身上找原因；有了过失，能吸取教训，不再犯同样的过失，能够学以致用。像这样好学的学生，可惜去世了，孔子很惋惜，说再也没有像他这样好学的学生了。有的人也爱好学习，却在遇到问题时，找客观理由，怨这怨那，把怨气发在别人身上，不从自身找原因；有了过失，也不吸取教训，这样的人，读的书再多，不联系实际，算不得是好学的人。"未闻"，是说再也难以找到像他这样好学的好学生。

【原文】

　　子华使于齐，冉子为其母请粟。子曰："与之釜。"

　　请益。曰："与之庾。"

　　冉子与之粟五秉。

　　子曰："赤之适齐也，乘肥马，衣轻裘。吾闻之也：君子周急不继富。"

【意译】

　　子华被派到齐国做使者，冉有替他母亲请求补贴小米，孔子说："给他六斗四升。"

　　冉有请求增加，孔子说："再给他二斗四升。"

　　冉有却给他八百斗。

　　孔子说："公西华到齐国去，坐着肥马拉的车，穿着又轻又暖的皮袍。

74

我听说过这样的话：君子救济生活窘迫而急需救济的人，而不是给富裕的人增加财富。"

【解读】

釜（fǔ），古代量器名，一釜约合六斗四升；庾（yǔ），合二斗四升；秉（bǐng），十六斛（一斛十斗），五秉为八十斛，即八百斗。子华，姓公西名赤，字子华，是孔子学生，出使齐国，家有母亲，冉有提出给子华经济补贴，孔子认为是应该的，说给一釜即六斗四升，冉有说太少，再给增加一些，孔子说那就增加一庾即二斗四升，结果冉有给了八十斛，即八百斗。孔子很不满意，说赤子到齐国去坐的大马车，穿的大皮袍，这哪是经济困难的样子。意思是，出远门，家有母亲，给予经济补贴给予关怀，完全是应该的，但是公西赤家里并不困难，你却补贴了那么多。他在教育冉有，却没有直接批评，而是用"君子"是如何做的来说明，其意思是，君子行事，周济急需，而不给富人增加财富。这样教育学生很有说服力。

【原文】

原思为之宰，与之粟九百，辞。子曰："毋！以与尔邻里乡党乎！"

【意译】

原思为孔子管家，孔子给他小米九百斗，他不收。孔子说："你不用推辞！如果你不用，拿去送给你的邻里乡党！"

【解读】

原思，姓原名宪，字子思，孔子的学生。原思给孔子管家，孔子给他报酬（九百是数量，现在不一定要弄清楚是多少，没有意义，应该说在当时也还比较合理，孔子不会亏待学生）。他认为给老师做事，不肯收。孔子说："给你报酬是应该的，你一定要收，如果你不用，你就接济需要帮助的人。"邻里乡党，五家为邻，二十五家为里，一万二千五百家为乡，五百家为党。"邻里乡党"现在还在用，同一个地方的人互称乡党。这里可泛指家乡穷困的人。

【原文】

子谓仲弓，曰："犁牛之子骍且角，虽欲勿用，山川其舍诸？"

【意译】

孔子谈到仲弓，说："耕牛生的牛犊，毛呈红色，两角整齐，虽然不想用它来祭祀，山川之神难道会舍弃它吗？"

【解读】

孔子用牛犊来比喻仲弓，他的父亲像耕牛一样"下贱"。孔子以牛犊作为比喻，说牛犊虽然长得很好，可是因为是耕牛生的牛犊，仍然要用它来祭祀。意思是说，他是个人才，难道就因为他出身下贱而舍弃不用吗？骍（xīng），指赤色。角，是指两角长得很整齐、很好看。以此比喻仲弓是个有用的人才。人的出身是个人决定不了的，是无法改变的，可是人的人生是由自己决定的。从一般性上，可做两个方面的解读。从个人讲，不能因为出身不好就自暴自弃，只要自己努力，就可创造美好的人生。仲弓就是很好的例证。

从用人的角度讲，不要看人的出身，而是看这个人的品德和才能，看这个人自己。使得优秀人才能够各得其位，用其所长。

【原文】

子曰："回也，其心三月不违仁，其余则日月至焉而已矣。"

【意译】

孔子说："颜回能做到长久不违背仁德（心里不忘仁德），别的学生则是短期能够做到而已。"

【解读】

孔子赞扬他的学生颜回能够坚持按仁德要求自己，从来不做违背仁德的事情，而其他学生则做不到这一点。或者不能按高标准要求自己，或者不能坚持，要向颜回学习。"三月"和"日月"不是绝对数，而是相对而言，三月指长期，日月指短期。

【原文】

季康子问："仲由可使从政也与？"子曰："由也果，于从政乎何有？"

曰："赐也可使从政也与？"曰："赐也达，于从政乎何有？"

曰："求也可使从政也与？"曰："求也艺，于从政乎何有？"

【意译】

季康子问孔子："仲由可以从政吗？"孔子说："仲由办事果断，从政能有什么困难？"

季康子又问："端木赐可以从政吗？"孔子说："端木赐通情达理，从政能有什么困难？"

季康子接着问："冉求可以从政吗？"孔子说："冉求多才多艺，从政能有什么困难？"

【解读】

仲由、冉求均辅佐过季康子，因此，季康子问可不可以从政应该在这之前，否则不会这么问。孔子对学生，既充分肯定，又认真负责，不是为推荐而推荐，同时介绍其特点，以便人尽其才，可以充分发挥各人的专长。

【原文】

季氏使闵子骞为费宰。闵子骞曰："善为我辞焉！如有复我者，则吾必在汶上矣。"

【意译】

季氏叫闵子骞担任他封地费的称之为"宰"的官员，闵子骞对来人说："请你替我好言辞掉吧！如果再来找我的话，那我一定会逃到汶水那里去。"

【解读】

闵子骞，姓闵名损，字子骞，孔子的学生。费（bì），邑名，故城在今山东费县西北。宰，采邑的长官。汶（wèn），即现在山东的大汶河。水以阳为北，故而汶上是指汶水以北，暗指逃到齐国去。季氏让闵子骞担任费的长官，他不愿意当官故而婉言相辞，态度十分坚决，说如果再来找他，他就离开到其他国家去。孔子学生欣赏闵子骞不为高官厚禄而动的做法，所以收录传世。

【原文】

伯牛有疾，子问之，自牖执其手，曰："亡之，命矣夫！斯人也而有斯疾也！斯人也而有斯疾也！"

【意译】

伯牛得了重病，孔子前去看望，从窗户伸进手去握住其手说："不行了，这都是命运注定的。这人怎么能得这样的病！这人怎么能得这样的病！"

【解读】

伯牛，姓冉名耕，字伯牛，孔子的学生，得了重病，已经不行了。孔子去看望，可能家里贫穷，屋里地方小，躺在窗户里的床上，孔子没有进屋，从窗户将手伸进去，握住其手，安慰说，这都是命运注定的。他很悲伤，也很无奈，连连说怎么会得这样的病，反映出真挚深厚的师生情。牖（yǒu），窗户。

【原文】

子曰："贤哉，回也！一箪食，一瓢饮，在陋巷，人不堪其忧，回也不改其乐。贤哉，回也！"

【意译】

孔子说："颜回多么有修养呀！一个竹筒吃饭，一个瓢喝水，住在简陋的小巷里，其他人都受不了，很忧愁，而颜回依然很愉快地住在那里。颜回多么有修养呀。"

【解读】

孔子学生颜回很穷困，住在贫民住的小巷子里，其他人都受不了，很忧愁，而颜回却毫不怨天忧人，宁宁静静生活在这样的环境里，以苦为乐，磨练意志，进行学习，认真钻研，闻一知十，受到老师高度赞扬，前后两次加重语气称赞，多么优秀、多么有仁德、多么有修养！箪（dān），古代盛饭的圆形竹筒。

【原文】

冉求曰："非不说子之道，力不足也。"子曰："力不足者，中道而废。今女画。"

【意译】

冉求说："我不是不喜欢你的学说，而是我能力不够，达不到。"孔子说："能力不够，是走到半路上停了下来，可你是自己给自己画一条界线不肯往前走了。"

【解读】

孔子的学生冉求辅佐季氏，他对实行孔子学说有畏难情绪，于是说："不是我不赞成你的学说，而是我能力有限，达不到。"孔子认为这是在找借口，说：你不是能力问题，能力不够是尽力去做却达不到要求，而你是给自己设定了一个最低要求，不努力去做。在这里，孔子以走路为比喻，力不足是半路上走不动了，但冉求不是走不动，而是不想走，从而指出了冉求的错误所在。

【原文】

子谓子夏曰："女为君子儒！无为小人儒！"

【意译】

孔子对子夏说："你要做一个君子式的儒者，而不做小人式的儒者！"

【解读】

孔子告诉学生，不是有知识、有学识，就认为是知识分子。还要有仁德，德才兼备，做君子，而不做小人。也就是说，不能以知识为本钱，做起事来却有失知识分子大雅，有损知识分子称号，因此，要做学问，也要修养品行。

【原文】

子游为武城宰。子曰："女得人焉耳乎？"曰："有澹台灭明者，行不由径，非公事，未尝至于偃之室也。"

【意译】

子游任武城县长官。孔子问:"你在这里得到什么人才没有?"子游说:"我发现一个叫澹台灭明的人,走路不走偏斜小道,不是公事从来不到我的屋里来。"

【解读】

武城,鲁国的城邑,在今山东费县西南。澹台灭明,姓澹台名灭明,字子羽。孔子学生子游任武城县长官,孔子问他有没有发现什么人才,子游说用了一个人叫澹台灭明,这个人很正直("行不由径"),不为私事找他,也不讨好他,也不去说是非,是一心为公的人,后来此人成为了孔子的学生。孔子很重视人才,指导学生发现人才,又自己收为学生,予以培养。

【原文】

子曰:"孟之反不伐,奔而殿,将入门,策其马,曰:'非敢后也,马不进也。'"

【意译】

孔子说:"孟之反不夸耀自己,吃了败仗,他在最后掩护全军,在即将进城时,故意一面鞭打坐马,一面说道:'不是我有意殿后,而是马不肯往前跑。'"

【解读】

孟之反是鲁国大夫,率兵与齐国作战,被齐国打败,撤退时他在最后面掩护全军,把危险留给自己,让鲁军安全撤退,但他并不表功,不说自己有意留在最后,而是说马不肯向前跑。其品行得到孔子的好评。

【原文】

子曰:"不有祝鮀之佞,而有宋朝之美,难乎免于今之世矣。"

【意译】

孔子说:"假使没有祝鮀的口才,只有宋朝的美貌,在当今的社会,恐怕难以避免祸害了。"

【解读】

祝鮀（tuó），字子鱼，卫国的大夫，以口才好而闻名。宋朝，宋国的公子朝，以美貌而闻名。孔子以这两个人为例，一个是卫国大夫，具有善辩的口才，一个是宋国公子，只是长得好看，不仅没有好处，还身受其害。意思是说，看人不能只看外表，要重视内在修养。

【原文】

子曰："谁能出不由户？何莫由斯道也？"

【意译】

孔子说："谁能出门不从房门经过呢？为什么没有人从我这条路行走呢？"

【解读】

孔子讲的话都有一定喻义，不仅仅是说出门走路这些事，而是以此作比喻，说他的学说对社会就像从屋里出外必须经过房门一样，是必须的。以此说明，行不通，不是他学说本身的问题，他坚信自己的学说是正确的。

【原文】

子曰："质胜文则野，文胜质则史。文质彬彬，然后君子。"

【意译】

孔子说："朴实多于文采，就难免粗野；文采多于质朴，就难免浮华。只有文采与质朴相结合，才能成为君子。"

【解读】

我这里是按一般解读，质是指质朴，文是指文采，君子是质与文结合得好的人，既质朴，又有文采。按孔子的原意有人解读，质是指仁德，文是指礼仪，如果只重仁德，而在礼仪上差一些，就会显得粗野；如果只重礼仪，而不体现仁德，没有诚意，就会显得华而不实，只有内在仁德与外在礼仪结合起来，才能成为君子，做起事来才是君子所为。还有一种解读，质指素质，文指文化，素质好，文化差，容易落后守旧甚至粗俗；文化高，素质差，就容易智高德低，做事就可能浮躁，甚至出轨。无论哪种解读，都可概括为内在与外在的关系，孔子是内在和外在统一论者，强调内在与外在相统一，质与文相结合。"文质彬彬"，常被用来称呼那些有文采、高雅、彬彬有礼的人。

【原文】

> 子曰："人之生也直，罔之生也幸而免。"

【意译】

孔子说："人能够生存是因为正直，不正直的人也可以生存，是由于侥幸才避免祸害。"

【解读】

这句话的意思是说，人只有正直才能堂堂正正地活在世上，而那些不正直的人，虽然也能活着，却是靠侥幸避免了灾祸。

【原文】

> 子曰："知之者不如好之者，好之者不如乐之者。"

【意译】

孔子说："任何事情，懂得它的人不如爱好它的人，爱好它的人不如以它为乐的人。"

【解读】

这里揭示一个道理，无论是对事业、对做学问、对做任何一件事，懂得不如爱好，爱好不如乐趣。首先要懂得为什么要做，但是，光懂得不行，还要热爱，只有热爱，才能认真去做；光有热爱也不行，还要将其作为乐趣，能以其为乐，这样才能自觉，才能主动，才能坚持。因此，也可以倒过来说，首先要乐于去做，这样才能热爱，热爱了才能真正懂得。"知""好""乐"三者相辅相成。

【原文】

> 子曰："中人以上，可以语上也；中人以下，不可以语上也。"

【意译】

孔子说："中等以上认知水平的人，可以给他讲高深的学问；中等以下认知水平的人，不可以给他讲高深的学问。"

【解读】

给他人讲知识、讲道理、讲理论要因人而异，不能千篇一律，要根据每个人的文化水平、认知能力和接受程度来讲解、讨论、要求。对于文化程度高、理解能力强的人，可以讲得深一些，可以探讨一些理论问题；对于文化程度不高、理解能力差的人，不要讲他们接受不了的问题，这样效果不好。

【原文】

樊迟问知，子曰："务民之义，敬鬼神而远之，可谓知矣。"问仁，曰："仁者先难而后获，可谓仁矣。"

【意译】

樊迟问怎样才是有智慧，孔子说："要做对人民有益的事，敬鬼神而远离它，这样可以说是有智慧了。"

樊迟又问怎样才是仁德，孔子说："有仁德的人，是通过自己的劳动，然后有所收获，这样可以说是有仁德了。"

【解读】

这里孔子回答学生提出的什么是"智"和"仁"的问题。对于什么是"智"的问题，最重要的是"务民之义"，即做对人民有益的事情。对于鬼神之事，你可以敬它，但是不要把心思用在那上面，而是用在人事上，这才是有智慧，也就是现在常用的"敬而远之"的意思。

对于什么是"仁"，即现在讲的"德"，孔子回答就是"先难而后获"，就是先劳而后得，通过自己劳动而获得成果、获得报酬，这就是"仁"。不劳而获，就不能称为"仁"。

"务民之义"为"智"，"先难而后获"为"仁"，我认为回答得很透彻。

【原文】

子曰："知者乐水，仁者乐山。知者动，仁者静。知者乐，

仁者寿。"

【意译】

孔子说："智者喜欢水，仁者喜欢山。智者活跃，仁者沉静。智者快乐，仁者长寿。"

【解读】

孔子对"智"与"仁"作进一步论述。智就像流水一样不断变化，要求不断增加；仁就像高山一样屹立不动，要求修养。智者重在开动脑筋，求变求新；仁者重在定力，无论任何变化都要保持"仁德"。智者以不断创新求得乐趣，活得快乐；仁者抛开一切烦恼和杂念，健健康康生活。

【原文】

子曰："齐一变，至于鲁；鲁一变，至于道。"

【意译】

孔子说："齐国进行变革，就可以达到鲁国的样子；鲁国进行变革，就可以达到治理国家的大道了。"

【解读】

孔子不是在说齐、鲁两个国家的变革问题，也不是鲁国就比齐国好到哪里去了，而是用两个诸侯国来宣传他的主张。齐国是当时有名的诸侯国，需要变革。为什么要选鲁国？因为是孔子所在的诸侯国，这个诸侯国有孔子，变革的落脚点就是孔子的学说。他常常用具体事例讲道理，实际是说，现在治理国家这一套不行，需要变革，要变革就要按他的学说办，只有按他的学说办，才能将国家治理好（"至于道"）。

【原文】

子曰："觚不觚，觚哉？觚哉！"

【意译】

孔子说："觚不像觚，这是觚吗？这是觚吗！"

【解读】

觚（gū）：古代酒器。仅仅从字意理解，酒器做得不像酒器，值得孔子这样感慨吗？这是以酒器暗喻对当时社会的不满。《论语》中具体事例不少，例如："君不君，臣不臣，父不父，子不子。"（《颜渊篇》）君不像君，臣不像臣，父不像父，子不像子，这样君还是君吗？臣还是臣吗？父还是父吗？子还是子吗？再如："德之不修，学之不讲，闻义不能徙，不善不能改"（《学而篇》）这样的社会，还像个社会吗？

【原文】

宰我问曰："仁者，虽告之曰：'井有仁焉。'其从之也？"子曰："何为其然也？君子可逝也，不可陷也；可欺也，不可罔也。"

【意译】

宰我问道："有仁德的人，如果有人告诉他'有仁德的人掉到井里'，他是不是跟着跳下去？"孔子说："为什么要人这样做呢？君子可以到井边去，但不能跳下去陷在井中；可以被欺骗，却不可以愚弄他。"

【解读】

这段话似乎是回答遇到事情仁者如何去做的问题，实际是告诉学生不要用"仁德"绑架别人。学生宰我问孔子，一个有仁德的人，当别人告诉他有仁人掉入井中，他是不是也跟着跳下去？孔子说，为什么要这样要求人呢？难道有仁人掉下井里，你非得跳下去才算有仁德？这就是说，仁德是人人都应具备的，但不能把仁德挂在口上，要求人们一定要怎么去做，用仁德去愚弄他人。这段话针对宰我提问而说，至于救人，那是另一个范畴的问题，不要误解孔子的意思，以为人掉入井中，君子可以不救，远远离去。

【原文】

子曰："君子博学于文，约之以礼，亦可以弗畔矣夫！"

【意译】

孔子说："君子能够广泛学习知识，又能够严格用礼节约束自己，这样就不会做出越轨的事情！"

【原文】

　　子见南子，子路不说。夫子矢之曰："予所否者，天厌之！天厌之！"

【意译】

　　孔子去见南子，子路不高兴。孔子发誓说："如果我有什么不对的地方，就让上天厌弃我吧！让上天厌弃我吧！"

【解读】

　　南子是卫灵公夫人，把持着卫国的大权，有不正当行为，名声不好。这样一个人，孔子却去见她，引起学生子路的不满。孔子是老师，又是正人君子，很在意他的名声，所以发誓说，如果有什么不当的行为就让上天来谴责。学生能够记录于文字，说明孔子心胸坦荡，是道德的典范。

【原文】

　　子曰："中庸之为德也，其至矣乎！民鲜久矣。"

【意译】

　　孔子说："中庸作为一种道德，是最高的道德层次！可是人们缺少它，已经很久了。"

【解读】

　　中，无过也无不及谓之中，即适中。庸，指平常。中庸，是将适中作为平常的道理，这是孔子学说最高的道德标准。

【原文】

　　子贡曰："如有博施于民而能济众，何如？可谓仁乎？"子曰："何事于仁，必也圣乎！尧舜其犹病诸！夫仁者，己欲立而立人，己欲达而达人。能近取譬，可谓仁之方也已。"

【意译】

　　子贡说："如果有人能广泛施给人民好处，并能周济民众，这人怎么样？是不是可以称得上仁者了？"孔子说："这岂止仁者，简直就是圣人！尧舜都难以做到！什么是仁呢？自己要站得住，也要使别人站得住；自己想要达到的也要使别人达得到，这样由自己'立''达'再推及别人'立''达'，就是实践仁德的方法了。"

【解读】

　　学生子贡对"博于民而能济众"的评价是达到仁德，可以成为仁者，孔子认为评价不够，是圣德，能够称得上是圣人。孔子将其总结为"己欲立而立人，己欲达而达人"，意思是，对你有益处，也要对别人有益处；你追求自己成功，也要使别人成功；你生活过得好，也让别人生活过得好，这样从自己做起，也帮助别人，就是在实践仁德。

【本篇思考】

　　雍，即冉雍，字仲弓，孔子的学生。能用其名作篇名，必是孔子学生中最为突出的。

　　这一篇主要是论述如何做人处事的问题。做人处事，最重要的是德，德是指道德、品德。孔子的核心理念是仁，德是仁的内化，礼是仁的外显。本篇主要是通过具体事实和论述，说明德对人的重要性，又将其提到仁的高度。

述而篇第七

【原文】

　　子曰："述而不作，信而好古，窃比于我老彭。"

【意译】

　　孔子说："能够认真讲授而不创新，相信而且热爱古代文化，我将自己比作老彭。"

【解读】

　　不作，不发挥，不创新，均可讲通。这段话是孔子在说自己，是自谦之词。他说的意思是，我这个人在教育上还是很认真，可是在其他方面不行，爱好就是阅读和研究古代文化，因此，我将自己比作老彭。老彭是一个人，有不同说法，但无论是何人，在当时是比较有名的，这个比喻，学生都能听得懂。

【原文】

　　子曰："默而识之，学而不厌，诲人不倦，何有于我哉？"

【意译】

　　孔子说："将学得的知识默默记在心里，勤奋学习永不厌烦，教诲别人永不疲倦，这些方面我都做得怎么样？"

【解读】

　　这里包含两层意思，一层意思是，我都在认真努力去做；另一层意思是，这些我还不敢说自己都做到了，还有差距，我还得更加努力去做，孜孜以求，不断提高。

【原文】

　　子曰："德之不修，学之不讲，闻义不能徙，不善不能改，是吾忧也。"

【意译】

孔子说:"不注重品德修养,不重视知识学习,对符合道德的事不能去做,对不善的事不能去改,这些都让我很担忧。"

【解读】

当时社会上存在一种现象,如人的品德下降,学习之风低迷,不讲道德的事屡屡发生,不良的社会风气不能改正,孔子说,这些都是他最担忧的事情。这种担忧,促使他要改变这种现状,这也是他提出自己治国学说的一条重要原因。

【原文】

子之燕居,申申如也,夭夭如也。

【意译】

孔子在家闲居时,衣着整洁,神态祥和。

【解读】

这是说明孔子内外一致,表里一致,在外注意礼节,是君子的风度,是教师的庄重;在家内,比较放松,是学者的风范,是文人的风采,保持着整洁和闲适。

【原文】

子曰:"甚矣吾衰也!久矣吾不复梦见周公!"

【意译】

孔子说:"我衰老得多么厉害呀!我有好长时间没有梦见周公了!"

【解读】

周公,姓姬名旦,周文王的儿子,周武王的弟弟,周成王的叔父,曾辅佐周成王,制定周朝的礼乐制度,是孔子心目中崇拜的一位古代圣人。孔子梦见周公的喻意是:将国家治理得像周公时那么好,是我一直的梦想,可是,我越来越衰老了,力不从心,看来在自己有生之年难以实现了。这一方面是对自己实现不了的感叹,另一方面是在告诉学生,我这一辈子实现不了,你们一定要继续坚持完成。

【原文】

　　子曰："志于道，据于德，依于仁，游于艺。"

【意译】

　　孔子说："志向在于道，根据在于德，依靠在于仁，活动在于六艺。"

【解读】

　　可以作这样的解读。孔子说他的志向就是治国之道，体现在以德治国，实施仁政，建立社会和谐的礼义制度。这是从治国上理解。从伦理上理解，"道"是孔子伦理体系和价值观的最高标准，是努力的方向，反映在仁、德、礼三个方面。德，是指道德、品德；仁，是指仁义、仁爱；礼，是指礼节、礼仪。六艺即礼、乐、射、御、书、数，可概括为礼仪，是实践层面。这三者，仁是孔子伦理的核心理念，内化于德，外显于礼。从今天理解，道，是指治国之道；德，是伦理道德；仁，是仁政，其核心是爱人民，为人民谋利益；礼，是指规矩、秩序。也就是说，要治理好国家，就要以人民为中心，以为人民服务为宗旨，以德治国与依法治国相结合、内在与外在相结合、理论与实践相结合。这说明，我们的治国理念有着深厚的民族根基。

【原文】

　　子曰："自行束脩以上，吾未尝无诲焉。"

【意译】

　　孔子说："主动给我一束干肉作为见面礼的人，我从来没有不教诲的。"

【解读】

　　束脩（xiū），脩是干肉，束脩就是十条干肉，古代用来作为初次拜见的见面礼。这里强调的是，孔子从来不拒绝收贫困学生，用现在的观点看，教育不以赚钱为目的，是为了培养人才。

【原文】

　　子曰："不愤不启，不悱不发。举一隅不以三隅反，则不复也。"

【意译】

　　孔子说："教导学生，不到开动脑筋仍然想不明白时，不去开导他，不到心里想说出仍然表达不出来时，不去启发他。我给他讲一个方面，他不能通过这一个方面推知几个方面，就不再教他了。"

【解读】

愤，是指苦苦思索仍然想不明白；不愤不启，不到自己百思不得其解时，不去开导他。悱（fěi），要说又不知道怎么说；不悱不发，不到自己想说又不知道如何去说时，不去启发他。隅（yú），角落。举一隅而三隅反，知道一个方面，就可以以此推出几个方面，后世将其精炼为"举一反三"。这段话的中心意思是，我教育学生，不是我讲你听，而是启发他们开动脑筋，独立思考，以提高他们的思维能力。如果我给他们讲一个道理，他们不能以此推出几个道理，我就不再教他了。

【原文】

子食于有丧者之侧，未尝饱也。

【意译】

孔子在死了亲属的人旁边吃饭，从来没有吃饱过。

【解读】

学生记述老师充满对人的爱心和怜悯之心，看到人家办丧事，吃饭就难以下咽，心里感到很难受。

【原文】

子于是日哭，则不歌。

【意译】

孔子如果这天哭泣过，这一天就不再唱歌。

【解读】

孔子是一个很重感情的人，一旦伤心流泪，就一整天闷闷不乐，这天不再唱歌，说明重情重义，感情专注。

【原文】

子谓颜渊曰："用之则行，舍之则藏，惟我与尔有是夫！"

子路曰："子行三军，则谁与？"

子曰："暴虎冯河，死而无悔者，吾不与也。必也临事而惧，好谋而成者也。"

【意译】

孔子对颜渊说："如果用自己就认真去做，如果不用，就不要再显露自己，这一点只有我和你才能做到。"

子路听到之后说："如果让你统帅军队，你找谁与你一起共事？"

孔子说："赤手空拳与老虎搏斗,过河不用船只,这样死了而不后悔的人,我不会与他共事。我所找与我共事的人,是不盲目冒进、遇事能够冷静、善于谋划而能完成的人。"

【解读】

舍之则藏的"藏"字，不是指隐藏、放弃，不是指自暴自弃、灰心丧气，或者怨天尤人、满腹牢骚，而是指泰然处之、低调对待，相信自己的才能。

对于老师表扬颜渊，他的学生子路不服，就对老师提出尖锐的问题，问如果率领军队，会选择怎样的人。意思是，你还会选颜渊这样的谦谦君子吗？

孔子的回答很明确，我绝不选有勇无谋的冒失鬼，我要选的人是深思熟虑、多谋善断、能够保证完成任务和取得成功的人。这是在教育子路。

舍其特指性，孔子是说，人要有涵养，做事要收敛，不要过于张扬。他表扬他的学生颜渊就能做到这一点，他自己也能做到这一点。这一点子路却做不到，孔子曾数次予以指出。

【原文】

子曰："富而可求也，虽执鞭之士，吾亦为之。如不可求，从吾所好。"

【意译】

孔子说："如果可以求得财富，就是让我手拿鞭子维持秩序我也愿意。如果求不到，还是做我自己爱好的事。"

【解读】

意思是说，谁不想富裕，但是你得通过劳动取得。你没有那个本事，不要想入非非，还是干好自己的事情。这段话表达几层意思，一是求富之心人皆有之，谁都想日子过得好一些；二是要通过劳动致富，不能不劳而获；三是要根据自己的才能，踏踏实实做自己力所能及的事情，不要整天想入非非，总想天上掉馅饼，一夜暴富。这里还有一层意思，是说自己所从事的职业、工作，不是为了赚钱，不是赚钱的职业，要把精力放在自己的工作上，把自己本职工作做好，不要想那些办不到的事情。

【原文】

子之所慎：齐、战、疾。

【意译】

孔子对三件事很小心谨慎：一个是斋戒，一个是战争，一个是疾病。

【解读】

"齐"，同"斋"，即斋戒。孔子为什么对这三件事情特别小心谨慎？一个是关乎礼仪问题，孔子认为不能马虎，要合规矩和礼节；对于战争，关乎政治问题，以慎言喻意不支持的态度，他的学说就是其对策；还有一个是关乎民生的问题，一定不能马虎，要认真对待。这三条，都不是小事，所以要慎重对待。这三方面学生感触很深，故而记载下来。

【原文】

子在齐闻《韶》，三月不知肉味，曰："不图为乐之至于斯也。"

【意译】

孔子在齐国听了《韶》乐之后，很久都尝不出肉味，说："想不到《韶》乐如此美妙，让人陶醉到这种程度。"

【解读】

"三月不知肉味"，反映到了如醉如痴的程度，这里说明孔子对古代文化的热爱，到了痴迷的程度。

【原文】

冉有曰："夫子为卫君乎？"子贡曰："诺；吾将问之。"

入，曰："伯夷、叔齐何人也？"曰："古之贤人也。"曰："怨乎？"曰："求仁而得仁，又何怨？"

出，曰："夫子不为也。"

【意译】

冉有问子贡："老师赞成卫君吗？"子贡说："好，我去问问。"

子贡进入孔子室内问道："伯夷、叔齐是怎么样的人？"孔子说："是古代的贤人。"子贡又问："两个人会有怨恨吗？"孔子说："他们都追求仁德，也得到了仁德，又有什么怨恨呢？"

子贡从孔子房间出来，对冉有讲："老师是不会赞成卫君的。"

【解读】

卫君是指卫出公辄，是卫灵公之孙，其父太子蒯聩得罪了卫灵公夫人南子，逃到晋国。卫灵公死后，立辄为君。晋国为了侵略卫国，故意将蒯聩送回国内争夺君位，遭到卫君的拒绝。伯夷、叔齐是商纣时孤竹国君的两个儿子，父亲去世后，将君位传给叔齐，叔齐为了让位给伯夷而逃往他国，伯夷为了让位给叔齐亦逃往他国。子贡没有直接问老师对卫君的看法，而是从孔子对伯夷、叔齐相互让位的态度推断，老师肯定对卫君是不赞成的。

【原文】

子曰："饭疏食饮水，曲肱而枕之，乐亦在其中矣。不义而富且贵，于我如浮云。"

【意译】

孔子说："吃粗粮，喝凉水，弯起胳膊做枕头，乐趣就在其中。用不义取得的财富和富贵，对于我就像浮云一样。"

【解读】

肱（gōng），胳膊。这是孔子对生活的态度，吃着粗茶淡饭，过着简朴的生活，并将其作为生活乐趣。认为通过不正当手段获取的富贵，就像空中飘着的浮云。这是一种价值观，其重点是在"不义"不为上。

【原文】

子曰："加我数年，五十以学《易》，可以无大过矣。"

【意译】

孔子说："让我多活几年，到五十岁时去学习《易经》，便可以不犯大的过错了。"

【解读】

《易经》是一部很难读懂的书。这大概是孔子三四十岁时讲的话，第一句是说，我多年一直坚持学习，不断提高知识水平和理解能力，到五十岁去学习《易经》，就不会出现大的过错。这体现了孔子不断追求、深入钻研的学习精神。

【原文】

子所雅言，《诗》、《书》、执礼，皆雅言也。

【意译】

孔子说话用雅言，读《诗经》、《尚书》，主持礼仪时，都用雅言。

【解读】

春秋时，各国语言并不统一。雅言，是当时的官话，相当于现在的普通话。孔子在读书和一些正式场合，使用的都是雅言。

【原文】

叶公问孔子于子路，子路不对。子曰："女奚不曰：其为人也，发愤忘食，乐以忘忧，不知老之将至云尔。"

【意译】

叶公向子路问孔子人怎么样，子路不回答。孔子对子路说："你为什么不这样说：他这个人，发愤用功便忘记吃饭，心情快乐便忘记忧愁，连自己衰老都感觉不到，如此罢了。"

【解读】

叶(shè)，地名，今河南叶县南。叶公，是指叶这个地方的长官沈诸梁，字子高，楚国的一位官员。此人让学生子路谈对孔子的看法，牵扯到对老师的评价，他不好回答，孔子说，这个问题很好回答，就说他是一个非常爱好学习的人。"发愤忘食，乐而忘忧，不知老之将至"，不仅反映了孔子对学习和工作的高度负责和忘我精神，而且反映了孔子奋发有为、乐观进取的人生理念和追求。不仅给学生起到表率作用，而且为世人树立学习的榜样。

【原文】

子曰："我非生而知之者，好古，敏以求之者也。"

【意译】

孔子说："我不是生来什么都知道，我这个人喜爱古代文化，聪明才智是通过勤奋追求而得来的。"

【解读】

孔子说他不是生而知之者，而是学而知之者，其智慧不是天生带来的，而是后天经过自己努力求得的，这就是孔子的人生哲理。这段话是上节讲的话的引伸。

【原文】

子不语怪、力、乱、神。

【意译】

孔子不谈论怪异、暴力、战乱、鬼神。

【解读】

人们相信自然界存在许多怪异现象，还有鬼神之类，孔子自己不一定能弄清，没有搞准的事，他不乱说，也不去误导学生或者人们。对于暴力、战乱（或者解读为叛乱），这与政治密切相关，或者涉及与统治者相关的敏感话题，他肯定有自己的看法，但不随便发表议论，也不随声附和，不唱赞歌，坚持自己的原则，仅这一点就难能可贵。

【原文】

子曰："三人行，必有我师焉。择其善者而从之，其不善者而改之。"

【意译】

孔子说："几个人一起行走时，其中必有值得我学习的老师。我学习他们身上的优点，而对于其存在的缺点，则加以改正。"

【解读】

孔子十分好学，认为周围就有不少人值得他学习，对他们身上的优点进行吸纳，对他们身上的缺点引以为戒，不使之成为自己的缺点，不犯他们的错误，从这一点讲，周围的人也是自己的老师。他的学习精神启示人们，只要你有好学的态度，周围到处都有你的老师，处处留心皆学问。

【原文】

子曰："天生德于予，桓魋其如予何？"

【意译】

孔子说："上天把品德赋予我，桓魋能将我怎么样？"

【解读】

桓魋（tuí），宋国的司马向魋，因是宋桓公后代，故叫桓魋。这段话的背景，《史记·孔子世家》是这样记载的："孔子去曹，适宋，与弟子习礼大树下，宋司马桓魋欲杀孔子，拔其树。孔子去，弟子曰：'可以速矣！'子曰：'天生德于予，桓魋其如予何？'"在宋国，带兵的人要杀孔子，在孔子的学生很害怕、说赶快走的情况下，孔子讲这段话是安定学生的心情，意思是，我们行得端，走得正，合乎礼仪，于心无愧，不要怕他。

【原文】

子曰："二三子以我为隐乎？吾无隐乎尔。吾无行而不与二三子者，是丘也。"

【意译】

孔子说："你们这些学生以为我对你们有所隐瞒吗？我对你们没有什么隐瞒的。我没有任何行为不向你们公开，这就是我孔丘的为人。"

【解读】

这里包含两层含义，一是毫无保留地传授知识，将该讲的都讲给学生；二是没有什么隐瞒，开诚布公，公开透明，心怀坦荡，以诚待学生。孔子说，这就是他的为人，这就是他的人品。

【原文】

子以四教：文，行，忠，信。

【意译】

孔子从四个方面教育学生：文化知识、社会实践、待人忠诚、诚实守信。

【解读】

孔子从四个方面教育学生，第一个方面是文化知识，以提高人的文化水平和思维能力。第二个方面是品行实践，以提高人的道德品质和思想素质，从而提高将知识和智慧转化为实践的能力。第三个方面是以忠待人，忠，即忠诚、诚恳，以诚待人。"忠"是社会伦理的一项重要内容，是待人的基本原则。第四个方面以信处事。信，即信义、信用，做任何事情都要讲诚信、讲信义。"信"亦是社会伦理的一项重要内容，是处事的基本原则。这四个方面，前两者是重在自身提高，在立人，后两者是重在为人处事，在立世。"忠信"两字不能截然分开，以合起来为好。

【原文】

子曰："圣人，吾不得而见之矣；得而见君子者，斯可矣。"

子曰："善人，吾不得而见之矣；得见有恒者，斯可矣。亡而为有，虚而为盈，约而为泰，难乎有恒矣。"

【意译】

孔子说："圣人，我是见不到了，能见到君子，也就可以了。"

孔子又说："善人，我是见不到了，能见到有操守的人，也就可以了。

没有却装着有，空虚却装着充足，贫穷却装着富有，这样的人，就难以保持操守了。"

【解读】

圣人和善人是孔子心目中最为优秀的人。圣，即圣贤，圣人是品行最为优秀的人，孔子说，他没有见到过这样的人。君子是各方面都优秀的人，这样的人只要努力，可以达到，所以孔子说，能做到君子就不错了。这是说，只要平常努力去做，就可以做一个君子。

善，即完善，善人可以说是十全十美的人，孔子说，他没有见到过这样的人。有操守（亦解读为有恒心）的人，却是可以做到的。本来没有品行却装着道貌岸然，满口仁义道德；本来空空如也，没有真才实学，却装着自己有多大本事、什么都行；本来生活贫穷，外表却装着富有的样子，这样的人很难保持自己的操守，谈不上是有操守的人。孔子提出要做君子和有操守的人，再向圣人和善人努力。踏踏实实做人，老老实实做事，不能好高骛远，空有其名。

【原文】

子钓而不纲，弋不射宿。

【意译】

孔子钓鱼，而不用网捞鱼；用箭射鸟，而不射归巢的鸟。

【解读】

弋（yì），带生丝的箭。宿，归宿。用网捞鱼省事，而钓鱼要有耐心，磨练毅力；宿鸟，静态，好射，而飞鸟是动态，瞄准难度大，是练习技术。学生是说老师在休闲生活时，也注意磨练自己。

【原文】

子曰："盖有不知而作之者，我无是也。多闻，择其善者而从之；多见而识之；知之次也。"

【意译】

孔子说："大概有一种人，自己明明无知却好像什么都能办到，这一点我做不到。我是多听，选择其中好的学习；多看，记在心里。这样的知，是仅次于'生而知之'的。"

【解读】

孔子没有否定"生而知之"。也可能有不学习就什么都懂、什么都能做的人，他说他不是这样的人，他是多听多看，处处留心皆学问，勤于学习，善于学习的人，这仅次于"生而知之"。孔子是学而知之论者，"多闻，择其善者而从之；多见而识之"，这是获知之道，也是立世之道。

【原文】

互乡难与言，童子见，门人惑。子曰："与其进也，不与其退也，唯何甚？人洁己以进，与其洁也，不保其往也。"

【意译】

互乡这个地方的人难以与其交谈，有一个互乡的少年得到孔子的接见，他的学生深感疑惑不解。孔子说："我们赞成人家进步，不赞成人家退步，何必做得太过分？人家穿得整洁来求见，我们应当赞成，不能老计较人家的过去。"

【解读】

互乡这个地方的人难打交道，有一个还是少年的人来见孔子，孔子予以接见，学生不理解。孔子对学生说，要看得到人的进步，不要看人的退步，没有必要抓住过去不放。况且，这个少年能来看望，而且穿得整洁，很有礼貌地求见，我们也应以礼相见。对人要宽厚，记别人的好，不记别人的差，看人的进步，这是为人之道。

【原文】

子曰："仁远乎哉？我欲仁，斯仁至矣。"

【意译】

孔子说："难道仁德离我们很远吗？只要我想做到仁德，仁德就能达到。"

【解读】

仁德，不是高不可攀，也不是虚无缥缈，而是反映在方方面面，要作为理念，从品行上要求，只要认真去做，就能达到。

【原文】

陈司败问："昭公知礼乎？"孔子曰："知礼。"

孔子退，揖巫马期而进之，曰："吾闻君子不党，君子亦党乎？君取于吴，为同姓，谓之吴孟子。君而知礼，孰不知礼？"

巫马期以告。子曰："丘也幸，苟有过，人必知之。"

【意译】

陈司败问孔子："鲁昭公懂不懂礼？"孔子回答："懂礼。"

孔子走出去后，陈司败给孔子学生巫马期作了一个揖请他走近，说："我听说君子对人不偏袒，难道君子也会袒护他人？鲁君娶吴国夫人，因为吴国与鲁国同姓，故而这个夫人叫作吴孟子，如果鲁君懂礼，还有谁不懂礼？"

巫马期将这些话告诉孔子，孔子说："我真有幸，如果有错误，别人一定会指出来。"

【解读】

陈司败，不是鲁国人，是其他国家的官员。巫马期，姓巫马，名施，字子期，孔子的学生，人家对孔子的回答不好当面指出，而是在孔子走出之后，才给学生讲，作揖是对孔子和学生的尊敬。鲁国是周公之后，姬姓，吴国为太伯之后，亦姬姓，按周朝礼节，同姓不婚，鲁君娶吴女，本应称吴姬，因违背周礼，取夫人名字孟子，称吴孟子。陈司败针对这件事说，明明违背周礼，你却说是懂礼，这是袒护。孔子说是很荣幸，有错误，别人能指出来。

【原文】

子与人歌而善，必使反之，而后和之。

【意译】

孔子与人一同唱歌，如果唱得好，一定请这个人再唱一遍，然后自己又和这个人一起唱。

【解读】

唱歌是一件具体的事，但从这件事可以看出，孔子是一个谦虚好学的人，只要人家比自己强，就虚心向人家学。这里的"和"，是指跟着唱。

【原文】

子曰："文，莫吾犹人也。躬行君子，则吾未之有得。"

【意译】

孔子说："书本上的知识，大约我和别人差不多，但是，在实践和身体力行成为一个君子方面，我还没有达得到。"

【解读】

孔子是知识和实践的统一论者。作为君子，不仅要懂书本知识，还要身体力行去做，他认为自己的知识不比别人差，但是在实践上还有差距，因此，还没有达到君子的要求，还要认真去做。这说明孔子对自己评价头脑十分清醒。

【原文】

子曰："若圣与仁，则吾岂敢！抑为之不厌，诲人不倦，则可谓云尔已矣。"公西华曰："正唯弟子不能学也。"

【意译】

孔子说："讲到圣和仁，我哪敢当！要说学习这方面，还是很努力，永不满足，以此教诲别人永不疲倦，不过也就是如此罢了。"公西华说："这正是我们学生学不到的。"

【解读】

孔子社会名望很高，可能有人称其为圣人和仁者，或者是学生这样称呼老师，孔子说，这样称呼我不敢当。不过我一直向这方面努力，毫不松懈，并以此教诲学生，不厌其烦，也就是如此而已。孔子对自己的人生目标定得很高，他始终不渝地为达到目标而践行，做到"为之不厌，诲人不倦"，自己做到，也指导别人去做，正像学生所讲，正是在这一点上一般人是难以做到的。

【原文】

子疾病，子路请祷。子曰："有诸？"子路对曰："有之。《诔》曰：'祷尔于上下神祇。'"子曰："丘之祷久矣。"

【意译】

孔子得了重病，子路请求祈祷。孔子说："有这回事吗？"子路回答："有这回事。《诔》文说过：'替你向天地之神祈祷。'"孔子说："我早就祈祷过了。"

【解读】

孔子得了重病，子路请求为其祈祷，孔子听到以后，就问子路有没有这回事。子路回答，有这回事，而且引经据典，说《诔》文都说了：替你祈祷，让神灵保佑你。孔子说，我很久以前就在祈祷了。这句话可能是这样一个意思，孔子认为自己平时的所作所为，对得起上天，就是一直在做祈祷的事。现在子路再去祈祷是没有什么用的。这反映了孔子面对疾病的坦然心态，也说明孔子对鬼神的谨慎态度，他主张重视平时的修身、慎行，做善事，做无愧于天地良心的事。而不是临时抱佛脚，搞无济于事的形式。

【原文】

子曰："奢则不孙，俭则固。与其不孙也，宁固。"

【意译】

孔子说："奢侈就显得不谦逊，俭省就显得简陋。与其不谦逊，宁可简陋。"

【解读】

孙，同"逊"，谦逊。孔子是说，奢侈的人容易张扬，容易显摆，容易瞧不起人，而过于俭省的人，就显得寒碜，容易让人瞧不起。宁愿节省，也不奢侈；宁愿寒碜，也不显摆。意思是要自自然然、朴朴实实，既不奢侈，也不过于俭省，特别是不要奢侈。因为摆阔气，是一种不好的行为。

【原文】

子曰："君子坦荡荡，小人长戚戚。"

【意译】

孔子说："君子心胸宽广坦荡，小人却常常忧愁伤感。"

【解读】

前一句好理解，后一句"戚戚"可以这样解读，小人心胸狭窄，不光明磊落，因此常常以小人之心度君子之腹，怀疑这，怀疑那，过得并不舒坦。

【原文】

子温而厉，威而不猛，恭而安。

【意译】

孔子温和而严厉，威严而不凶猛，庄重而安详。

【解读】

这是学生对老师的评价，态度很和蔼却严肃认真，严格要求，一丝不苟；外表很威严却不暴躁，不会让人害怕，不惩罚打骂学生；行为很端庄却很祥和，让学生感到可亲、可信、可敬。既是好老师，又是为人的楷模。

【本篇思考】

"述而"是取"述而不作"的前两个字，是孔子说自己。意思是讲述而不创新，用今天的话可以这样说，我是一个教书匠，只能讲课，不能发挥。这其实是谦虚，按当时来说，孔子讲的都是新观点，故而将"述而"单独提出来，既讲授，又创新；既教书，又育人。这里的"而"，即是而且，可广而用之。

纵观此篇，都是讲孔子是一个什么样的人。当然，《论语》整个书都讲孔子学说，可是这篇是专门讲这个问题。一个是通过自己讲，来体现，一个是学生叙述，而以自己讲为主。通过言谈举止，可以了解孔子的为人处事，堪称楷模。

泰伯篇第八

【原文】

子曰："泰伯，其可谓至德也已矣。三以天下让，民无得而称焉。"

【意译】

孔子说："泰伯，可以说其品德是极其高尚了。多次将君位让给季历，人民简直无法用语言来称赞他。"

【解读】

泰伯，即太伯，周朝先祖古公亶父的长子。古公有三个儿子，泰伯、仲雍、季历。季历的儿子是姬昌，即周文王。古公去世后，泰伯偕同仲雍出走他国，将君位让给季历，季历这才顺利即位。孔子说泰伯品行极好，就是指泰伯能将君位让给弟弟，面对君权这个至高无上的高位，继承理所当然，却主动让给弟弟，没有极高的品德是做不到的。而且，正处在争霸的时代，不是争夺，而是放弃，实属难能可贵。

【原文】

子曰："恭而无礼则劳，慎而无礼则葸，勇而无礼则乱，直而无礼则绞。君子笃于亲，则民兴于仁；故旧不遗，则民不偷。"

【意译】

孔子说："只是恭敬而不懂礼，就会矫揉造作；言语谨慎而不懂礼，就会畏惧怯懦；胆大而不懂礼，就会莽撞闯祸；心直口快而不懂礼，就会尖刻伤人。在上位的人能对亲属感情深厚，老百姓也就会重视仁德；在上位的人不遗弃老同事、老朋友，老百姓也就不会冷漠无情。"

【解读】

葸（xǐ），畏惧，畏缩不前。劳，我的解读是矫揉造作，也有解读为疲劳或徒劳，也有人解读为重形式而不重规矩，就容易劳民伤财。绞，说话尖刻伤人。偷，淡薄，这里指人与人的感情。这段话孔子强调，无论做什么事都不要背弃礼,如果不重视礼,言行就会出偏差。最后将礼上升为仁德,要求当政者首先要做到,只有当政者能做到,老百姓也就会认真去做。

【原文】

曾子有疾,召门弟子曰:"启予足!启予手!《诗》云:'战战兢兢,如临深渊,如履薄冰。'而今而后,吾知免夫,小子!"

【意译】

曾子得了重病,将自己的学生召集到自己的病榻前,说:"看看我的脚!看看我的手!《诗经》上说:'胆战心惊,就像前边面临的是深不见底的水潭,就像行走在薄薄的冰层之上。'从今往后,我知道自己能免除灾害了,学生们!"

【解读】

曾子生病,将学生召集来,以自己有病教育学生注意身体锻炼,这是最直观的理解。进而可以解读为,曾子以自身生病感受来喻意,人生之路不平坦,前面存在不少坎坷和挑战,必须处处小心谨慎,不要等问题来了才明白过来,要防患于未然。《诗经》"战战兢兢,如临深渊,如履薄冰"这句话,常被后世引用,形容人生道路的艰险,一定要"战战兢兢",时刻提高警惕,这样才能将人生的路走好。

【原文】

曾子有疾,孟敬子问之。曾子言曰:"鸟之将死,其鸣也哀;人之将死,其言也善。君子所贵乎道者三:动容貌,斯远暴慢矣;正颜色,斯近信矣;出辞气,斯远鄙倍矣。笾豆之事,则有司存。"

【意译】

曾子得了疾病,孟敬子去问候他。曾子说:"鸟将要死时,鸣叫声很悲哀;人将要死时,讲的话是善意的。在上位的人待人接物要注意三个方面:容貌庄严,就可以避免别人的粗暴和怠慢;脸色庄重,就容易取得别人的信任和尊重;言辞语气得当,就可以避免鄙陋粗野。至于礼仪的一些具体事情,可以交给各自的主管人员去办。"

【解读】

孟敬子，即仲孙捷，鲁国大夫。曾子生病，他去看望曾子，曾子以鸟和人将要死时做比喻，是说，我将要死了，我讲的话是善意的。作为官员，在待人接物时，请你注意：一是容貌代表人的形象，在外表上，要严肃庄重，别人才不会怠慢你；二是脸色代表人的态度，态度端庄，才能使人诚信待你；三是言辞代表人的素养，言辞得当，才有涵养，才可以避免粗俗；形象、态度和言辞这三件都是大事，你要做好这些大事。至于礼仪的一些具体事宜，可以交给各自的主管人员去办。

【原文】

曾子曰："以能问于不能，以多问于寡；有若无，实若虚，犯而不校。昔者吾友尝从事于斯矣。"

【意译】

曾子说："有才能的人向没有才能的人请教，知识丰富的人向知识少的人请教；有学问却好像没有学问一样，知识充实却好像知识空虚一样，被人冒犯，也不计较。我以前的一位朋友就是这样的人。"

【解读】

不要老以为自己比别人强，再不行的人都有值得学习的方面，要看到别人的长处。对于自己，要将有知识当作没有知识、有才能当作没有才能，要虚心向别人学习，即使别人冒犯你，你也不要计较。

【原文】

曾子曰："可以托六尺之孤，可以寄百里之命，临大节而不可夺也。君子人与？君子人也。"

【意译】

曾子说："可以将幼小的孤儿托付给他，可以把国家的命运托付给他，当面临安危存亡的紧要关头，却不动摇屈服，这样的人称得上君子吗？这就是君子！"

【解读】

看一个人主要看这个人在关键时刻和需要付出的重大问题上的态度和处理方式。例如，放不放心将小儿托付给他，放不放心将国家的命运托付给他，在处于生死存亡的关键时刻动不动摇、有没有气节、屈服不屈服。关键时刻最能考验一个人。曾子教育学生要做这样的人，要求官员要做这样的官员。

【原文】

曾子曰："士不可以不弘毅，任重而道远。仁以为己任，不亦重乎？死而后已，不亦远乎？"

【意译】

曾子说："读书人不可以没有坚强的意志和毅力，因为其肩上担负的责任重大而且路途遥远。以实现仁德于天下为己任，其责任不重大吗？为之奋斗到死方休，其路途不遥远吗？"

【解读】

士人身上肩负的使命非常重大，要将弘扬精神文明和物质文明作为其终身奋斗的目标，责任重大，路途遥远，必须要有坚强的意志和毅力，坚持不懈地为之奉献自己的全部精力。"仁"是指仁德，可以将其广义解读为精神文明和物质文明。"任重而道远""死而后已"，反映责任的重大和终身为之奋斗的要求。

【原文】

子曰："兴于《诗》，立于礼，成于乐。"

【意译】

孔子说："学习《诗经》获得知识，习礼立足于世，通过音乐陶冶性情，实现所学。"

【解读】

这是孔子的经验总结。《诗经》代表学文化，学知识，"兴"是指开始。这是立世的基础，要立足于世，先从学习开始。礼，代表礼仪、礼节。学习的知识，要通过实践，以仁德和规矩立足于社会。乐，在当时就代表礼乐，是一种生活乐趣。其现代意义可以这样表述：兴于学习，立于实践，成于（充分发挥）才能。

【原文】

> 子曰："民可使由之，不可使知之。"

【意译】

孔子说："老百姓，可以指使他们做什么，不可以使他们知道为什么要这样做。"

【解读】

有人通过标点符号，将其转变为"民可，使由之；不可，使知之"，对此不加评论。有一点是肯定的，这句话在中国长期的封建社会中，起的作用是非常负面的，封建统治者以此大搞愚民政策。我们有理由认为，这不是孔子的原意。

孔子的这句话实际上应该解读为孔子教育方向的表白。孔子办学搞教育，立足点是推行其治国的主张，他要把这些思想直接或间接地传授给那些治国治世的人。这是他施教的主要对象。平民百姓不担负治国职责，就由他们去干自己能干的活，不需要他们懂得什么治国的大道理。教育没有必要在他们身上费功夫。仅此而已。试想，在当时大争之世，战乱之中，民众的生活甚至生命都无法保证，而去让他们"学而时习之""克己""三省吾身"，此类说教不是太可笑了吗！从"需要层次论"说，低一层次的衣食、安全需要都不能满足，要谈理想、实现自我等高一层需要，也是不现实的。所以说，教育平民这不是孔子的主要目的。

这样解读与孔子的"有教无类"主张实际上并不矛盾。孔子提出的"有教无类"其精神实质和作用，与17-18世纪一些资产阶级教育家提出的"人人都必须学习""人人都应受到教育"的自由平等教育理念并不是一回事。由于历史和阶级的局限性，孔子主张"有教无类"，其出发点是培养更多德才兼备的"君子"，也就是所谓"治人"的"劳心者"，这只是一部分人，而不是所有人。孔子说的"无类"不包括也不可能包括"治于人"的"劳力者"和女子。对于这些人，只能是"使由之"，不可能是"使知之"。客观上，当时社会还远不具备教育公平、"全民教育"的现实基础，因此孔子的主张也不可能超越历史的现实。至于挖掘这一主张的现代意义则是另一回事。

如果说"不可使知之"，是指不能让老百姓学习、有知识的话，那么孔子又是不想让老百姓学习什么呢，是他的学说吗？当然不是。从论语的内容看，老百姓学了只有好处，没有害处。所以，这种说法只能是后来统治阶级的刻意歪曲。

随着人类社会的进步和科学文化事业的发展，国家治理现已进入人民当家作主的时代，教育也由精英教育发展为全民教育，所以孔子的这一论断已经过时，失去了其存在的现实意义和价值。

【原文】

> 子曰："好勇疾贫，乱也。人而不仁，疾之已甚，乱也。"

【意译】

孔子说："喜欢勇敢而厌恶贫穷的人，就可能会作乱。对不仁的人憎恨心理过甚，也会出乱子。"

【解读】

性格刚烈好强的人，如果厌恶贫穷，就可能会把握不住自己，做出莽撞和出格的事情；如果一个人没有仁德，人们又对他憎恨之心过重，也会发生出格的事情。这是从伦理道德和个人修养方面来解读的。

【原文】

> 子曰："如有周公之才之美，使骄且吝，其余不足观也已。"

【意译】

孔子说："如果有周公那样美好的才能，却骄傲而且吝啬，这样的人其他方面就不值得一看了。"

【解读】

整段意思是说，只有周公的才能，却没有周公的仁德，骄傲又吝啬，这样的人不值一提。

【原文】

子曰："三年学，不至于谷，不易得也。"

【意译】

孔子说："读书三年，却没有做官的念头，这样的人难得。"

【解读】

在一些世俗的人的脑海里，读书就是为了做官。如果你读书不是为了做官，这样的人很难得。这是在告诉学生，不要把做官作为读书的目的，而是要获得知识和才能，用之于实践，敬业做人，服务社会。谷，古代以谷米作为俸禄，此处的"谷"即"俸禄"，是当官拿俸禄之意。

【原文】

子曰："笃信好学，守死善道。危邦不入，乱邦不居。天下有道则见，无道则隐。邦有道，贫且贱焉，耻也；邦无道，富且贵焉，耻也。"

【意译】

孔子说："坚定信念，爱好学习，坚守善道，至死不移。不去危险的国家，不居住在有动乱的国家。天下有道时出来工作，天下无道时就隐退。国家有道，自己却很贫穷，是耻辱；国家无道，自己却很富贵，也是耻辱。"

【解读】

这段话是孔子对学生的教诲，要求学生坚定信念，爱好学习，坚守善道，矢志不移。我以为整段话关键在"守死善道"四个字。笃信好学，是为了"守死善道"；不去有社会危机的国家，不在局势动乱的国家居住，天下有道时出来工作，天下无道时就隐退，都是为了"守死善道"。在那种危险、动乱、无道的环境里，善道不行，身处其间，或者无所作为、身受其害，或者同流合污、背道而行，都不是"守死善道"应该做的。应该做的是促使国之有道，反对国之无道。如果国家有道，自己却无所事事，无所贡献，贫穷、落魄，这是耻辱；相反，国家无道，自己却从中得到富贵，也是耻辱。最后这段话，也可理解为是针对国家治理的，一个国家如果法纪严明，秩序良好，却经济上不去，很贫穷，被人瞧不起，被欺负，这是耻辱；相反，一个国家如果无道，秩序混乱，贪污盛行，那么就是再富有，同样是耻辱。所以治理国家要使各方面协调发展，不能失之偏颇。

【原文】

子曰："不在其位，不谋其政。"

【意译】

孔子说："不在那个职位上，不考虑那个职位上的事情。"

【解读】

这句话可能是回答某个官员的提问，孔子因不愿意回答而说的，也可能是回答学生提问而说的。按一般性理解，一种情况是隐喻着，把自己职责的事情做好，其他职位上的事，不需要你去操心；还有一种情况是，原在这个岗位，现在不在这个岗位，人家问起这个岗位的事情，回答，我已不在这个岗位，不再考虑这个岗位的事情。也还有一种情况，你已不在那个岗位，你不要干预人家那个岗位的事情。这句话现在也常被引用。

【原文】

子曰："师挚之始，《关雎》之乱，洋洋乎盈耳哉！"

【意译】

孔子说："从太师挚开始演奏，直到以《关雎》之曲结束，我满耳朵都是音乐。"

【解读】

师挚，是鲁国乐师。"始"是演奏开始。《关雎》，是《诗经·国风》第一篇，配上曲演奏。意思是，孔子很爱好古诗，将其配上乐曲演奏，从太师挚演奏开始到结束，他都陶醉在美妙的音乐之中，具有很高的鉴赏力。

【原文】

子曰："狂而不直，侗而不愿，悾悾而不信，吾不知之矣。"

【意译】

孔子说："狂妄而不直率，幼稚而不老实，表面诚实而不讲信用，我不知道这是怎样一种人。"

【解读】

有一种人，性情张扬却不直率，看起来无能却不老实，表面看似诚实却不讲信用。这是说，不要只看其表面，不直率、不老实、不讲信用，才是这种人的主要问题。侗（tóng），幼稚，无知。愿，老实谨慎。悾悾（kōng），诚恳。

【原文】

子曰："学如不及，犹恐失之。"

【意译】

孔子说："做学问总怕赶不上，又怕会失掉。"

【解读】

新知识层出不穷，知识永无尽头。只有不知足的学习态度，一方面巩固已学知识，另一方面不断学习新知识，才能不落后，才能知识增值，才不会被时代所淘汰。像孔子这样知识渊博的人，都有怕赶不上、恐失之的心情，我们更应该时常以这种心态强烈渴望学习，武装自己。

【原文】

子曰："巍巍乎，舜禹之有天下也，而不与焉！"

【意译】

孔子说："多么崇高呀，舜和禹拥有天下，却一点都不是为了自己。"

【解读】

虞舜，将君位禅让给夏禹，禹是夏开国之君，夏禹以治水闻名而被后世称颂，他们两人之所以崇高，是以天下为己任，一心为民，而不是谋取个人私利。

【原文】

子曰："大哉尧之为君也！巍巍乎！唯天为大，唯尧则之。荡荡乎，民无能名焉。巍巍乎！其有成功也，焕乎其有文章！"

【意译】

孔子说："尧为国君是多么的伟大呀！多么的崇高呀！只有天最高大，只有尧可以与天相比。他的恩德多么广博呀，老百姓简直不知道如何用语言称赞他。他的功绩多么崇高，他制定的礼仪制度是多么的美好！"

【解读】

孔子对尧高度赞扬，什么伟大呀、崇高呀、可以与天比美呀、恩德多么广博呀、人民不知道用什么语言来称赞他呀、功绩多么崇高呀等等，能用上的都用上了。主要是由于他给人民以恩惠，能制定好的礼仪制度，营造了一个人民安居乐业和生活安宁的太平盛世。主要是在赞扬尧的仁德。焕，光辉，辉煌。文章，这里指礼仪制度。

【原文】

舜有臣五人而天下治。武王曰："予有乱臣十人。"孔子曰："才难，不其然乎？唐虞之际，于斯为盛。有妇人焉，九人而已。三分天下有其二，以服事殷。周之德，其可谓至德也已矣。"

【意译】

舜有五个贤臣就将国家治理得很好。武王说："我有十位能治理国家的贤臣。"孔子对此评论说："人才难得，难道不是这样吗？唐尧和虞舜时代，也是人才最为兴盛。但是，周武王说的十人，这其中有一名妇女，实际只有九个人而已。周武王得了天下三分之二，仍然向商纣（即殷纣）称臣，周朝的道德可以说是最高的了。"

【解读】

孔子针对舜和周武王的自述，总结出"人才难得"的结论。他进而补充说，不仅周武王时人才兴盛，而且尧和舜时代，国家之所以治理得好，也是因为人才济济。在谈人才之后，他重点称赞周文王的仁德，他说周文王三分天下有其二，还向殷纣称臣，可见其具有很高的道德水平。但是，他对武王说的十位贤臣，称其中有一名妇女，实际只有九人，这是对妇女的歧视，相对武王，可以说是一种倒退，连武王都不如。乱，作治解，乱臣指治国之臣，现在称人才。

【原文】

子曰："禹，吾无间然矣。菲饮食而致孝乎鬼神；恶衣服而致美乎黻冕；卑宫室而尽力乎沟洫。禹，吾无间然矣。"

【意译】

孔子说："对于禹，我没有什么可批评的了。他自己吃得很差，却把祭品办得极丰盛；衣服穿得很差，却把祭服做得很华美；他住的住宅很差，却把全部精力用于沟通水渠和兴修水利上。我对禹没什么可批评的了。"

【解读】

黻（fú），祭祀时穿的礼服。冕，古代大夫以上的人祭祀时戴的礼帽。沟洫（xù），水道，沟渠。孔子赞美夏禹节衣缩食，一是为了礼仪，重礼节；二是兴修水利。特别是治水，为后世所称颂。民间传说，禹为了治水，三过家门而不入。现在西安市鄠邑区（原陕西省鄠县，简化字时改为户县，现改为西安市一个区），有一个村叫三过村，相传就是以"三过家门而不入"的故事命名的。

【本篇思考】

本篇取人名泰伯为篇名。泰伯是周朝的先祖。

《论语》在《学而篇》之后，第二篇就提出"为政以德"的命题，接着围绕这个命题，从宫廷君臣礼节礼仪、家庭伦理、社会伦理等方面予以论述，进而提出道、德、仁、礼等为政应具备的品质。

要深入了解孔子的治国理念，就要明白他的主张是以周王朝的先祖为范例而展开的。

他对当时统治者以武力争霸不满，却慎言战争，采取赞扬其先祖的方式。因为各诸侯国争霸都打着周朝的旗号，对先祖谁也不会公然反对。

他提出"从周"不是为了复古、照搬先祖的一切。例如，他赞扬泰伯的仁德、尧的仁义、禹的治水、周武王的用人，这些人得天下后都是仁者，都不是为了私利，都不是为了享受，都是为了把国家治理好。这就是说，孔子在推崇先祖的旗帜下，将他的统治者要重仁德的理念凸显出来。告诉当政者，你们要向先组学习，你们有仁德，老百姓也就会有仁德。只有成为仁者，才能施行仁政，这就是实现仁政对统治者的基本要求。

子罕篇第九

【原文】

子罕言利与命与仁。

【意译】

孔子很少讲功利、命运和仁德。

【解读】

这一段话是学生根据自己亲身的体会而记述的。前边罕言利与命好理解，主要是罕言仁不好理解。纵观全书，孔子讲得比较多的是仁，为什么说孔子主要是罕言仁呢？这不是自相矛盾吗？我以为这里是说孔子对自己的态度，罕言仁，不是很少讲仁德，而是很少讲自己的仁德。别人和学生赞扬他的仁德，他很少讲，这种很少讲，是指自己还没有达到仁德的要求，不值得夸耀。由此可知，学生的这段话可以理解为，孔子很少讲自己的私利、命运和德行。人们都在讲的天命，他却很少讲，认为人的命运不是靠天，而是靠自己。他不讲自己的功利，全身心用在他的学说上。

【原文】

达巷党人曰："大哉孔子！博学而无所成名。"子闻之，谓门弟子曰："吾何执？执御乎？执射乎？吾执御矣。"

【意译】

达巷这个地方的人说："孔子真伟大！学识渊博，可惜没有让他成名的专长。"孔子听到这话，就对学生说："我做什么事呢？是赶马车呢，还是射箭呢？我还是赶马车好了。"

【解读】

达，是一个地方，也有说达巷是一个地方。党，古代五百家为一党。达巷的人评论孔子很伟大，知识渊博，可是没有可以凭之成名的技艺，孔子对这类议论的回答是还是擅长驾车，是谦辞。

【原文】

子曰："麻冕，礼也；今也纯，俭，吾从众。拜下，礼也；今拜乎上，泰也。虽违众，吾从下。"

【意译】

孔子说："用麻织礼帽，这是符合传统礼节规定的，现在都用丝料做，这样俭省些，我赞同大家的做法。臣见君时，先在堂下跪拜，登堂时再跪拜，这符合传统的礼节，现在都免除堂下的跪拜，只升堂后跪拜，太傲慢了，虽然大家都这样，我仍然主张先在堂下跪拜。"

【解读】

孔子对于旧的礼制，有的坚持，有的不坚持。这说明他并不是一味地坚守古礼，而是有所选择，既有原则性，又有灵活性。传统的礼节规定：用麻料织礼帽，可是现在都改用丝料做礼帽，这种改变并不违背礼的精神，还可以俭省，所以他赞同大家的做法。传统的礼节规定：臣见君时，先在堂下跪拜，然后再登上堂跪拜，现在却变成直接上堂跪拜，这是傲慢的表现，有违忠信的礼制精神，所以虽然大家都这样做，他却仍然坚持先在堂下跪拜的旧礼仪。

【原文】

子绝四：毋意，毋必，毋固，毋我。

【意译】

孔子杜绝以下四点：不凭空揣测，不绝对武断，不固执己见，不自以为是。

【解读】

毋意，即不凭空揣测，不信口开河，不随意行事，必须要深思熟虑，言必有据，行为谨慎。毋必，即不绝对化，不先入为主，不预先设定，不绝对武断，要实事求是，客观准确，留有余地。毋固，即不固执己见，不僵化死板，不固定看法，要倾听意见，善于学习，随势而变。毋我，即不以自我为中心，不唯我是从，不自以为是，要抛开小我以求大我，为治国、为社会、为人民而忘我贡献。绝，是指绝不，反之，就是严格要求，坚决把握住。因为"毋"特别难做到，所以要坚决做到四个"毋"。

【原文】

子畏于匡，曰："文王既没，文不在兹乎？天之将丧斯文也，后死者不得与于斯文也；天之未丧斯文也，匡人其如予何？"

【意译】

孔子被匡地的人拘禁，他说："周文王去世以后，礼乐制度不都保存在我这里吗？上天若是要灭绝这些文化，那我就不会掌握这些文化了；上天要是不想灭绝这些文化，匡人能把我怎么样呢？"

【解读】

对于孔子被匡人拘禁一事，《史记·孔子世家》有一段记载是这样说的，孔子从卫国到陈国去路过匡，匡人曾受到鲁国阳虎的掠夺和残杀，孔子面貌很像阳虎，被拘禁五天，学生很急，孔子也很担心学生，他见到颜渊说："我以为你死了。"颜渊回答："老师没有死，我怎么敢死？"孔子接着就讲了上面那段话。他的这些话还有一层意思，周文王留下的文明礼乐，只要他在，他一定要传播下去。因此，他也相信，人们是在怀念周文王的功绩，对于他这个称赞周文王的人，在弄清情况之后，是不会怎么样的。匡，可能在今河南长垣县西南的区域。

【原文】

太宰问于子贡曰："夫子圣者与？何其多能也？"子贡曰："固天纵之将圣，又多能也。"

子闻之，曰："太宰知我乎！吾少也贱，故多能鄙事。君子多乎哉？不多也。"

【意译】

太宰问孔子学生子贡："孔老先生是圣人吗？他怎么这样多才多艺呢？"子贡回答："是上天让他成为圣人，又使他多才多艺。"

孔子听到这段对话之后说："太宰知道我的！我小时候穷苦，所以学会不少卑贱的技艺。真正的君子会有这么多的技艺吗？是不会的。"

【解读】

太宰，是官员。一个官员问孔子学生子贡，孔子是不是圣人，怎么那么多才多艺。子贡回答，这是老天爷给他的，意思是，别人都做不到。孔子的回答是，因为小时候家境贫寒，学的都是一些卑贱的东西，做的都是一些卑贱的事，这才让他多才多艺。那些处在高位的人，能学到这些才艺吗？是不会的。他不承认他是圣人，自然也不会认为他的才艺是上天给的。他是一个普通人，而且做的是卑贱的事，但是他却学到了才艺和本领，这是那些养尊处优的所谓君子做不到的。

【原文】

牢曰："子云：'吾不试，故艺。'"

【意译】

牢说："孔子说过：'我没有被国家所用，所以学得了一些技艺'。"

【解读】

从引用孔子的话来看，牢很可能是孔子的学生。这句话与上段话意思相同，一个是孔子听到他人议论后说的，一个是别人引用孔子自己说的话。这段话讲得更直白，孔子说他没有做官从政，所以才学了不少技艺。

【原文】

子曰："吾有知乎哉？无知也。有鄙夫问于我，空空如也。我叩其两端而竭焉。"

【意译】

孔子说："我有知识吗？没有。有一个农夫问我问题，我一点也不知道。于是，我询问其前前后后的情况，然后尽量回答他。"

【解读】

鄙夫，指乡下人，农夫。孔子读的书很多，知识渊博，可是他说自己的知识不多。他举例说，一个农民问他的问题，他一无所知，回答不上来。于是就将前因后果、来龙去脉等情况问清楚，然后尽量回答了农民的问题。像孔子这样知识渊博的学者，一个普通农民问他问题，他回答不上来，不是采取不懂装懂，或者不予回答的傲慢态度，而是放下架子，不耻下问，向农民请教，直到自己完全弄懂之后，再尽其所知，回答农民的问题。"两端"指前后，是前因后果，是指请教弄清问题。这种不耻下问的好学精神，是到了这个层次的人难以做到的。

【原文】

子曰："凤鸟不至，河不出图，吾已矣夫！"

【意译】

孔子说："凤凰不飞了，黄河也没有图画出现，我这一辈子恐怕是完了。"

【解读】

古代传说，凤凰飞来表示天下太平；圣人受命，黄河就出现图画。孔子引用传说，意思是现在天下已经不太平了，没有圣人出来治理好天下，他提出的主张行不通，得不到推行，最后一句，可能是晚年讲的话，是说等不到了，难以实现了。对此他很遗憾，但并不表示已经放弃。

【原文】

子见齐衰者、冕衣裳者与瞽者，见之，虽少，必作；过之，必趋。

【意译】

孔子看见穿丧服的人、戴着礼帽穿着礼服的人以及盲人时，虽然他们是年轻人，他也一定会站起来；走过时，一定会加快步伐。

【解读】

孔子为什么对三种人，即使是年轻人都很尊敬？对于穿丧服的人，家里有长辈去世，是悲伤的表现；对于穿礼服戴礼帽的人，是尊敬的表现；对于盲人，是爱怜的表现。说明孔子是一个很重情感的人，也是很懂礼貌的人。齐（zī）衰（cuī），丧服。瞽（gǔ），盲人。

【原文】

颜渊喟然叹曰："仰之弥高，钻之弥坚。瞻之在前，忽焉在后。

夫子循循然善诱人，博我以文，约我以礼，欲罢不能。既竭吾才，如有所立卓尔。虽欲从之，末由也已。"

【意译】

颜渊感慨地说："老师的学说，仰头越看越高，钻研越钻越深。向前看，就在前面，向后看，忽然觉得又在后面。老师循循善诱，教诲我们，用各种文献丰富我们的知识，用礼节约束我们的行为，让我想停止学习都不可能。我竭尽全力跟随老师学习，也有一些成效，但是要再深钻，都达不到老师那样的高度。"

【解读】

用"喟然"一词，说明颜渊对老师的称赞发自肺腑，他说老师的学说很高深，越钻研越深厚，让人琢磨不透。老师对学生总是循循善诱，把自己所获得的知识毫无保留地传授给他，用礼节严格地约束他，促使他就是想停下来不学都不行。他竭尽全力向老师学习，但是要达到老师那样的高度，怎么做都达不到。

【原文】

子疾病，子路使门人为臣。病间，曰："久矣哉，由之行诈也！无臣而为有臣。吾谁欺？欺天乎？且予与其死于臣之手也，无宁死于二三子之手乎！且予纵不得大葬，予死于道路乎？"

【意译】

孔子得了重病，子路便让别的学生充当家臣。后来，孔子的病渐渐好转，得知这件事之后说："仲由骗人已经很长一段时间了！我本不该有家臣，却一定使人充当家臣。我欺骗谁呢？是欺骗上天吗？我与其死在家臣的手里，宁肯死在你们学生的手里！即使不能热热闹闹地办理丧葬，难道就会死在道路上吗？"

【解读】

古代，诸侯死去才有臣可以负责丧葬之事，孔子时可能有许多卿大夫也僭行此礼。子路在老师病重时，就做准备，要像卿大夫那样安葬老师。

孔子批评子路本不该用此礼却用此礼，使他落个欺骗之名。

【原文】

　　子贡曰："有美玉于斯，韫椟而藏诸？求善贾而沽诸？"子曰："沽之哉！沽之哉！我待贾者也。"

【意译】

　　子贡说："这里有一块美玉，是把它收藏在柜子里呢，还是找一个识货的商人卖掉呢？"孔子说："卖掉吧！卖掉吧！我正在等待识货的商人。"

【解读】

　　这段充分说明，孔子并不是反对经商，正常的商品交易他是赞成的，他反对的是获取不义之财。韫（yùn），蕴藏，收藏。椟（dú），匣子，柜子。贾（gǔ），商人。有人将"韫椟"解读为怀才不遇，这样美玉就喻为优秀人才。在这里，是说学生以美玉做比喻，对老师说，您这样有学识，有这么好的学说，如果有人请您去您去吗？孔子说，去！去！我正等着呢。意思是，我要发挥自己的作用，去推行自己的学说。

【原文】

　　子欲居九夷。或曰："陋，如之何？"子曰："君子居之，何陋之有？"

【意译】

　　孔子想到边远小国去居住。有人说："那个地方非常简陋，怎么能住？"孔子说："有君子去住，怎么会简陋呢？"

【解读】

　　九夷，泛指东部的少数民族聚居地，夷是对当地的贬义。孔子要到这样的地方去住，有人劝他，这样的地方条件很差，你怎么能居住呢？孔子回答，君子怎么会怕艰苦呢？其意思是说，当地人能在那里居住，我为什么就不能居住呢？住在艰苦的地方，就能够磨练自己的意志。广而推之，有了君子居住在那里，那里的环境就会得到改变。

【原文】

子曰:"吾自卫返鲁,然后乐正,《雅》《颂》各得其所。"

【意译】

孔子说:"我从卫国返回鲁国之后,才对乐曲进行了整理,使《雅》和《颂》各归于适当的地方。"

【解读】

根据《左传》记述,孔子从卫国返回鲁国,是在鲁哀公十一年冬。他结束了周游列国的历程,从事文献整理,《雅》《颂》均是《诗经》的篇章,孔子说他对其进行了整理,说明孔子在这方面是有所贡献的。

【原文】

子曰:"出则事公卿,入则事父兄,丧事不敢不勉,不为酒困,何有于我哉?"

【意译】

孔子说:"外出侍奉公卿,回家侍奉父兄,有丧事不敢不尽力,不被酒所困扰,这些事我做到了哪些呢?"

【解读】

孔子是在反省自己,在外敬业、在家孝顺父母、对于礼仪认真去办、从来不酗酒误事这些都做到了吗?意思是,这些事他都认真去做,但是还认为自己做得不够,还得去做好。也有人解读为:这些事我能有什么困难呢?无论何种解读,都说明孔子对自己要求严格,都体现在认真去做上。

【原文】

子在川上,曰:"逝者如斯夫!不舍昼夜。"

【意译】

孔子在河边,说:"消失的时光就像河流一样呀!昼夜不停地流去。"

【解读】

孔子站在河边,看到河水不停地向下游流去,于是感慨地说,人生就像河流一样，失去的时光一去不复返。推而言之，要珍惜时光，有所作为，不能让光阴白白浪费掉。

【原文】

子曰："吾未见好德如好色者也。"

【意译】

孔子说："我没有见过像爱好美貌那样爱好道德的人。"

【解读】

孔子用"没有见过"一词，不是说没有，而是说他没有见过，意思是"很少"，故而这句话的现代意译就是，现在社会风气每况愈下，道德滑坡，人们只看重外在美，而不看重内在美；看人只看外表，不看品德。

【原文】

子曰："譬如为山，未成一篑，止，吾止也。譬如平地，虽覆一篑，进，吾往也。"

【意译】

孔子说："好比堆土成山，如果再加一筐土便成为山，却停止下来，这是我自己停下来的。又好比平整土地，即使刚刚倒下一筐土，只要继续不停，就一定能够填平，要完成，还是要自己坚持啊。"

【解读】

孔子是在说自己，也是在告诉人们，任何事情的成败都决定于自己。就好比堆土成山，哪怕只差一筐土就成山了，却没有成山，不是有什么客观原因，而是人自己没有毅力，就差一步没有做到底；哪怕只堆一筐土，这是自己已经开始在做，只要坚持不懈，就一定会填平土地。

【原文】

子曰："语之而不惰者，其回也与！"

【意译】

孔子说："能够听我说话而不懈怠的，大概只有颜渊一个人！"

【解读】

孔子这是在表扬颜渊，意思是说，能够认真听他讲授而从来不偷懒、不松懈，每次都很专注听讲，认真消化，一丝不苟的人，只有颜渊。

【原文】

子谓颜渊，曰："惜乎！吾见其进也，未见其止也。"

【意译】

孔子谈到颜渊，说："死得太可惜了！我只看到他不断地进步，从没有看见他停止过。"

【解读】

孔子很怀念自己的学生颜渊，说像这样追求进步、永不松懈、永不止步的好学生，却英年早逝，实在是太可惜了。这段话与上段话连起来，就可以理解孔子对学生的深厚师生情。

【原文】

子曰："苗而不秀者有矣夫！秀而不实者有矣夫！"

【意译】

孔子说："庄稼出苗生长却不开花结穗，这种情况是有的！开花结穗却不结果，这种情况也是有的！"

【解读】

孔子这句话是以庄稼比喻人，是说有的人做事不坚持到底，半途而废，没有完成；有的人虽然做了，最后却没有成绩。这是在告诉人们，其一，做事要有毅力，坚持到底；其二，做事要出成果，要有收获。

【原文】

子曰："后生可畏，焉知来者之不如今也？四十、五十而无闻焉，斯亦不足畏也已。"

【意译】

孔子说："年轻人是让人敬畏的，怎么知道他们的将来赶不上现在的人呢？不过，一个人到了四五十岁，还没有什么名望，也就不足以让人敬畏了。"

【解读】

孔子这段话可以这样理解，年轻人了不得呀，他们将来一定比这一代人厉害。但是，如果到了四五十岁还没有什么成就，那也就是那样了。

【原文】

子曰："法语之言，能无从乎？改之为贵。巽与之言，能无说乎？绎之为贵。说而不绎，从而不改，吾末如之何也已矣。"

【意译】

孔子说："有道理的话，能不接受吗？改正错误才可贵。恭维好听的话，听了能不高兴吗？分析一下才可贵。盲目高兴而不加分析，表面接受而实际不改，我是没有办法对付这种人的。"

【解读】

对他人讲的话，要加以分析。对好听的话，经分析是好话，值得高兴，对于恭维讨好的话，要能辨别得出，这一点更为可贵。最后是说，对于那种只爱听好听的话、恭维话、奉承话，而不愿听有道理的话，或者听了正确的话表面上表示听从，而实际上并不接受的人，他是没有办法的。孔子作为老师，他当然希望自己的学生不是这样的人。

【原文】

子曰："主忠信，毋友不如己者，过，则勿惮改。"

【意译】

孔子说："对于君子来说，最重要的是'忠诚'和'守信'。不要与不讲忠信的人为友。有了过错，也不怕丢掉面子，敢于改正。"

【解读】

前面《学而篇第一》中说，子曰："君子不重，则不威；学则不固。主忠信。无友不如己者。过，则勿惮改。"本段重复了其后三句，意在强调对待君、友、错误的态度和原则。最主要的是忠信；不与忠信方面差的人也就是"道不同"者为友；有了错误，就勇于改正。坚持这种态度和原则，在这方面下功夫，才是君子之道，为学之道。

【原文】

子曰："三军可夺帅也，匹夫不可夺志也。"

【意译】

孔子说："一个国家军队的主帅可以丧失，一个人的志向却不能强迫其放弃。"

【解读】

这句话反映了物质与精神的差异性，也可以这样解读，宁愿失去三军主帅，也不能放弃自己的志向和信仰。也可以这样说，一个国家的军队，宁愿失去其主帅，也不能丧失士兵的士气。说明志向、信仰、意志，对国家、对军队、对个人都是最重要的。

【原文】

子曰："衣敝缊袍，与衣狐貉者立，而不耻者，其由也与？'不忮不求，何用不臧？'"子路终身诵之。子曰："是道也，何足以臧？"

【意译】

孔子说："穿着破旧的袍子，与穿着狐貉皮袍的人站在一起，不感到耻辱的，恐怕只有仲由吧？《诗经》上说：'不嫉妒，不贪求，为什么不会好？'"子路听到后，整天念着这两句诗。孔子说："仅仅这样，怎么能够好得起来呢？"

【解读】

缊（yùn），旧絮。臧（zāng），善、好。"不忮不求，何用不臧？"是《诗经·邶风·雄雉》中的一句，孔子引用此句表扬子路不攀比。忮（zhì），嫉妒。子路很高兴，就总是念诵那两句诗，孔子说，你仅仅做到这样有什么用？要做得更好。

【原文】

子曰："岁寒，然后知松柏之后凋也。"

【意译】

孔子说："天冷了，才知道松柏的叶子是最后凋谢的。"

【解读】

孔子这段话是比喻，是说在关键的时候才能考验一个人，才能考验一个人的品质和意志。

【原文】

子曰："知者不惑，仁者不忧，勇者不惧。"

【意译】

孔子说："有智慧的人不会疑惑，有仁德的人不会忧虑，勇敢的人不会惧怕。"

【解读】

知，是指智慧，或者说是指知识。每个人的行为都不会超出自己的认知范围，所以要努力学习，扩大知识面，遇事要多做调查研究，搞清来龙去脉，这样就不会疑惑不解，出现失误；仁，是指仁德，在这里可以解读为责任心强、光明磊落，有实践经验，所以在处理问题时，就不会忧虑，患得患失；勇，是指勇敢，敢于承担，或指正直，有献身精神，无所畏惧。孔子将智、仁、勇作为推崇的三种美德。至今仍有着重要的现实意义。

【原文】

子曰："可与共学，未可与适道；可与适道，未可与立；可与立，未可与权。"

【意译】

孔子说："可以共同学习的人，未必能志同道合；能够志同道合的人，未必能达到一定的共同目标；能够达到共同目标的人，未必能随着形势的变化而同样改变方式方法。"

129

【解读】

学，指学习；道，指道理、道路；立，指立人、立业；权，指权变。人的一生，要把握住学、道、立、权四个字，人与人由于各种情况不同，因此选择的道路不尽相同，获得的道理不尽相同，人的品质也不尽相同；道路、道理相同，获得的成就不尽相同、道路结局不尽相同；立人、立世相同，根据情况变化能够运用、能够适应的能力不尽相同。因此，每个人都要根据自己的情况，根据自己选择的道路，进行学习，立人立业，适应各种变化。对待他人，不能要求一个模样，这四个字，可根据个人的情况因人而异。

【原文】

"唐棣之华，偏其反而。岂不尔思？室是远而。"子曰："未之思也，夫何远之有？"

【意译】

古代有这样的诗句："唐棣树的花，翩翩地摇摆着。难道我不想念你？因为你家住得太遥远。"孔子说："他不是真正的思念，真的思念，有什么遥远呢？"

【解读】

孔子是根据一段古诗而发的议论，意思是说，是你不想下功夫去钻研，只要你想钻研，就一定能破解难题，取得研究成果。

【本篇思考】

"子罕"取开篇"子罕言利与命与仁"的前两个字。

"子"是指孔子。"罕"，很少、极少。子罕，是孔子学生根据老师平时言谈举止，对老师言行很少讲的一些问题的概括，此处主要是讲少言。

这方面的情况可以概括为"罕""慎""不"三个字，这三个字意思大致相近却有区别。罕，罕言，很少讲，不大讲；慎，慎言，包括雅言，不随便讲，不乱讲；不，不言，不能说，不该说的不说。"毋"亦是此意。

这里是讲罕言，还有罕做，很少做，极少做；慎做，谨言慎行；不做，不能做，不该做的不做。

罕、慎、不，表现在一些方面，却反映了孔子的世界观、人生观、价值观，反映了孔子的品德、人格、操守、素养，反映了孔子的立人处世、为人处事、人生态度和行为方式。

少和多是相对而言的，有多必有少，有少必有多。《论语》通篇孔子讲得很多，教育学生也讲得很多。这篇是说孔子讲得很少。

以本篇为例。少讲欲望，少讲私利，多讲利民、爱人、安人、惠民；少讲天命、自己的命运，多讲把握、作为、发愤；少讲自己的仁，讲大仁、普仁；少讲自己已仁、已达仁，多讲崇仁、追求仁、实践仁、修己达仁；少讲自己的功劳、成绩、成就、名望，多讲好学、笃志、崇德、敬业；少讲鬼神、天命，多讲人事、人为。

从《论语》全书及学生记载，少讲时弊、战争、牢骚、怪话，多讲治国主张、观点学说；不讲、不理会非议、批评、冷遇、阻力，多讲坚信、坚持、坚定不移，这就是孔子的人生哲学。

罕言不等于不讲，例如，公开反对季氏敛财，发动战争；赞扬管仲辅佐齐桓公用和平的方式、而不是用战争的方式取得霸主地位，又批评管仲小器。该说时，态度明朗，是非观念明确，而不是和稀泥。

纵观全书，孔子大约有几种情况讲得少或者慎言。

一是对政治和时局的看法，很少讲，谨慎讲。少讲不等于没有看法。他讲得最多的是他的学说，而他的学说是与当时的现状相悖的。少言是不直接冲撞当政者。

二是慎言战争。战争是春秋时期争霸的一种主要手段。罕言同样是不想冲撞当政者，是不遗余力地推行他的治国之策，这些治国之策不是以战争的方式或者支持战争的方式，而是伦理、仁政、治理等方式。

三是慎言天命。多言将命运掌握在人的手里。

四是慎言鬼神。主要讲人事。

五是不准确、不确定、拿不准的不说，说出的话比较准确。

六是起副作用的话、是非话、粗野的话不说，说出的话起积极和正面的作用。

由此可见，孔子的罕，不是不说、不做，而是不该说的不说，不该做的不做。

乡党篇第十

【原文】

　　孔子于乡党，恂恂如也，似不能言者。

　　其在宗庙朝廷，便便言。唯谨尔。

【意译】

　　孔子在家乡的时候，非常恭顺谦和，就好像不会说话的样子。

　　他在宗庙里、朝廷上，说话流畅明白，只是话说得很谨慎。

【解读】

　　在家乡时，作为大学者，没有一点架子和傲慢态度，对人都很恭顺谦和，"似不能言者"，是形容对乡亲们很尊重，很随和，说明没有一点傲慢的态度。在大的场合，却讲得流畅，但是是经过深思熟虑，言简意赅，多余的话不讲。恂恂（xún），恭顺。便便（pián），说话清楚明白。

【原文】

　　朝，与下大夫言，侃侃如也；与上大夫言，訚訚如也。君在，踧踖如也，与与如也。

【意译】

　　在上朝时，国君还没有到，孔子与下大夫说话，温和高兴；与上大夫说话，端庄和悦的样子。国君到后，恭敬小心又很安详得体。

【解读】

　　很懂礼貌，对不同的人有不同的方式，很得体。上朝后，和一般官员说话和善而轻松；对朝中重臣，说话端庄而尊重；对于国君，则尊敬而举止安详。訚訚（yín），端庄和悦的样子。踧（cù）踖（jí），恭敬而小心的样子。

【原文】

　　君召使摈，色勃如也，足躩如也。揖所与立，左右手，衣前后，襜如也。趋进，翼如也。宾退，必复命曰："宾不顾也。"

【意译】

鲁君召孔子去接待外宾，他面色矜持庄重，走路快而平稳。边走边向两边作揖，向左拱手，再向右拱手，衣服前后摆动，整齐不乱。外宾到后，他快步向前，两手拱起就像鸟儿展翅一样。外宾走后，必向鲁君复命说："客人已经走了。"

【解读】

此篇展示了礼仪之邦的风度。趯（jué），快步前进。襜（chān），衣服整齐的样子。

【原文】

入公门，鞠躬如也，如不容。

立不中门，行不履阈。

过位，色勃如也，足躩如也，其言似不足者。

摄齐升堂，鞠躬如也，屏气似不息者。

出，降一等，逞颜色，怡怡如也。

没阶，趋进，翼如也。

复其位，踧踖如也。

【意译】

走进朝堂大门，小心谨慎的样子，就好像没有自己容身之地。

站，不站在门的中间；走，不踩门坎。

经过国君座位的时候，面色庄重，脚步加快，说话放低声音，就像底气不足一样。

提起衣服下摆，向堂上走，恭恭敬敬，谨小慎微，屏住气，就像停止呼吸一样。

从朝堂出来，走下一个台阶，面色才舒展开来，心情有所放松。

下完台阶，快步向前走，好像鸟儿舒展翅膀。

回到自己座位，依然恭敬而小心翼翼。

【解读】

恭敬而谨慎，礼节到位，大概后世封建社会上朝的礼节是向孔子学的。

【原文】

执圭，鞠躬如也，如不胜。上如揖，下如授。勃如战色，足蹜蹜，如有循。

享礼，有容色。

私觌，愉愉如也。

【意译】

孔子出使外国，举行典礼时，他手里拿着圭，恭敬谨慎得好像举不起来一样。向上举就像作揖，向下放就像交给别人。面色庄重，战战兢兢，脚步很小，就像沿着一条直线在走。

献礼的时候，和颜悦色。

以私人身份和外国君臣会见时，显得轻松愉快。

【解读】

圭是一种玉器，举行典礼时，君臣都拿着。胜（shèng），能担负得了。蹜蹜（sù），举步密而狭的样子。"如有循"，是指目不斜视，好像走一条直线。觌（dí），相见。孔子代表国家，很重礼仪，容貌端庄，行为适度，展示了国家的良好形象。

【原文】

君子不以绀緅饰，红紫不以为亵服。

当暑，袗绤绤，必表而出之。

缁衣，羔裘；素衣，麑裘；黄衣，狐裘。

亵裘长，短右袂。

必有寝衣，长一身有半。

狐貉之厚以居。

去丧，无所不佩。

非帷裳，必杀之。

羔裘玄冠不以吊。

吉月，必朝服而朝。

【意译】

　　君子不用深青透红或者黑中带红的颜色为衣服镶边，平时在家不穿浅红色和紫色的衣服。

　　夏天，穿粗葛布或细葛布单衣，但一定要穿内衣。

　　黑色的衣服配羔羊皮袍；白色的衣服配小鹿皮袍，黄色的衣服配狐皮袍。

　　在家穿的衣服要做长些，右边的袖子要做短些。

　　睡觉一定用小被，长度是身体的一倍半。

　　用狐貉皮的厚毛做坐垫。

　　丧期满了以后，什么东西都可以佩戴。

　　除过礼服，其他衣服都要裁剪一些布。

　　不穿黑色羔羊皮袍、不戴黑色礼帽去吊丧。

　　每月初一，一定穿着朝服去朝贺。

【解读】

　　孔子对自己的服装是很注意的，上朝、外出重大典礼和在家里、夏天和冬天、白天和夜晚都有不同，外出重大活动穿得讲究，这关乎礼节和形象问题。在家用料就简单些，包括颜色等都有爱好，比如，在家衣服为了省料一些，右手袖子短，拿东西、写字方便些；也不是一味从简，该繁的繁，该简的简，如坐垫，毛厚些，坐起来舒服。绀（gàn），深青中透红的颜色；緅（zōu），黑中带红的颜色；饰，滚边，镶边。古代，黑色是正式礼服的颜色，两种颜色都近黑色，不用镶边。孔子是按习俗做的。袗绤绤：袗（zhěn），单衣，绤（chī），细葛布；绤（xì），粗葛布。总体上，在外重礼节；在家舒适。在家，一袖长一袖短也不在意。麑（ní），小鹿。亵（xiè），平时穿的便服。

【原文】

齐，必有明衣，布。

齐必变食，居必迁坐。

【意译】

斋戒沐浴时，一定有浴衣，是用布做的。

斋戒时一定要改变平时的饮食，居住也另外独居一室。

【解读】

斋戒现在也有，已成为一种信仰。

【原文】

食不厌精，脍不厌细。

食饐而餲，鱼馁而肉败，不食。色恶，不食。臭恶，不食。失饪，不食。不时，不食。割不正，不食。不得其酱，不食。

肉虽多，不使胜食气。

唯酒无量，不及乱。

沽酒市脯，不食。

不撤姜食，不多食。

【意译】

粮食不嫌做得精，肉食不嫌切得细。

食物发霉变味、鱼和肉食腐烂变质，都不吃。颜色变难看，不吃。变味发臭，不吃。烹饪不熟，不吃。不到吃饭时间，不吃。不按一定方法切割的肉，不吃。没有合适的酱醋调味，不吃。

席上虽然肉多，吃肉食不超过主食。

只有酒没有限量，但不能喝醉。

从市场买来的酒和肉干不吃。

吃完饭，姜不撤，不多吃。

【解读】

孔子对饮食很注意，保证饮食健康，不贪吃，不乱吃。唯独对酒不限量，却从来不喝醉。饐（yì）而餲（ài），饮食因放久而腐臭。馁（něi）、败：

鱼腐烂叫"馁"，肉腐烂叫"败"。割不正：割和切不同，"割"指宰杀猪牛羊时肢体的分解，古时不按分解方法分解，便叫"割不正"。"食气"，饭料。乱，指神志昏乱，即酒醉。

【原文】

祭于公，不宿肉。祭肉不出三日。出三日，不食之矣。

【意译】

参加国家祭祀典礼，不把祭肉留到第二天。别的祭肉留存不超过三天，若是超过三天，就不吃了。

【解读】

古代祭肉，当天清晨宰杀牲畜，举行典礼，第二天又祭，叫"绎祭"。完毕后将大夫和士（即知识分子）助祭带来的肉又带回去，抑或按等级颁赐祭肉，这种赐祭肉在颁赐下来前，至少放了一两宵，因此不能再存放一夜。孔子这是按祭礼办的，但为了健康，超过三天就不吃了。

【原文】

食不语，寝不言。

【意译】

吃饭的时候不交谈，睡觉前不说话。

【解读】

良好的习惯。

【原文】

虽疏食菜羹，必祭，必齐如也。

【意译】

虽然是粗米饭和菜汤，吃前一定先祭一祭，而且，祭祀时一定恭恭敬敬，好像斋戒一样。

【解读】

这种祭可以现代解读为吃饭不忘种田人。

【原文】

席不正，不坐。

【意译】

席摆放得不端正，不坐。

【解读】

古代没有桌椅，都是在地面上铺席子，席子一般用蒲草、荆草、竹篾以及禾穗为质料。有人解读为，席子摆的方向不合礼制，不坐。两种解释均说明，孔子是一个很认真、很注意细节的人，在小节上也不马虎。

【原文】

乡人饮酒，杖者出，斯出矣。

【意译】

行乡饮酒礼后，要等老年人都出去了，自己才出去。

【解读】

乡人饮酒，是古时乡村的一种礼仪。这种场合，孔子都很尊重礼节，等老人先走，自己才出来。取其一般含义，与家乡人饮酒，亦说得通。

【原文】

乡人傩，朝服而立于阼阶。

【意译】

本地人进行迎神驱鬼活动，孔子穿着朝服站在东边的台阶上。

【解读】

傩（nuó），古代的一种风俗，迎神以驱逐疫鬼。阼（zuò），东边的台阶，主人所立之地。对这种民间活动，孔子穿着礼服以表示尊重，祝福本地百姓平安。

【原文】

问人于他邦，再拜而送之。

【意译】

托人向其他国家的朋友问好送礼时，向受托人拜别两次送行。

【解读】

古代问好，致送礼物以示情意。拜，拱手并弯腰。两次拱手告别表示感谢。

【原文】

康子馈药，拜而受之。曰："丘未达，不敢尝。"

【意译】

鲁国大夫季康子给孔子送药，孔子拜谢接受后，说："我对这药的药性不了解，不敢尝试。"

【解读】

对鲁国重臣给他送的药，他拜谢接受，但并不因为是高官送来的就盲目服用。前面是礼节，后面是实用，实用是看能不能服。不了解，不能轻易服用，不能不好意思，拿身体开玩笑。

【原文】

厩焚。子退朝，曰："伤人乎？"不问马。

【意译】

孔子的马棚失火了，孔子从朝廷回来，问："伤到人了吗？"而没有问马有没有伤亡。

【解读】

马棚失火，从外面回来，关心的是人员有没有伤亡，而不是关心自己的财产损失，反映孔子的高贵品质。

【原文】

君赐食，必正席先尝之。君赐腥，必熟而荐之。君赐生，必畜之。

侍食于君，君祭，先饭。

【意译】

国君赐以食物，一定摆正坐位，先尝一下。国君赐以生肉，一定煮熟，先向祖先进供。国君赐以活物，一定养着它。

陪国君一同吃饭，饭前国君祭礼时，自己先吃饭。

【解读】

有些行为如"先尝之""先饭"等，是一种礼节，一是表示感谢、感恩，二是忠诚、庄重；三是遵"礼"到位。

【原文】

疾，君视之，东首，加朝服，拖绅。

【意译】

孔子生病了，国君来看视，他把头朝东，将朝服盖在身上，朝服上的大带子拖下来。

【解读】

国君看望时，孔子起不来床，但仍然坚持礼节，躺着头朝东，就是见君的礼节。虽然穿不成朝服，却盖在身上，把大带子拖下来，将礼节做到。

【原文】

君命召，不俟驾行矣。

【意译】

国君要召见，孔子不等车马驾好，立即先步行前往。

【解读】

国君召见，孔子的急切之情，不言而明。

【原文】

入太庙，每事问。

【意译】

孔子入周公庙，每件事都要问。

【解读】

"太庙"：古时开国之君，叫太祖，太祖的庙叫太庙。周公旦是鲁国最初受封之君，故而太庙就是指周公庙。

【原文】

朋友死，无所归。曰："于我殡。"

【意译】

朋友去世，没有人办丧事，孔子说："丧事由我操办。"

【解读】

孔子乐于做善事。

【原文】

朋友之馈，虽车马，非祭肉，不拜。

【意译】

对朋友的馈赠，即使是车马，只要不是祭肉，接受时都不行礼。

【解读】

表现了孔子重礼仪而不重财物。

【原文】

寝不尸，居不客。

【意译】

孔子睡觉，不是像死尸一样直直躺着。平时在家里，也不像接待客人那样有一定的坐法和礼仪。

【解读】

体现了孔子放松的一面。

【原文】

见齐衰者，虽狎，必变。见冕者与瞽者，虽亵，必以貌。凶服者式之，式负版者。

有盛馔，必变色而作。

迅雷风烈，必变。

【意译】

看见穿孝服的人，即使关系亲密，也一定改变神态，表示悲伤。见到戴礼帽的人和盲人，即使是经常见面的人，也一定有礼貌。

坐车在路上，遇见穿丧服的人，便把身体微微向前一俯，手扶住车辕，以表同情。遇见背负国家图籍的人，也同样把身体微微向前一俯，手扶住车辕，以表敬意。

有丰盛的宴席，一定郑重地站起来，以表感谢。

碰到迅雷暴风，一定改变脸色。

【解读】

礼节周到，待人处事有条不紊。式，同轼，古时车辆前的横木。版，用木板刻的国家图籍。馔（zhuàn），食物，美味佳肴。

【原文】

升车，必正立，执绥。

车中，不内顾，不疾言，不亲指。

【意译】

孔子上车时，必定是端正地站着，然后拉着扶手带登车。

车子行走中，他在车内端正地坐着，不左顾右盼，不疾言快语，不用手指指划划。

【解读】

孔子就是坐车也讲规矩。

【原文】

色斯举矣，翔而后集。曰："山梁雌雉，时哉时哉！"子路共之，三嗅而作。

【意译】

孔子在山谷中行走，看见几只野鸡，它们飞向天空，盘旋一阵，又都停在一处。孔子神色动了一下，说："这些山梁上的雌雄鸡，得其时呀！得其时呀！"子路向它们拱拱手，它们振了振翅膀飞走了。

【解读】

孔子从来都不是为触景生情而发，而是借景喻人。这一段关键是对"时哉时哉"的理解，其含义是什么？为什么学生子路听到老师这样感慨之后，却向野鸡拱手？这是解读这段描述的重点。这段话的意思大概是，孔子带上子路在山间行走，看见几只野鸡很平静地停在那里，猛然看到来人接近，由于受惊均飞了起来。在空中盘旋一阵，又都停在一处，它们并不懂孔子在干什么。但是又看到子路向他们拱手的动作，以为对它们不利，又振了振翅膀飞走了。这里包含几层意思：一是野鸡选择了一个安全的地方落脚；二是当来人走近之后，先向观察，等到一定位置，雌雄认为是危险临近，就集体起飞，盘旋观察，认为没有危险，又落在一处，孔子对此很感慨，说雌雄时间选得准，后又落在一处，能审时度势，所以才说"山梁雌雄，时哉时哉！"这也不难理解，子路听了老师的话，对野鸡拱手致意，而他的这一举动，又被雌雄理解为危险又来了。动物都如此，何况人哉。孔子的这句话，寓意很深，可以理解为是他对人生的感叹。孔子看到野鸡或飞或停，或聚或散，因时势而变，认为它们可以自由起落，自由飞翔，悠闲从容，这是人不能相比的，因此才发出了"得其时呀！得其时呀！"的感慨。正因为如此，子路听了孔子的话以后，才对野鸡拱手表示敬意。从孔子一生的坎坷经历来看，他触景生情，联想到自己，发出这样的感叹是不奇怪的。

【本篇思考】

乡党篇名，是取首篇"孔子于乡党"的后两个字，意思是孔子在自己家乡的种种。

如果说前面各篇，对于孔子主要是通过孔子自述、孔子言行、学生记述、他人评述等，对孔子的品德、孔子的为人处事、孔子是什么样的人有所了解，那么，本篇主要是通过孔子的行为了解孔子其人。

纵观本篇学生的记述，在观察上，孔子似乎是一个忠君、守旧、刻板的人，对君恭敬、遵循旧的礼制、对己严格、循规蹈矩、缺乏生活乐趣的人，这与前面思想敏捷、追求创新、多才多艺、充满生活活力的孔子判若两人。这与孔子身处这个时代有关。我认为，孔子是一位古代的政治家，但不是革命家，他的主张是在不触动、不涉及制度的情况下，由当政者实施的，这注定了他的学说在当时制度下推行不了的历史命运。而且，这也是封建统治者将他作为样板，磨灭反叛精神，培养愚民顺民，甘受盘剥受欺、形成逆来顺受性格的一条重要原因。

如果去掉特定内涵，不能说孔子的行为都是负面的，相反，孔子的行为是值得肯定的。他严格遵守礼节，严格和善待人，严格要求自己，严格遵循规矩，严格生活规律，可以说一切"严"字当头，学生对此作了大量描述。大到国家礼节，小到日常的方方面面、每个细节，都是严格要求，看到这些，简直感到约束得让人喘不过气来。但是，孔子正是这样，除睡眠之外，一秒钟一秒钟、一分钟一分钟、一天一天、一月一月、一年一年，数十年如一日，都在坚持，开始可能约束，后来就成为自觉，逐年养成习惯，形成一种习俗，成为一种生活乐趣。后世人们称孔子为圣人，可是这圣人是从这些生活细节一步一个脚印，逐渐铸造成的，正是从每秒每分钟做起，日复一日、年复一年，磨练成为一种坚强的意志和矢志不移的毅力，造就了孔子的特有品质和坚定信念，使他无论遇到任何阻力、挫折、失败、非议，终生坚信自己的学说，坚定不移，直到生命的终结。这就是孔子不同凡人之处。

本篇通过多个侧面和行为细节，说明孔子的为人处事，概括起来就是一言一行，一举一动都有规矩，重视自己的形象。我们应该学习的正是孔子的自律、自重精神，而不是某一具体的做法。而且这些做法有的完全不符合现今社会的观念文化和规范，文中记述也比较繁琐。鉴于这种情况，解读可多可少，有详有略。

先进篇第十一

【原文】

子曰:"先进于礼乐,野人也;后进于礼乐,君子也。如用之,则吾从先进。"

【意译】

孔子说:"先学习礼乐而后做官的人,是一般的普通人;先做了官而后学习礼乐的人,是卿大夫一类的贵族。如果从这两种人中选拔用人,我主张选用先学习礼乐的人。

【解读】

这句话是在讲选拔人的问题。在孔子看来,凡当官之人,都要懂得礼乐,一般人是先学习礼乐,然后当官;还有一些人身份比较特殊,可能通过世袭或特权等先当了官,然后才学习礼乐。如果要从这两类人中选用,孔子赞成选用前者,因为这比较可靠,而后者作了官再去学习,往往是靠不住的。抛开字面理解,孔子还有其深层含义:一是选用人要看礼节、看仁德、看品行、看才能、看本领,而不能看身份、看特权;二是宁愿做有仁德的普通人,也不要做没有品德的当官者。

【原文】

子曰:"从我于陈、蔡者,皆不及门也。"

【意译】

孔子说:"跟着我在陈国、蔡国之间蒙受艰难险阻的学生,现在都不在我这里了。"

【解读】

孔子对在陈、蔡被困一事,刻骨铭心。那时跟随他的学生都已不在他身边,为此发出感叹,也是人之常情。但是,学生之所以收录此段,不仅仅是表述老师对学生的怀念,可能认为老师说的话含有深意。老师是在告诉学生,社会非常复杂,人生之路难免会有不少坎坷,要面对坎坷,泰然处之，并将其看作是人生的磨练。

【原文】

德行：颜渊、闵子骞、冉伯牛、仲弓。言语：宰我、子贡。政事：冉有、季路。文学：子游、子夏。

【意译】

德行突出的有：颜渊、闵子骞、冉伯牛、仲弓。语言表达能力强的人有：宰我、子贡。从事政事突出的有：冉有、季路。通晓古代文献、知识渊博的有：子游、子夏。

【解读】

这些人都是孔子"七十二贤"中的优秀学生，不仅各方面突出，是"贤"中的佼佼者，而且都有自己的专长，可谓名师出高徒。

【原文】

子曰："回也非助我者也，于吾言无所不说。"

【意译】

孔子说："颜回不是对我有所帮助的人，因为他对我讲的话没有不心悦诚服的。"

【解读】

颜回是孔子非常赞赏的好学生，对他讲的话心悦诚服，认真听讲，又勤于思考。孔子不是一味赞赏，孔子说的对他没有帮助，是说他不对老师提意见，这是不足之处。他鼓励学生给他提意见，谈看法，可见孔子对好学生的标准不是只看听话不听话，而是还能对老师有所帮助，提出不同见解。

【原文】

子曰："孝哉闵子骞！人不间于其父母昆弟之言。"

【意译】

孔子说："闵子骞真是孝顺！人们对他的父母兄弟称赞他的话没有异议。"

【解读】

　　孔子教育学生孝顺父母、尊敬兄长，他树立闵子骞为这方面的典型。孔子说闵子骞对父母很孝顺，他的父母和兄弟经常称赞他，这些赞美的话不是对外人说的客套话，人们都认为他父母和兄弟赞赏他的话是真心话、真实话，讲得一点都不为过，人们都认为这个学生很孝顺。也就是说，他的孝顺为人们所公认。

【原文】

　　南容三复白圭，孔子以其兄之子妻之。

【意译】

　　南容将"白圭"的诗句多次诵读，孔子便将自己的侄女嫁给他。

【解读】

　　孔子之所以将自己的侄女嫁给学生南容，在《公冶长篇》中是这样描述的："邦有道，不废；邦无道，免于刑戮。"这是从大局考虑的。本篇说，是由于诵读诗文，这是从日常生活要求考虑。其诗白圭是《诗经·大雅·抑》的诗句，原文是："白圭之玷，尚可磨也；斯言之玷，不可为也。"意思是，百圭的污点还可以磨掉，而言语的污点却没有办法去掉。南容常念诵这句诗以警示自己，说明是一个值得信赖的严谨的人，孔子才将侄女嫁给他。

【原文】

　　季康子问："弟子孰为好学？"孔子对曰："有颜回者好学，不幸短命死矣，今也则亡。"

【意译】

　　季康子问："你的学生中谁最爱好学习？"孔子回答："有个学生叫颜回，最爱好学习，不幸短命去世了，现在学生中再也没有像他那样爱好学习的人了。"

【解读】

　　在《雍也篇》中，鲁哀公问了孔子同样的问题，孔子的回答是相同的，只是那次对国君介绍得要详细些，足见孔子对好学生的赞赏和怀念之情。

【原文】

颜渊死，颜路请子之车以为之椁。子曰："才不才，亦各言其子也。鲤也死，有棺而无椁。吾不徒行以为之椁。以吾从大夫之后，不可徒行也。"

【意译】

颜渊死后，他的父亲颜路请求孔子将自己的车子卖掉为颜渊买外椁。孔子说："无论是有才能还是没有才能，各人说起来都有自己的儿子。我的儿子鲤死后，也只有内棺而没有外椁。况且，我不能步行用车子换他的椁，因为我也曾经做过大夫，是不可以步行的。"

【解读】

颜路是颜渊的父亲，名无繇，字路，也是孔子的学生。他认为自己的儿子很优秀，请求老师将自己的车子卖掉，给他的儿子买外椁。孔子认为这个要求不合理，孔子对颜渊之死也很悲伤，但是不能因此答应不合理的要求。孔子一是拿自己的儿子比，表明同等对待；二是说自己曾经当过大夫，虽然不再任职了，这个待遇还在。这是当时的礼节，这样说服力要强些。

【原文】

颜渊死。子曰："噫！天丧予！天丧予！"

【意译】

颜渊死后，孔子说："唉！这是老天爷要我的命呀！这是老天爷要我的命呀！"

【解读】

将对学生死的惋惜表达到了极致。

【原文】

颜渊死，子哭之恸。从者曰："子恸矣！"曰："有恸乎？非夫人之为恸而谁为？"

【意译】

颜渊死后,孔子哭得很伤心。跟随的学生说:"您太伤心了!"孔子说:"有什么比这让人更伤心的?我不为这样的人伤心,还为什么人伤心呢?"

【解读】

对学生的感情毫不掩饰,表露无遗。

【原文】

颜渊死,门人欲厚葬之。子曰:"不可。"

门人厚葬之,子曰:"回也视予犹父也,予不得视犹子也。非我也,夫二三子也。"

【意译】

颜渊死后,学生们想要厚葬他,孔子说:"这样不行。"

学生们没有听从孔子的意见,仍然厚葬了颜渊。孔子说:"颜回把我像父亲一样看待,我却不能像对自己的儿子那样对他,这不是我的主意,都是学生要这样做的。"

【解读】

厚葬,根据《檀弓》记载孔子的话,丧礼应该"称家之有亡","有,毋过礼。苟亡矣,敛手足形,还葬,县棺而封"。孔子对学生采用厚葬的形式并不赞成。但是,这种悲伤的事情,不能硬性阻挡,只能以这种方式表示。可以为之"哭之恸",却不同意厚葬的做法,很理智。

【原文】

季路问事鬼神。子曰:"未能事人,焉能事鬼?"

曰:"敢问死?"曰:"未知生,焉知死?"

【意译】

子路向老师提出如何侍奉鬼神之事,孔子回答:"活人还未能侍奉好,怎么能去侍奉鬼神?"

子路又问:"我大胆地问一下,死是怎么回事?"孔子回答:"生的道理还没有弄明白，怎么能懂得死？"

【解读】

孔子说得很明白，不要整天讲什么鬼神之事，而是把人间的事做好；不要整天想什么生呀死呀的，而是让人生活得明白，知道该怎么去实践。要把精力放在现实上，做实实在在的事，这才是做人的应有之道。

【原文】

闵子侍侧，訚訚如也；子路，行行如也；冉有、子贡，侃侃如也。子乐。"若由也，不得其死然。"

【意译】

闵子骞站在孔子身旁，恭敬端庄；子路，刚强凶悍；冉有、子贡和颜悦色。孔子看到每个人的表情，高兴了起来，说："如果像仲由（子路）这个样，怕是不能善终。"

【解读】

这么多学生，孔子独说子路，因为子路当官，这种性格需要经常敲打。

【原文】

鲁人为长府。闵子骞曰："仍旧贯，如之何？何必改作？"子曰："夫人不言，言必有中。"

【意译】

鲁国的执政大臣改建长府金库，学生闵子骞说："原来不是好好的吗？为什么一定要改建？"孔子说："闵子骞这个人平时不说话，一开口就说到点子上。"

【解读】

原来金库好好的，执政者乱折腾，又要改建，劳民伤财。学生这种看法，孔子很赞成，而且对学生能够慎重考虑问题也很赞赏。

【原文】

子曰："由之瑟，奚为于丘之门？"门人不敬子路。子曰：

"由也升堂矣，未入于室也。"

【意译】

孔子说："子路弹瑟为什么在我这里弹呢？"为此孔子的学生瞧不起子路。针对这一情况，孔子说："仲由已经登上正厅，还没进入内室。"

【解读】

瑟（sè），古代乐器。孔子不喜欢子路到他那里弹瑟，不是不喜欢子路，而是子路弹的音调他不喜欢听，所以才说子路为什么在他那里弹瑟。这句话让学生产生误解，瞧不起子路。孔子针对这种情况作了解释，说子路的学问已经不错了，只是还没有达到精深的程度。升堂入室：堂，是指正厅，升堂，是说子路学识已经入门了，这已很不错了；室，是指内室，入室，是说还没有深入进去，达到精深的程度。这里表面说弹瑟，其实是在说做学问。

【原文】

子贡问："师与商也孰贤？"子曰："师也过，商也不及。"曰："然则师愈与？"子曰："过犹不及。"

【意译】

子贡问："老师，你看颛孙师（子张）和卜商（子夏）这两个人谁更优秀呢？"孔子说："师做事有些过头，商却有些达不到要求。"

子贡听后又问："这是不是说师更优秀呢？"孔子说："做过头和达不到同样不好。"

【解读】

谨小慎微，畏字当头，这也不敢做，那也不敢做，是缺点。但是，盲目冲动，做过了头，认为过头比做不到好，同样是缺点。"过犹不及"用现代思想解读，认为过度和不足，同样是错误的，同样会带来不良后果。

【原文】

季氏富于周公，而求也为之聚敛而附益之。子曰："非吾徒也。小子鸣鼓而攻之，可也。"

【意译】

季氏比周公还要富裕，而冉求却依然为其搜刮、聚集财富。孔子说："冉求不是我的学生，你们要大张旗鼓地抨击他。"

【解读】

据《左传·哀公》十一年和十二年文，鲁国季氏要用田赋制度增加税收，让冉求去征求孔子意见，孔子的意见是："施取其厚，事举其中，敛从其薄。"意思是，给老百姓施惠要多些，要多做些事情，而从老百姓那里收的要少些。可是冉求仍然听从季氏，实行田赋制度。孔子对此十分生气，才发动学生声讨他，态度十分明朗，是非观念非常明确。

【原文】

柴也愚，参也鲁，师也辟，由也喭。

【意译】

高柴愚笨，曾参迟钝，颛孙师偏激，仲由鲁莽。

【解读】

孔子不仅对各个学生的优点都很了解，对各个学生的缺点不足也都了如指掌。柴，高柴，字子羔，是孔子的学生。辟喭（yàn），粗鲁，鲁莽。

【原文】

子曰："回也其庶乎，屡空。赐不受命，而货殖焉，亿则屡中。"

【意译】

孔子说："颜回无论是道德还是其他方面都不错，可是很贫穷。端木赐没有经过准许就去经商，猜测行情竟然常常猜中。"

【解读】

孔子这里是在赞扬颜渊而批评端木赐。他认为颜渊即使受穷，也要遵守道德和规矩而不越轨，而端木赐却以投机求得富裕。不能将其理解为孔子安贫憎富。庶乎，差不多，不错。亿，同"臆"，猜测。

【原文】

　　子张问善人之道。子曰："不践迹，亦不入于室。"

【意译】

　　子张问怎么样才是善人，孔子说："善人不跟着别人的足迹走，故而道德和各方面都难以做到家。"

【解读】

　　子张问老师善人是怎么样的人，孔子回答，善人其基本条件不错，就是不善于向优秀的人学习，因此其品行达不到优秀人员的高度。如果只从"不践迹"的词意讲，不跟着别人的脚步走，走自己的路，有创新，与"亦不入于室"衔接不上。因此，可以这样解读，认为自己各方面都不错，不善于向他人学习，因此达不到一定的高度。无论如何解读，孔子都是希望向他人学习，使自己的品行不断达到新的高度。

　　按照文字，还有一种解读，怎样做才算是善人？善人不跟着别人的足迹走，走自己的路，并且不断追求，认为品德、学问还没有做到家，需要更加认真去做。意思是说，不要步别人的后尘，深入钻研，不断创新，追求更高的目标，永不满足。这里的善人，是指完善的人。这里"亦不入于室"的"不"，可作没有解，意思是，还没有做到家，还要继续努力去做。

【原文】

　　子曰："论笃是与，君子者乎？色庄者乎？"

【意译】

　　孔子说："要称赞言论诚实的人，这样的人是真正的君子呢，还是只是在表面伪装庄重呢？"

【解读】

　　这段话的意思是说，不能以言语看人。看一个人，不能只看这个人说话如何，而要察其言而观其行，看这个人是真老实还是表面装着老实。从而要求学生表里一致，不说假话，老老实实做人。

【原文】

子路问："闻斯行诸？"子曰："有父兄在，如之何其闻斯行之？"

冉有问："闻斯行诸？"子曰："闻斯行之。"

公西华曰："由也问闻斯行诸，子曰：'有父兄在。'求也问闻斯行诸，子曰：'闻斯行之。'赤也惑，敢问。"子曰："求也退，故进之；由也兼人，故退之。"

【意译】

子路问："听到了是不是就去做？"孔子回答："有父母兄长在，你怎么能一听到不征求他们的意见就去做呢？"

冉有问："听到了是不是就去做？"孔子回答："听到了就去做。"

公西华听到了老师的回答之后就问老师："子路问听到了是不是就去做，老师回答：'有父兄在，你怎么不听他们意见就去做呢。'冉有问听到了是不是就去做，老师回答：'听到了就去做。'两个人问的是同一问题，你的回答完全相反，我就感到很困惑，敢问老师这怎么理解？"孔子回答："冉有做起事来犹豫不决，优柔寡断，我是鼓励他大胆去做；而子路做起事来雷厉风行，鲁莽行事，因此我要他三思而行。"

【解读】

虽然学生问的是同一问题，但孔子针对两个学生的性格和行事方式，作了完全不同的回答。对于胆小怕事的学生，孔子鼓励他大胆去做；对于行事鲁莽的学生，则要他三思而后行，不是说教式的泛泛而论。

【原文】

子畏于匡，颜渊后。子曰："吾以女为死矣。"曰："子在，回何敢死？"

【意译】

孔子在匡这个地方被囚禁，脱离之后，颜渊赶了过来，孔子一见面就说："我以为你死了。"颜渊回答："你还活着，我怎么敢死？"

【解读】

这样的师生深厚感情，令人感动。患难之际见真情，相互牵挂，老师说，我以为你死了，再也见不到你了，学生说，你老人家还活着，我哪敢死。一个"敢"字表达了对老师的一片深情。

【原文】

季子然问："仲由、冉求可谓大臣与？"子曰："吾以子为异之问，曾由与求之问。所谓大臣者，以道事君，不可则止。今由与求也，可谓具臣矣。"

曰："然则从之者与？"子曰："弑父与君，亦不从也。"

【意译】

季子然问："仲由和冉求做大臣怎么样？"孔子回答："我以为你问的是别人，问的却是仲由和冉求两个人。所谓大臣，就是要以仁德来侍奉国君，如果行不通，就辞职不干。至于仲由和冉求，他们两个人可以说已经具备了做大臣的才能。"

季子然又问："那么，他们会一切顺从上级吗？"孔子说："杀父弑君这样的事，他们是不会顺从的。"

【解读】

季子然当是季氏的族人，季氏在鲁国掌握着实权，季子然提的问题，实际是问对辅佐季氏的看法。孔子对两个学生辅佐季氏不满意，但是当着季氏族人的面，不能说自己的学生，也不能涉及季氏，因此，先进行一般要求，应该如何如何。说到仲由和冉求，认为才能还是具备的，回避了涉及季氏和学生自身的问题。可是季子然并不满意孔子的回答，继续追问到服从的问题，孔子并没有直接回答，而是说要让他们二人杀父弑君他们是不会服从的。整个回答，把握分寸，既不讲得太满，又不贬损学生，介绍很客观。

【原文】

子路使子羔为费宰。子曰："贼夫人之子。"

子路曰："有民人焉，有社稷焉，何必读书，然后为学？"

子曰："是故恶夫佞者。"

【意译】

子路让子羔做费这个地方的长官，孔子说："你这是害了人家。"

子路说："这个地方有老百姓、土地和五谷，可以通过治民学习，为什么非要读书才有学问？"

孔子说："所以我讨厌强词夺理的人。"

【解读】

子路让子羔去做官，孔子批评子路害了子羔，子路对老师的批评不服，以理去辩。按照常理，子路给人家找到当官的职业，应该是一件值得高兴的事情，而且在工作中学习，也似乎不错，孔子却说是强词夺理。如何看待这个问题？我以为这不是谁先谁后的问题，而是孰轻孰重的问题。其一，人需要学习知识，学习做人处事，打好基础，你却让人当官，表面上是为人，其实是害人。其二，基础知识、智能、仁德和品行不具备就让人去做官，是当不好官的；而且当官之后学习的动力和自制力差了，学习容易被忽视。这里，孔子还有一点并未说出，就是你子路当了官，才能是有的，仁德做到了吗？其三，孔子认为做人、求得知识，比当官更重要，而子路把当官看得比学习、做人更重要，这是分歧的根本点。孔子没有直接批评学生，而是用讨厌强词夺理的人这一般用词来表达意见，这比"你这是强词夺理"更委婉，易于让学生思考和接受。

【原文】

子路、曾皙、冉有、公西华侍坐。

子曰："以吾一日长乎尔，毋吾以也。居则曰：'不吾知也！'如或知尔，则何以哉？"

子路率尔而对曰："千乘之国，摄乎大国之间，加之以师旅，因之以饥馑；由也为之，比及三年，可使有勇，且知方也。"

夫子哂之。

"求，尔何如？"

对曰："方六七十，如五六十，求也为之，比及三年，可使足民。如其礼乐，以俟君子。"

"赤，尔何如？"

对曰："非曰能之，愿学焉。宗庙之事，如会同，端章甫，愿为小相焉。"

"点，尔何如？"

鼓瑟希，铿尔，舍瑟而作，对曰："异乎三子者之撰。"

子曰："何伤乎？亦各言其志也。"

曰："莫春者，春服既成，冠者五六人，童子六七人，浴乎沂，风乎舞雩，咏而归。"

夫子喟然叹曰："吾与点也！"

三子者出，曾皙后。曾皙曰："夫三子者之言何如？"

子曰："亦各言其志也已矣。"

曰："夫子何哂由也？"

曰："为国以礼，其言不让，是故哂之。"

"唯求则非邦也与？"

"安见方六七十如五六十而非邦也者？"

"唯赤则非邦也与？"

"宗庙会同，非诸侯而何？赤也为之小，孰能为之大？"

【意译】

子路、曾皙、冉有、公西华四个学生陪坐在孔子身边。

孔子说："你们不要因为我年龄比你们大而不敢讲真话，你们平常闲谈时总是说：'没有人了解我呀。'如果有人了解你们，并想用你们，你们准备怎么办？"

子路不假思索地回答："有一个千乘之国，夹在大国之间，常受到外来侵略，国内又常年遭灾，让我去治理，用三年时间，可以使那里人人有勇气，个个懂道理。"

孔子听后微微一笑。

他转身问："冉求，你怎么样？"冉求回答："一个方圆六七十里或者五六十里的小国，我去治理，三年时间，可以使人民富足起来。至于礼乐，只有等待君子去实行了。"

孔子又转身问："公西华，你怎么样？"公西华回答："我不敢说我有能力，但我可以学习。有祭礼的工作，或者在与外国会盟时，我愿意穿着礼服戴着礼帽，当一个小小的傧相。"

他又转身问："曾点，你怎么样？"曾点正在弹瑟，听到老师问他，铿的一声将瑟放下，站起来回答："我的志向和他们三个不一样。"孔子说："没有关系，不要有什么顾虑，我正是要各人谈谈自己的志向。"

曾点在老师的鼓励下说："暮春时节，我已换上春天的衣服，约上五六个成人，六七个小孩，一起到沂水去洗洗澡，在舞雩台上吹吹风，一路唱着歌走回来。"

孔子长叹一声说："我赞成曾点的看法！"

子路、冉有、公西华走后，曾点问老师："他们三个人说的怎么样？"孔子说："不过各人说说自己的志向而已。"

曾皙又问："仲由谈后您为什么微微一笑呢？"孔子说："治理国家应该讲谦让，可是他的话一点都不谦虚，故而笑之。"

曾点接着问："难道冉有讲的就不是治理国家吗？"孔子说："怎见得方圆六七十里或者五六十里还不够一个国家呢？"

曾点又问："公西华讲的不是国家吗？"孔子说："祭祀礼仪，与外国会盟，这不是国家的事是什么？他说他只是当一个小小的傧相，那么谁可以当大傧相呢？"

【解读】

这是孔子对学生的一次考查，采取座谈式，席地而坐。在其他人谈时，曾点还弹着瑟，气氛很轻松。主题是各人谈自己的志向。孔子说，不要因为自己年长而有所顾虑，要讲真话，谈真实想法，期间鼓励曾点大胆讲自己的看法。因为是自己鼓励学生讲的，中间没有插言，只是在子路讲完后，微微笑了一下，在四个人都谈过之后，长叹一声说了"吾与点也"几个字。在其他三个学生走后，曾点问老师时，才对三个学生有针对性地加以点评。

按理说孔子对治国之志应该很感兴趣，可是他却赞同曾点的看法，这让人感到有些意外。其原因孔子未讲，引起后人困惑。我以为这正反映出，孔子并不是看重做官，而是看重做人。曾点是一个普通的人，他没有讲什么治国的大道理和远大抱负，他热爱生活，喜欢春天给他带来的温暖和欢乐。他不是一个人享受，约上一些成人和小孩，一起去河里游泳、一起去岸上高处吹风、一起唱着歌回家，共同享受着明媚的春天带来的欢乐生活，这不就是孔子追求的礼仪之邦与和谐社会吗？

【本篇思考】

"先进"取之于孔子讲的"先进于礼乐"的前两个字，这是特指性。

将"先进"二字单独提出来作为篇名，可以解读为，先学习礼乐，学习仁德，学习知识，学习做人处事，即先学习以武装自己，再进行实践、做事和为人处世。

先进，按现代理解，就是一切都走在前面，起模范作用和带头作用。首先要求从自己做起，追求进步，不甘人后，又能带动他人，共同进步。

从本篇看，孔子主要是在讲自己的学生。前面各篇主要是从学生自身言行评价学生，本篇则主要是孔子自己对学生的评价。这里传递两条信息，一条是他要求自己的学生成为品学兼优的"先进者"，成为社会的典范；另一条是他要求自己的学生成为社会的栋梁，成为他学说的坚定推行者和传播者。

颜渊篇第十二

【原文】

颜渊问仁。子曰:"克己复礼为仁。一日克己复礼,天下归仁焉。为仁由己,而由人乎哉?"

颜渊曰:"请问其目。"子曰:"非礼勿视,非礼勿听,非礼勿言,非礼勿动。"

颜渊曰:"回虽不敏,请事斯语矣。"

【意译】

颜渊问什么是仁。孔子回答:"严格约束自己,使自己的言行都合乎礼,就是仁。一旦这样做了,天下就达到仁了。实践和做到仁,全靠自己,还能靠别人吗?"

颜渊接着问:"怎么去做呢?"孔子说:"不合乎礼的事不看,不合乎礼的话不听,不合乎礼的话不说,不合乎礼的事不做。"

颜渊听后说:"我虽然愚笨,我也要按老师说的去做。"

【解读】

"克己复礼"这句话,由于对"复"的含义,人们一般理解为"恢复",这就产生了不同的解读。我的理解是,"克己"是指严格要求自己、约束自己。"复礼"可以这样解读,恢复应该有而丢失的礼制。例如孔子说的"德之不修,学之不讲,闻义不能徙,不善不能改"。复礼不仅是按礼制去做,而且要坚持将人们纳入到合乎礼制的轨道,如果真正让人们都能约束自己,使自己言行合乎礼制,这样天下就可以说达到仁了。这就要求每个人对于不合礼制的事,不看、不听、不说、不做,都能严格按礼制去做。只有这样理解,才可以为孔子的治国之道铺陈。这句话实际上起到了承前启后的作用。

说到这里,有一个问题:"非礼勿视",不看又怎么会知道是非礼呢!要知道其非礼就得看;既然知道其非礼,那一定是看过了,这又与勿视相违背!所以这本身就是一个逻辑悖论。"非礼勿听"也是如此。因此,把这"四非四勿"综合起来,我认为:孔子此处说的是要严格自律,言行要符合规范，对于那些违反和破坏制度、规矩、秩序的说法和做法，不能听信，也不能同流合污，而是要站稳立场，坚持原则，这样才能改变当前的动乱局面，恢复有序即"礼"的状态。"复礼"不应该是回到过去，而是由乱到治，由无序到有序。

【原文】

仲弓问仁。子曰："出门如见大宾，使民如承大祭。己所不欲，勿施于人。在邦无怨，在家无怨。"

仲弓曰："雍虽不敏，请事斯语矣。"

【意译】

学生冉雍（字仲弓）问什么是仁。孔子回答说："出外工作就像去接待贵宾一样庄重，役使百姓就像承担重大祭典一样认真。自己不想做的事情，不强加别人去做。这样在外面工作没有人怨恨你，就是在家里也没有人怨恨你。"

【解读】

这是对什么是仁从为人处事上加以体现。对工作就像接待贵宾一样认真负责，对于老百姓也不能随意呼来唤去，就像办祭典一样给予尊重和合理安排。你自己都不想做、做不到的事情，就不要强加给别人。这样无论是在工作岗位还是在家里，都不会让人埋怨和怨恨。如果这些都能做到，这就是仁。

【原文】

司马牛问仁。子曰："仁者，其言也讱。"

曰："其言也讱，斯谓之仁已乎？"子曰："为之难，言之得无讱乎？"

【意译】

司马牛问什么是仁。孔子回答："所谓仁，就是说话要谨慎。"

司马牛又问："言语谨慎，就叫作仁了吗？"孔子说："做起事来总是比较难，说话能不谨慎吗？"

【解读】

司马牛，姓司马名耕，字子牛，是孔子的学生。讱（rèn），迟钝，此处可作谨慎解。孔子对什么是仁的回答，根据不同的人和不同的情况，是有针对性的。这里可能是针对司马牛说话不谨慎而讲的。其字面意思是说，一件事情说起来容易而做起来要难得多，因此，做事一定要多做少说，踏踏实实去做。能够踏踏实实做事，老老实实做人，就是仁的体现。如果将其运用到从政上，就是说话算数，说到做到，不是只口头承诺而不兑现，开空头支票。

【原文】

司马牛问君子。子曰："君子不忧不惧。"

曰："不忧不惧，斯谓之君子已乎？"子曰："内省不疚，夫何忧何惧？"

【意译】

司马牛问什么是君子，孔子说："君子不忧愁，不畏惧。"

司马牛又问："不忧愁，不畏惧，这样就可以叫作君子吗？"孔子说："自己反省自己，问心无愧，这还有什么忧愁和畏惧的呢？"

【解读】

这段话也是有针对性的，如果在言语上，说话不谨慎，说大话，说空话，而在行动上，整天忧心忡忡，做起事来畏首畏尾，这也不敢做，那也不敢干，这哪能谈得上是君子？君子做事问心无愧，敢做敢为，有什么可忧愁和顾虑的呢？

【原文】

司马牛忧曰："人皆有兄弟，我独亡。"子夏曰："商闻之矣：死生有命，富贵在天。君子敬而无失，与人恭而有礼。四海之内，皆兄弟也。君子何患乎无兄弟也？"

【意译】

司马牛忧愁地说："别人都有兄弟，唯独我没有。"子夏说："我听说过：

人的生死都是由命运主宰，富贵都是由上天安排。君子只要对待工作严肃认真，不出差错，没有过失，对待别人恭敬而有礼貌，天下之大，到处都是你的兄弟，你又何必发愁没有兄弟呢？"

【解读】

这段话的意思是说，人出生在什么家庭，是穷还是富裕，有没有兄弟姊妹，这些都是上天的安排，都不是自己所能决定的。你的一生主要决定于你自己。你没有兄弟姊妹，但是只要你认真做事，善待别人，能够对别人好，普天之下，到处都有你的朋友，到处都是你的兄弟姊妹，何必为没有兄弟姊妹而担忧呢？"死生有命，富贵在天""四海之内，皆兄弟也"常被后世引用。这里的"命"和"天"，是指客观存在，客观规律，而不是神仙、上帝，否则就会陷入宿命论的泥潭。

【原文】

子张问明。子曰："浸润之谮，肤受之愬，不行焉，可谓明也已矣。浸润之谮，肤受之愬，不行焉，可谓远也已矣。"

【意译】

子张问怎么样才算是明白事理，孔子说："哪怕是一点一滴的谗言和对人有任何伤害的诬告，在你那里都行不通，这样就是明白事理了；哪怕是一点一滴的谗言和对人有任何伤害的诬告，在你那里都行不通，这样也就是有远见了。"

【解读】

谮（zèn），诬陷、中伤。愬（sù），控告、诬告。人们常常会听到一些谗言和诬告，往往让人是非不清，难以分辨，如果能够分清是非，不听谗言，谗言和诬告在你这里行不通，这样你不仅活得很明白，而且很有远见。

【原文】

子贡问政。子曰："足食，足兵，民信之矣。"

子贡曰："必不得已而去，于斯三者何先？"子曰："去兵。"

子贡曰："必不得已而去，于斯二者何先？"曰："去食。自古皆有死，民无信不立。"

【意译】

　　子贡问如何治理国家，孔子说："要治理好国家，必须做好三件大事：粮食充足，军备充足，老百姓对政府信任。"

　　子贡又问："这三件，如果不得已要去掉一件，先去掉哪一件？"孔子说："去掉军备。"

　　子贡接着问："剩下两件，如果不得已还要去掉一件，先去掉哪一件？"孔子说："那就去掉粮食。"对此，孔子解释说："自古谁都难免死亡，如果人民对政府缺乏信任，国家就站不起来了。"

【解读】

　　这段答疑主要是讲治理国家要抓好三件大事，足食意指民富，足兵意指国强，民信意指民心。这里是倒提问，即不是问立的先后，而是问去的顺序，因为割舍是最难决定的。其中孔子说的去食，不是不种粮食，不是断粮，不是饿死人，而是说，没有粮食，只要政府得到人民的信任，人民就会多种多产粮食，这样才不会饿死人；没有人民的信任，会有更多的人饿死。这段讲解，如果按顺序来讲，就是治理好国家最主要的是做好民富、国强、民信三件大事。人民对政府的信心是最重要的，只有人民对政府信任，才能凝聚人心，同心同德，为民富国强而奋斗。在民富国强两者中，先解决人民的吃饭问题，让人民先富起来，再让国家强盛起来。

【原文】

　　棘子成曰："君子质而已矣，何以文为？"子贡曰："惜乎！夫子之说君子也！驷不及舌。文犹质也，质犹文也。虎豹之鞟犹犬羊之鞟。"

【意译】

　　棘子成说："君子只要有好的素质就行了，为什么还要有文采呢？"子贡说："先生这样谈论君子，太可惜了！一言既出，驷马难追。素质与文采是同等重要的。假如将虎豹和犬羊两类兽皮拔去其毛，这样剩下的兽皮革就没有什么区别了。"

【解读】

棘子成，是卫国大夫，子贡称其的"夫子"是一种尊称。鞟（kuò），是指去掉毛的兽皮。棘子成是说，君子只要具备君子的品质就行了，何必还要什么礼节和文采那些形式呢？子贡不同意这种看法，他举两种动物为例，一类是烈性的虎豹，一类是温顺的犬羊，其实这两者皮的本质是一样的，但是有了有色彩的毛，才能区别哪类凶暴，哪类温顺。意思是说，人的品质和外在表现应是一致的，作为君子，不仅要具备君子的素质，而且要懂礼貌、懂礼节、有风度、有文采、有知识、有涵养。内有仁德，外有礼节；内有质，外有文。

【原文】

哀公问于有若曰："年饥，用不足，如之何？"

有若对曰："盍彻乎？"

曰："二，吾犹不足，如之何而彻也？"

对曰："百姓足，君孰与不足？百姓不足，君孰与足？"

【意译】

鲁哀公问有若（有子）："年成不好，国家用度不够，应该怎么办？"

有若说："为什么不实行十分抽一的税率呢？"

鲁哀公说："十分抽二都不够，怎么能十分抽一呢？"

有若说："如果百姓的用度够，你怎么会不够？如果百姓的用度不够，你怎么会够？"

【解读】

彻，是周朝的一种税收制度，以收获量的十分之一作为田税。从这段对话看，诸侯国的统治者，不一定按此征收，而是随意增加。特别是国家收成不好，财政不足，统治者不是按当时的税收制度，即以收成量的十分之一征收，而是想增加税收。有子反对这种做法，认为不应增加百姓负担，应该把精力用在生产自救上，只要百姓够用了，国君怎么会不够用？否则，百姓都不够用，国君怎么能够用呢？

【原文】

子张问崇德辨惑。子曰："主忠信，徙义，崇德也。爱之欲其生，恶之欲其死。既欲其生，又欲其死，是惑也。'诚不以富，亦祇以异。'"

【意译】

子张问如何提高品德、辨别是非。孔子说："能够坚持忠诚诚信，遵守道义，这样就能提高品德。爱一个人，就希望他长寿；厌恶一个人，恨不得他马上死去。既要他长寿，又要他短命，这便是困惑。《诗经·小雅》有这样一句话，大意是，不会因此得到好处，只会使人感到怪异罢了。"

【解读】

子张问的是两个问题，这两个问题有关联，有区别。一个是崇德问题，一个是辨惑问题。关于崇德，崇是推崇，德是道德、仁德、品德，崇德就是加强道德建设、道德修养，提高道德品质。对于如何崇德的问题，孔子说，最主要的是忠诚和信用，没有诚信，谈何品德？要讲道义，不做不义的事，不取不义之财。做到"忠信"和"义"，就是崇德。"忠信"和"义"是判断一个人品德的两个关键。关于辨惑，辨是分辨、识别，惑是困惑、疑惑，辨惑是将困惑弄清白，即分辨是非。孔子举例说，你是非分不清楚，这就是困惑；你将是非弄明白了，就没有什么困惑了。他引用《诗经》的一句话说，你的一些困惑对你并没有什么好处，只是让你感到很怪异。还是要靠加强道德修养和提高素质来解决。当然，困惑不完全与品德有关，往往还与素质有关，例如知识水平、文化素质、思想素质、认知和分辨能力等。

【原文】

齐景公问政于孔子。孔子对曰："君君，臣臣，父父，子子。"公曰："善哉！信如君不君，臣不臣，父不父，子不子，虽有粟，吾得而食诸？"

【意译】

齐景公问孔子怎样才能把国家治理好，孔子回答："国君要像国君的样子，大臣要像大臣的样子，父亲要像父亲的样子，儿子要像儿子的样子。"齐景公说："你说得很好，真要是君不像君，臣不像臣，父不像父，子不像子，即使粮食很多，我能吃得着吗？"

【解读】

齐景公是齐庄公的异母弟弟。鲁昭公末年，孔子到齐国时，齐大夫陈氏权势日重。齐景公爱奢侈，厚赋敛，施重税，不立太子，不听大臣劝谏，国内政治混乱，所以在问政时，孔子有针对性地这样回答，意思是说，你先将国家的秩序整顿好，不能君不君，臣不臣。齐景公虽然表面上赞同孔子的看法，实际并不采纳，依然不尽君道，后终于被陈氏篡位。

孔子提出的"君君，臣臣，父父，子子"，是说要治理好国家，首先要立规矩，各司其职，特别是为自己立规矩，当国君就应该像个国君的样子。这一点在书中多有论述，如"为政以德""仁者爱人""先之劳之""君使臣以礼，臣事君以忠""子帅以正，孰敢不正？""子欲善而民善矣"等等。但是，这个论述，被封建统治者作为封建等级制度的依据，变成了"君为臣纲，父为子纲，夫为妻纲"，天子具有至高无上的特权，歪曲了孔子的原意。

【原文】

子曰："片言可以折狱者，其由也与？"

子路无宿诺。

【意译】

孔子说："根据一方的陈词就可以判决案件的，大概只有子路吧。"

子路能够履行诺言，从不拖延。

【解读】

这句话是孔子批评子路还是赞成子路呢？从上下句来看，应该是赞扬子路，说他通过少量的问话就可以判案，能及时兑现诺言。另一方面，根据孔子多次批评子路鲁莽、冒失来看，也可能是，只根据一方的言辞就判案的，只有子路敢这样做。是说，怎么能根据一方的言辞就做决定？太不严谨了。但是无论是赞成正直还是批评鲁莽，这种听取单方意见的方式都不可取。因此，我以为，采取孔子对子路不赞成为好。至于后一句话，不大可能是孔子的意思，很可能是孔子学生对孔子讲的上述话的看法，意思是说，子路这个人也有他的好处，就是能够履行诺言，说到做到，处理案子不拖泥带水，不会拖下不管，该判的能及时判处，这是子路的优点。不过学生的这种看法，也反映了孔子的看法，孔子不会将子路看得一无是处，子路在其"七十二贤"之列，也证明了这一点。他的批评是在常常敲打子路。

【原文】

子曰："听讼，吾犹人也。必也使无讼乎！"

【意译】

孔子说："审理诉讼案件，我和别人差不多，我要使诉讼这类案件完全消失才好！"

【解读】

据《史记·孔子世家》记载，孔子在鲁定公时期做过大司寇，大司寇是负责刑部的官员，孔子说的大概是指做司寇的事。这段话的意思是，我虽然管的是诉讼这方面的事，但是我不是和别人一样只是审理案件，我要通过提高人们的仁德而防止诉讼的发生。他有一个著名的观点就是："道之以政，齐之以刑，民免而无耻；道之以德，齐之以礼，有耻且格。"意思是，只用行政和刑罚的手段强行执行，可以使人不敢去做，却不能让人心里觉得耻辱而不想去做；只有用德和礼来感化人们，才能使人有耻辱感而内心不愿去做。孔子说的大概就是这个意思。判案，不仅是断决，惩治违法犯罪，坚持公平正义，而且要通过判案，使人从中真正受到教育，以杜绝违法犯罪的发生。

【原文】

子张问政。子曰："居之无倦，行之以忠。"

【意译】

子张问如何治理国家，孔子说："处在职位上不要厌倦懈怠，执行国家政令要尽以忠心。"

【解读】

将你安排在一个职位上，一定要尽职尽责，不能有任何偷懒懈怠和玩忽职守，对待交给你的工作一定要兢兢业业，踏实认真，不能三心二意、挑三拣四。对国家政令要坚决执行，为国尽忠，不能阳奉阴违，对国家不忠。

【原文】

子曰："博学于文，约之以礼，亦可以弗畔矣夫！"

【意译】

孔子说："君子能够广泛学习知识，又能够严格用礼节约束自己，这样就不会做出越轨的事情！"

【原文】

子曰："君子成人之美，不成人之恶。小人反是。"

【意译】

孔子说："君子成全别人的好事，不促成别人的坏事。小人却与此恰恰相反。"

【解读】

这是要人支持、促成、成全别人做好事，而不是纵容、促成、支持别人做坏事，这是区分你是君子还是小人的一个重要方面。

【原文】

季康子问政于孔子。孔子对曰："政者，正也。子帅以正，孰敢不正？"

【意译】

季康子问孔子什么是政，孔子说："政是什么？就是端正。只要领导者自己端正，有谁敢不端正？"

【解读】

帅是军队的将领，这里是针对鲁国掌实权的季康子，广义是指当政者，意思是，要治理好国家，当政者自己要端正，行得端，走得正，只要你自己能够严格要求自己，能首先带头去做，臣民也都不敢胡作非为，这样才能把国家治理好。当政者自己花天酒地，荒淫无度，追求享乐，行为不端，必然上梁不正下梁歪，上行下效，国家怎么能治理好？

【原文】

　　季康子患盗，问于孔子。孔子对曰："苟子之不欲，虽赏之不窃。"

【意译】

　　季康子苦于盗贼太多，问孔子有什么办法。孔子回答："如果你自己不贪图钱财，就是奖励他们盗窃，他们也不会干。"

【解读】

　　季康子问如何治理盗窃问题，孔子回答："当政者自己不贪财，就是奖励盗窃他们也不会去干。"孔子态度十分明确，要治理好盗窃，首先要自己不贪财；要管好民众，首先要管好自己。盗窃，是一种社会现象，从某种意义上说，是国家治理好差的反映。孔子认为主要是当政者造成的，是当政者贪得无厌，搞得民不聊生，盗窃由此而生；是当政者自己花天酒地，荒淫无度，上行下效，治而不止。他毫不隐晦地对季康子说，盗窃问题，要从当政者身上找原因，可以说是一针见血。

【原文】

　　季康子问政于孔子曰："如杀无道，以就有道，何如？"孔子对曰："子为政，焉用杀？子欲善而民善矣。君子之德风，小人之德草。草上之风，必偃。"

【意译】

　　季康子问治理国家的办法，他说："如果能杀掉坏人，以此促使他们走正道，这样做怎么样？"孔子回答："你治理国家，为什么要杀戮？你自己想成为有德行的人，老百姓也会有德行。当政者的德行好比风，老百姓的德行好比草，风向哪边吹，草就会向哪边倒。"

【解读】

这里将季康子治理国家的办法直接了当地表达出来，就是用杀戮的暴政来剥削和镇压人民。孔子的回答也比较直接，说，你治理国家为什么要用杀戮的办法？要采用德治的办法，这个办法就是以你的德行来感化人民。他用风和草来比喻统治者和人民，说当政者的德行好比风，老百姓的德行好比草，风向哪边吹，草就向哪边倒。这段话比上两段话更直白，更透彻，直接针对季康子，道出当时统治者暴政的本质，并提出"子欲善而民善矣"的政治主张。

【原文】

子张问："士何如斯可谓之达矣？"子曰："何哉，尔所谓达者？"子张对曰："在邦必闻，在家必闻。"子曰："是闻也，非达也。夫达也者，质直而好义，察言而观色，虑以下人。在邦必达，在家必达。夫闻也者，色取仁而行违，居之不疑。在邦必闻，在家必闻。"

【意译】

子张问："读书人怎么才叫作达？"孔子反问："你所说的达是什么意思？"子张说："在国家做官时要有名望，在卿大夫那里做事也一定要有名望。"孔子说："你说的是闻而不是达。达就是品质正直而且重道义，善于根据言行而了解意图，对人谦让，这样在国家就能达到要求，在卿大夫那里也能达到要求。至于闻，表面上装着仁德的样子，而实际上违背仁德，并且以仁人自居而心安理得，这样的人在国家任职时一定会骗取名望，在卿大夫那里做事时也一定会骗取名望。"

【解读】

这段话重点是对"闻"和"达"的理解上。闻是指有名望、声望，达是指达到，达到要求，达到目标，达到仁德标准，达到人生目标等。子张问什么是达，孔子反问，你所说的达是什么意思？子张回答是指有名望。孔子说，你所说的是闻而不是达。这个问题不仅子张存在，而且在其他学生甚至少人的认识上都存在，他们将人生目标放在成名和取得名望上，以为这样就达到了人生的目标。孔子指出，闻不是达，达是实实在在地做到、达到，是实绩。他尖锐地指出，有些有名望的人，表面上装作正人君子，而在行为上却违背仁德，其名望是徒有虚名，是骗人的。他在告诉学生，知识分子做事要重品行，要在事业上达到要求，取得成就，而不是看重名望，求得虚名。

【原文】

樊迟从游于舞雩之下，曰："敢问崇德、修慝、辨惑。"子曰："善哉问！先事后得，非崇德与？攻其恶，无攻人之恶，非修慝与？一朝之忿，忘其身，以及其亲，非惑与？"

【意译】

樊迟伴随孔子游于舞雩台下，樊迟问道："怎样提高品质？怎样去掉邪恶？怎样辨别是非？"孔子回答："你问得好！先付出劳动，然后通过劳动取得报酬，这不是提高品质吗？多检查自己的缺点，不指责别人的缺点，这不是消除邪恶吗？出于一时的愤恨，忘了自己和亲属的安危，这不是犯糊涂吗？"

【解读】

樊迟问了三个问题，这三个问题都非常重要。一个是提高品质问题，通过劳动取得正当收入，而不是不劳而获，这就是提高了品质。解读为好事争着去做，好处最后去得，也说得通。一个是消除邪念的问题，一般可解读为消除私心杂念，遇事不是只看自己的长处，批评别人的短处，不以自己的长处与别人的短处相比，这样才能消除私心杂念。解读为消除怨恨，也可。还有一个是辨别是非的问题。出于一时的愤恨，失去理智，做出危及自己甚至连累家人和亲属的事，这就是犯糊涂。因此，要提高品德，就是踏踏实实做事，不取不义之财；要消除私心杂念，就要多看自己缺点，多看别人长处，遇事不要首先考虑自己，要为别人着想；要识别是非，就要无论遇到什么事，都要把握住自己，理性冷静思考问题，才能不做糊涂事。慝（tè），邪恶。

【原文】

樊迟问仁。子曰："爱人。"问知。子曰："知人。"

樊迟未达。子曰："举直错诸枉，能使枉者直。"

樊迟退。见子夏曰："乡也吾见于夫子而问知，子曰：'举直错诸枉，能使枉者直。'何谓也？"

子夏曰："富哉言乎？舜有天下，选于众，举皋陶，不仁者远矣。汤有天下，选于众，举伊尹，不仁者远矣。"

【意译】

樊迟问孔子什么是仁，孔子回答："爱惜人才。"樊迟问什么是智，孔子回答："知人善任。"

樊迟还不大理解，孔子指出："就是要把正直的人提拔起来，放在不正直的人之上，这样才能使不正直的人变得正直起来。"

樊迟还是没有完全弄明白，从孔子那里出来后，遇见子夏说："刚才我去见老师，问什么是智，老师说：'把正直的人提拔起来，放在不正直的人之上。'这话是什么意思？"子夏说："老师的话含义多么丰富呀！舜得了天下，从众人中选拔人才，把皋陶提拔起来重用，不正直的人得不到重用，就起不到什么作用（执政也就正了，风气也就正了）。汤得了天下，从众人中选拔人才，把伊伊提拔起来，不正直的人得不到重用，就起不到什么作用。"

【解读】

用人是关乎仁政即国家能否治理好的关键问题。这里孔子回答什么是仁的问题，主要体现在用人上，就是爱惜人才，知人善任。要做到这一点，就必须把思想品质好的正直人提拔起来，把其放在思想意识不好的不正直的人之上。"能使枉者直"，从狭义上讲，就是能使不正直的人正直起来，起码使他们不能起不好的作用。从广义上讲，就是使正气上升，邪气下降。学生用历史上舜和汤用对人而天下治的事例，深刻理解孔子的用人思想。

【原文】

子贡问友。子曰："忠告而善道之，不可则止，毋自辱也。"

【意译】

子贡问如何交友，孔子说："忠心地劝告他，好好地开导他，如果他不听从，也不勉强，不要自找侮辱。"

【解读】

如何交友？就是朋友有什么做得不对的，实心善意地去劝告他，有什么想不开的事情，要耐心地开导他，如果他听不进去，不要勉强，以免好事未做成，反而自受其辱，落得无趣。这里强调"忠告"和"善道"，要有耐心，不要操之过急，否则反而起不到好的效果。

【原文】

曾子曰："君子以文会友，以友辅仁。"

【意译】

曾子说："君子用文章学问与朋友结交，用朋友来帮助培养仁德。"

【解读】

交朋友大致有两种，一是酒肉朋友，哥们义气；另一种是真诚相待，互相交心。曾子是对自己的学生说的，他认为正确的是后者，这些学生是有知识层次的，应该用文章和学问相互交流，通过交流和交往帮助自己培养仁德，提高自己的道德修养和品德。这里曾子强调的是仁德，强调的是提高自己。就一般而言，交流是相互的，不仅能提高知识水平，而且能通过交流交往，增进了解、帮助友谊的加深，对双方有益，对社会有益。

【本篇思考】

本篇以颜渊命名，不仅是因为开篇以颜渊向孔子提问开始，还因为颜渊是孔子最得意的门生，对孔子的学说学习得最认真，体会得最深刻，研究得最透彻，奉行得最坚决，是"闻一而知十"的学生，故而以颜渊开篇，后半篇将孔子的治国学说逐步展现开来。

如果说以第十篇为分界，《论语》前半部以社会治理为主线，主要论述以孝悌为核心的家庭伦理和以仁德为核心的社会伦理主张，这里主要是指仁德，重点在道、德、仁、礼四个方面；那么从本篇开始的后半部，是以国家治理为主线，主要以仁政为核心，强调以仁治国，以德治国。

　　本篇主要回答什么是仁、什么是政两个问题，将"仁"提到"仁政"上来。提出不少重要观点，如在"仁"上，提出"克己复礼为仁""己所不欲，勿施于人"等；在"政"上，提出"君君、臣臣、父父、子子""足食、足兵、民信""仁者爱人""政者，正也""子欲善而民善矣"等主张。

　　我将本书的主题定为治国之道。社会治理是治国的一个重要组成部分，以此为据，上述划分也说得过去。但是纵观全书，这样划分为两个部分，似乎不是最好的方法。深而探之，如果突显治国，当政者是主导，应是治国先治政。这样全书的结构可以这样表述，仁指仁德，首先是当政者的仁德，以当政者的仁德施行仁政，上边治好了，上层风气正了，社会伦理就好推行了，这样更能体现孔子的治国思想。

子路篇第十三

【原文】

　　子路问政。子曰："先之，劳之。"请益。曰："无倦。"

【意译】

　　子路问怎样从政，孔子回答："自己带头去做，以此带动老百姓辛勤工作。"子路请老师多讲一些，孔子说："只要按上面说的，坚持不懈地去做就行了。"

【解读】

　　子路当官，问从政如何去做，孔子只讲了四个字："先之，劳之。"意思是说，你不要光想着如何使役百姓，首先你要带头，各方面严格要求自己，事事走在前面，然后再要求百姓。子路希望老师再多讲一些，孔子说这四个字就够了，只要你能按此认真去做，坚持下去，能做好就不错了。给你讲得再多，不照着去做，有什么用呢？这句话，也是对所有当政者说的。

【原文】

　　仲弓为季氏宰，问政。子曰："先有司，赦小过，举贤才。"

　　曰："焉知贤才而举之？"子曰："举尔所知；尔所不知，人其舍诸？"

【意译】

　　孔子学生仲弓在季氏手下做官，他问孔子如何治理国家。孔子说："自己要起带头作用，对别人的小过错不计较，推荐选拔优秀人才。"

　　仲弓接着问："怎样识别优秀人才并将其提拔起来？"孔子说："你推荐提拔你知道的人；那些你所不知道的，别人难道会埋没他吗？"

【解读】

　　对如何治理国家问题，孔子对子路是有针对性地提出"先之劳之"的观点，这是对当政者的首要要求，先从自己做起。在回答仲弓（冉雍）同样的问题时，讲了三个重要问题，第一个同样是带头问题；第二个是如何看人的问题，要看人的大节，要用人的长处，不要抓住一些小的过错不放，这是用好人才、发挥人才作用的一个重要方面；第三个是选拔重用优秀人才的问题。治理好国家关键是用好人才，要将优秀人才提拔起来，放在重要岗位。仲弓问及怎样才能举贤才，孔子重点强调必须选拔重用你知根知底、能够靠得住的人才，不能把自己不了解的人贸然重用起来。至于其他优秀人才由了解其人的人提出来。这是针对推荐者是官员讲的，重点是讲识人，只有识人，才能用好人；要做到识人，就必须了解人。

【原文】

　　子路曰："卫君待子而为政，子将奚先？"

　　子曰："必也正名乎！"

　　子路曰："有是哉，子之迂也！奚其正？"

　　子曰："野哉，由也！君子于其所不知，盖阙如也。名不正，则言不顺；言不顺，则事不成；事不成，则礼乐不兴；礼乐不兴，则刑罚不中；刑罚不中，则民无所措手足。故君子名之必可言也，言之必可行也。君子于其言，无所苟而已矣。"

【意译】

　　子路问："如果卫国国君要你去治理国家，你首先怎么做？"

　　孔子回答："必定是先正名分。"

　　子路说："您竟然这么迂腐！要正什么名分？"

　　孔子说："仲由（子路），你真粗野！君子对他不懂的地方，大概都是采取存疑态度。名分不正，说话理就不顺；说话理不顺，事情就办不成；事情办不成，国家礼乐制度就建立不起来；国家礼乐制度建立不起来，刑罚运用就不会得当；刑罚运用不得当，老百姓就不知道该怎么办。因此，只有正了名分，君子说的话才有了根据，说出的话也一定能行得通。作为君子，对自己的言行是不会随意和马虎的。"

【解读】

　　这是师生的一次思想交锋，学生说老师迂腐，老师说学生粗野，多么直截了当，多么态度鲜明。思想交锋是围绕"正名"而展开的。对于什么是正名，我的理解是，治理国家首先要立规矩。有了规矩，说话才有章可循，说话算数；说话有章可循，事情才能做成；事情能够做成，国家制度才能建立起来；国家有了制度，刑罚才有了根据；国家刑罚有了根据，老百姓就知道该怎么办。反之，名分不正，你说的话没有根据，说话随意；说的话随意，不算数，任何事就办不成；事情办不成，制度也立不起来；没有制度，刑罚没有依据，就会乱套；刑罚混乱，老百姓就会无所是从。最后孔子总结，必须先正名分，有了名分，说话才有依据，说的话也才能行得通，"名之必可言，言之必可行。"作为君子，不能没有规矩，信口开河。后来封建社会将"正名"作为君权至上和等级社会的理论基础，是对孔子正名说的扭曲。奚（xī），何，什么。阙（quē），同"缺"，阙如，欠缺，这里指存疑。错，同"措"，安置、安排、处置。"无所措手足"，不知道手脚放在什么地方，即不知道该怎么办。

【原文】

樊迟请学稼。子曰："吾不如老农。"请学为圃。曰："吾不如老圃。"

樊迟出。子曰："小人哉，樊须也！上好礼，则民莫敢不敬；上好义，则民莫敢不服；上好信，则民莫敢不用情。夫如是，则四方之民襁负其子而至矣，焉用稼？"

【意译】

樊迟请教如何种庄稼。孔子说："这方面我不如老农。"又请教如何种菜。孔子说："这方面我不如菜农。"

樊迟走后，孔子说："樊须（樊迟）是个胸无大志的人。当政者注重礼节，老百姓就没有人敢不恭敬；当政者注重道义，老百姓就没有人敢不服从；当政者注重诚信，老百姓就没有人敢不诚实。如果能做到这样，四面八方的老百姓就会背着小孩来投奔，用得着自己去种庄稼吗？"

【解读】

首先要弄清两个问题，一个是"小人"的称谓问题。孔子这里所说的小人，不是与"君子"相对比的"小人"，那种小人是不讲仁德和信义的小人，这里的"小人"是指胸无大志的人。另一方面，孔子这里谈的不是选择职业问题，或者说不是种庄稼行不行的问题，而是讲学习的重点。不能将此理解为孔子看不起务农。孔子没有当面给樊迟讲道理，是认为樊迟存在的问题，不是樊迟一个人才有的问题，他是用这个事例教育大家。当政者要以礼、义、信取得民敬、民服、民情，从而使四面八方扶老携幼前来投奔。孔子教育学生要做这样的人。这也证明，孔子教育的目的是推行自己的治国思想，培养治国人才，学农务农不是他关注的问题，所以对樊迟之问很不满意，说他是没有远大志向的人。

【原文】

子曰："诵《诗》三百，授之以政，不达；使于四方，不能专对；虽多，亦奚以为？"

【意译】

孔子说："熟读了《诗经》三百篇，给他交办政事，他办不到；让他出使外国，他不能独立应对；虽然读书很多，有什么用处？"

【解读】

孔子是学习和实践相结合的统一论者，他教育学生要多读书，多学习，但是，不是死读书，而是强调学以致用。

【原文】

子曰："其身正，不令而行；其身不正，虽令不从。"

【意译】

孔子说："当政者自身品行端正，就是不发号施令，老百姓都会去做；如果当政者自身品行不端正，即使你发号施令，老百姓也不会服从。"

【解读】

孔子一直强调当政者的带头和典范作用，强调当政者自身的品行和政治清明，这段论述更明确。自身正就是无声的命令，就会感召老百姓对政府产生信任感，从而自觉贯彻；如果当政者自身品行不端正，即使你强迫命令，采取高压政策，也不能压服老百姓去认真贯彻。孔子的这一论述，可以说切中了现今社会的某些时弊。有的领导干部坐在台上大讲廉政，台下却以权谋私，甚至贪污犯罪，给党和政府的形象造成了极大的损害。一度出现的某种程度上的信任危机，正是由此引起的。

那么，是这些干部不明白以身作则的重要性吗？是他们没有接受过这方面的教育吗？当然不是。既然他们都明白这些道理，为什么还要反其道而行之？这一方面说明，他们只是懂得了这方面的知识，而没有内化为自己的品行；另一方面说明：教育是重要的，但不是万能的，还必须有纪律约束，必须建立对权力的监督机制。

【原文】

子曰："鲁卫之政，兄弟也。"

【意译】

孔子说："鲁国的政治状况与卫国的政治状况，就像兄弟一样。"

【解读】

鲁国是周公姬旦的封地，卫国是周公弟弟康叔的封地。孔子这句话的意思是说，鲁国和卫国都是周公的封地，那个时候是周朝的兴盛时期，两国治理得好就像兄弟一样。但是，现在两国的政治和礼仪都衰退了，都治理得不行，还都像兄弟一样。但是，不能仅从历史和地缘的关系来解读，也不能只从政治状况相同来理解，实际是对两国治理不好的不满。

【原文】

子谓卫公子荆："善居室。始有，曰：'苟合矣。'少有，曰：'苟完矣。'富有，曰：'苟美矣。'"

【意译】

孔子说到卫国公子荆，说："这个人很会过日子，刚有一点财产，便说：'这差不多够了。'再增加一点，他说：'已经完备了。'日子富裕了，他说：'这简直是完美了。'"

【解读】

孔子是赞扬公子荆会过日子，而且说公子荆没有欲念和贪心，他有一种适应感和满足感。生活艰苦时，他认为虽然条件差，生活过得去就行了。这样没有欲念和贪心的人，生活得到改善，就容易满足。不管日子如何，始终有幸福感。

【原文】

子适卫，冉有仆。子曰："庶矣哉！"

冉有曰："既庶矣，又何加焉？"曰："富之。"

曰："既富矣，又何加焉？"曰："教之。"

【意译】

孔子到卫国去，冉有驾车陪往。孔子说："卫国的人口众多呀！"

冉有问："人多了，之后该怎么办？"孔子说："让他们富起来。"

冉有又问："富裕了后怎么办？"孔子说："教育他们。"

【解读】

这是孔子带学生到诸侯国去考察，针对该国国情提出的治国之策。总共只讲了七个字。"庶矣哉"，就是讲人口众多的国情，其治国之策，是先"富之"，解决吃饭问题，让人民富裕起来，即民富。解决了吃饭问题之后，"教之"，发展教育，教育人民。这虽然只是七个字，却讲的是治国的大道理、大理论，言简意赅，切中核心，思想深刻，是切实可行的治国良策。孔子这里讲的"先富后教"的主张，不是谁轻谁重的问题，而是先后问题。民生问题、吃饭问题始终是第一位的问题，肚子吃饱了，生活富裕了，才谈得上教育。这并不是说，教育不重要。这也并不是说，只有到了富裕之后再进行教育，再发展教育。这里包含两层含义：一是发展经济，让人民真正感到生活水平的提高，教育才有说服力，才能激励人民参加经济建设；二是在发展经济的同时，加大教育的投资，使教育得到不断发展。

【原文】

子曰："苟有用我者，期月而已可也，三年有成。"

【意译】

孔子说："如果任用我治理国家，一年就有大的变化，三年就会有成效。"

【解读】

本段可做这样的解读，孔子认为，如果用他的治国之策，一年就可以有大的改变，三年就会出成效。这里的"任用"，可做按我的主张办来解读。这段话，反映了他坚持自己主张的一种决心和信念。期（jī），期月，一年。

【原文】

子曰："'善人为邦百年，亦可以胜残去杀矣。'诚哉是言也！"

【意译】

孔子说："'善人治理国家一百年，也就可以战胜残暴和免除杀戮了。'这句话说得真对呀！"

【解读】

此处孔子是引用别人说的话，认为这句话说得不错。残暴和杀戮是当时的社会弊端和顽症。这里的"善人"是指有能力也有坚定不移信念的人，意思是只要善人能下决心治理，就会战胜残暴和杀戮。引用别人的话，实际是他的看法，是从治理的角度提出来的。"一百年"表示有这个决心，一定会做到。

【原文】

子曰："如有王者，必世而后仁。"

【意译】

孔子说："如果有圣明的王者出现，必定需要三十年才可以实现仁政。"

【解读】

世，三十年为一世。孔子这段话包含几个重要问题：一是圣明的君王对国家治理起决定性作用；二是圣明的君王很难得，求之不易；三是只有圣明的仁君，才能施行仁政，但也要经过二三十年才能够实现。

【原文】

子曰："苟正其身矣，于从政乎何有？不能正其身，如正人何？"

【意译】

孔子说："能够端正自己的品行，治理国家还能有什么困难？自己的品行都不端正，怎么能端正别人呢？"

【解读】

这段话的中心意思是"正其身"，就是当政者首先要自己品行端正，只要自己行得端，走得正，治理国家就不会有什么困难，人们会"不令而行"；自己的品行都不端正，怎么能让人们品行端正？又怎么能治理好国家呢？只能是"虽令不从"。

【原文】

冉子退朝。子曰："何晏也？"对曰："有政。"子曰："其事也。如有政，虽不吾以，吾其与闻之。"

【意译】

冉有退朝，回来晚了，孔子问："为什么回来得这么晚？"冉有说："有政务要办。"孔子说："那只是一些事务。如果有政务，我现在虽然没有被任用，我也是会知道的。"

【解读】

冉有（冉子）在季氏手下做事，回来晚了，老师问一下，也是常情。冉有回答，有政事，也没有错。孔子最后一段话，也似乎只是一般的批评。我想，碰到这样晚的情况也不会少，孔子的批评也会有，但是为什么学生要把这段话记录入用呢？这里有两个关键字，一个是"政"，一个是"事"。政，是指政务，事，是指事务，这里可以理解为季氏的事务。这两者是有区别的。冉有回答的是政务，孔子指出的真义是，这么晚能有什么政务要办？你是在为季氏办私事。至于最后一句解读，杨伯峻先生引用《左传·哀公》记载，季氏用田税的事征求孔子的意见，并说："子为国老，待子而行。"可见孔子说的"如有政，吾其与闻之"这句话是有根据的。

【原文】

定公问："一言而可以兴邦，有诸？"

孔子对曰："言不可以若是其几也。人之言曰：'为君难，为臣不易。'如知为君之难也，不几乎一言而兴邦乎？"

曰："一言而丧邦，有诸？"

孔子对曰："言不可以若是其几也。人之言曰：'予无乐乎为君，唯其言而莫予违也。'如其善而莫之违也，不亦善乎？如不善而莫之违也，不几乎一言而丧邦乎？"

【意译】

鲁定公问："一句话可以使国家兴盛，有没有这种情况？"

孔子回答："并不是像说一句话这么简单，不过有人说：'做国君难，做臣也不容易。'如果能够懂得做国君的艰难，这不差不多是一句话可以使国家兴盛吗？"

鲁定公又问："一句话可以使国家灭亡，有没有这种情况？"

孔子回答："并不是像说一句话这么简单。不过有人说：'做国君没有感到有什么快乐，就是我讲的话没有人敢违抗。'如果你讲的话正确，没有人违抗，这不是很好吗？如果你说的话不正确，也没有人违抗，这不差不多是一句话可以使国家灭亡吗？"

【解读】

作为一个国君，向孔子提出可不可以用一句话兴国和一句话亡国这样的问题，孔子引用别人的话，其意思是，并不是像你说的那么简单，但是如果用一句话概括，就是你要知道你做国君很难，也要理解体贴下属，知道他们的难处，也才能知道做百姓的难，关心百姓的疾苦。你要让我用一句话概括，就是要用你的言行做好国君。对于一句话亡国，这包含两个方面，如果你做的错误决策，可以造成重大损失，会亡国。即使你的错误决策不属重大，但是听不到正确意见，形成习惯，也非常危险，不加纠正，也可能会导致亡国。

【原文】

叶公问政。子曰："近者说，远者来。"

【意译】

叶公问如何治理国家，孔子回答："能使近处的人高兴快乐，能使远处的人来投奔你。"

【解读】

叶公，姓沈名诸梁，楚国大夫。叶公问孔子如何治理国家，孔子的回答是，一个国家治理得好不好，是看这个国家人民是否安居乐业、生活快乐幸福，同时，也看这个国家是否能够吸引别处的人来投奔，"四方之民襁负其子而至矣"。如果从吸引人才讲，治理国家需要人才，国家的政策能让人才快乐安定，能够吸引人才投奔，也讲得通。

【原文】

子夏为莒父宰，问政。子曰："无欲速，无见小利。欲速，则不达；见小利，则大事不成。"

【意译】

子夏在莒父这个地方当官，问老师如何从政，孔子说："不要图快，不要贪图小利。图快，反而达不到目的；贪图小利，就办不成大事。"

【解读】

速度和利是治国的两件大事。在速度问题上，孔子认为不能片面追求速度，过于追求速度，反而达不到治国的要求和目的。意思是，你不要着急，马上就想一下子治好国，这样反而治理不好。关于利，不能急功近利，只顾眼前利益和蝇头小利，贪图小利就办不成大事。要看长远利益，要顾整体利益，抓大事，顾全局，这样才能把国家治理好。这是要子夏抓大事，办大事，不能目光短浅，贪图小利。这两个问题虽是对学生讲的，也是通用的大道理。

值得注意的是，对所谓"大事"要正确认识，辩证看待，不能机械化、随意化。在现实中，各个层次的领导干部都说要抓大事，有的领导干部常常以"抓大事"为由，而忽视对具体工作的重视和现实问题的解决，甚而好大喜功，热衷于搞形象工程、面子工程，造成了后患。

【原文】

叶公语孔子曰:"吾党有直躬者,其父攘羊,而子证之。"孔子曰:"吾党之直者异于是:父为子隐,子为父隐,直在其中矣。"

【意译】

叶公告诉孔子说:"我这里有个坦白直率的人,他父亲偷了羊,他便告发了父亲。"孔子说:"我们那里坦白直率的人和你们不同:父亲替儿子隐瞒,儿子替父亲隐瞒,我们那里的直率就体现在这里。"

【解读】

按照现代理解,儿子告发父亲偷羊,应该是对的,而孔子将"父为子隐,子为父隐"说成是直率,似乎并不在理。这涉及一个父子之间应不应该为对方隐瞒的问题,孔子之所以这样说,是按照"孝"和"慈"的要求,到底是对是错,要看是什么问题。揭父之短,揭子之短,不一定都正确。重大问题、大是大非问题、违法犯罪问题,就不能"父为子隐,子为父隐"。

【原文】

樊迟问仁。子曰:"居处恭,执事敬,与人忠。虽之夷狄,不可弃也。"

【意译】

樊迟问什么是仁,孔子说:"平时在家里端庄安泰,工作认真负责,为人忠诚守信。这些品质即使到了边远少数民族地区,也不能放弃。"

【解读】

夷狄,是当时对边远少数民族歧视的称谓,解读为少数民族地区,或者诸侯国外均可。笼统称国外,容易产生不是中国国土的误解。一是在家里恭,二是对待工作敬,三是为人处事、待人忠。做到这三点,就是仁,即这三点是仁的体现。孔子在不同场合,对什么是仁,做不完全相同的回答,这些均是仁的体现。

【原文】

子贡问曰:"何如斯可谓之士矣?"子曰:"行己有耻,

使于四方，不辱君命，可谓士矣。”

日：“敢问其次。”曰：“宗族称孝焉，乡党称弟焉。”

日："敢问其次。"曰："言必信，行必果，硁硁然小人哉！抑亦可以为次矣。”

日："今之从政者何如？"子曰："噫！斗筲之人，何足算也？"

【意译】

子贡问："怎样才配称为士？"孔子说："做人处事要有羞耻之心，以此约束自己的言行。出使外国，不辱国君使命，这样才配称为士。”

子贡又问："请问次一等呢？"孔子说："宗族称赞他孝顺父母，乡里称赞他尊敬兄长。”

子贡再问："请问再次一等呢？"孔子说："言语一定要讲诚信，行动一定要果断，这是不分是非黑白只管自己的小人物，不过也可以说是再次一等的士。”

子贡接着还问："现在那些执政的人怎么样？"孔子说："唉！都是些气量狭小的人，算不得什么，不值一提。”

【解读】

硁硁（kēng），敲打石头的声音，形容浅薄固执。筲（shāo），古代的竹制容器。斗筲，比喻狭小的气量，短浅的才识。这段是回答学生提出怎么样才算得上"士"的问题，共分四个档次。最好的是为国家做事，有羞耻之心，不做耻辱的事，出国办事，维护国家形象，不辱使命（那时君就代表国家）；其次是在家孝顺父母，敬重兄长；第三是能注意自己言行，却不关心国家大事，这样的人也可以算得上"士"；第四是当时的执政者，心胸狭窄，连"士"都算不上。总的是在讲，对上的要求是，先国后家，最低是严格要求自己。而当时的执政者，这几点都达不到，怎么能算得上"士"呢？

【原文】

子曰："不得中行而与之，必也狂狷乎！狂者进取，狷者有所不为也。”

【意译】

孔子说："如果找不到合乎中庸之道的人交往，那一定要与激进的人和狷介的人交往，激进的人一味进取，狷介的人不肯做坏事。"

【解读】

狂，激进，这里指进取。狷（juàn），狷介，性格正直，不肯同流合污。孔子主张要与合乎中庸之道的人打交道，这样的人公正、适中，看问题不偏不倚；如果找不到这样的人，与两种人也可以交往，一种是比较激进的人，这样的人虽然有激进的缺点，但是能一味进取，而不是无所作为；另一种是狷介的人，这样的人性格正直，能够洁身自好，不会做坏事。

【原文】

子曰："南人有言曰：'人而无恒，不可以作巫医。'善夫！""不恒其德，或承之羞。"子曰："不占而已矣。"

【意译】

孔子说："南方人有句话说：'人假若没有恒心，就不可以做巫医。'这句话说得多好！"

《易经》有句话说："不能长期保持德行，难免遭受侮辱。"孔子说："这句话的意思是，这样没有恒心的人，不必去占卦了。"

【解读】

巫医，古代巫是指占筮，这种巫往往以占筮为人治病，因此，巫医就是以占筮为人治病的人。孔子先是引用人们常说的话，再引用《易经》上的话，是说人要是没有恒心，你去占卦能有什么用？人的品德操守是靠人长期坚持而获得的，如果没有恒心，靠占卦是达不到的。

【原文】

子曰："君子和而不同，小人同而不和。"

【意译】

孔子说："君子追求和谐共处而不盲目附和，小人盲目附和却不能和谐共处。"

【解读】

这句话的关键是弄清"和"与"同"的含义与关系。和，和谐、调和，互相协调。"和"是孔子思想的核心理念，是指人共同处在一个社会里，就要处理好各种关系，这种关系以"和"为核心理念，和谐相处，求同存异，而不是用暴力的方式，剥夺他人的方式，达到表面的统一；也不是盲目附和，求得表面的相同。这就是说，"和"不是不讲原则地单纯求和，"同"不是不讲原则地单纯求同。

"和而不同"，亦是当今社会处理各种关系的基本原则，也应该是中国内政外交的基本原则。在外交上，和即是合作、和谐、和平，和平相处、互惠互利、合作共赢；不同即是不同的国家，可以有自己的道路、制度、体制、意识形态，不应追求单一模式、要求同一，遵循多极化、多样性；不应为了和，而放弃原则，搞无原则趋同，坚持走自己的道路，也尊重别国人民选择自己的道路。

在国内方面，和是孔子思想的核心理念，不同，是指包容，海纳百川。孔子学说的主题是讲治国之策，《论语》全书都讲治国之策。孔子的"治"就贯穿着"和"的内涵，"不同"是指根据不同情况，区别对待，灵活运用，体现时代性、变化性、多样性，体现人民性、民本性、普世性。"和"是指达标的同一性，"不同"是指表述的差异性。例如，"和"是指"仁"和"政"的标准，"不同"是指不同情况，"仁"和"政"的体现不同。具体的表述有："和"是指发展、建设，"不同"是指科学发展、和谐发展。有了和，才有和谐、协调，构成学习型社会、和谐社会；"和"是指制度、体制、道路的同一性，"不同"是指不断完善、拓宽，反映的是河与船的关系。"和"是指路线、方针、政策的确定性、同一性，"不同"是指具体执行中根据具体情况具体运用；"和"是指团结统一的同一性，"不同"是指求同存异，求大同存小异，团结一切可以团结的力量。"和"是指管、治理的标准，"不同"是指以人为本，人性化管理，教育为主，德治与法治并重，治标与治本并重以及管理的严格性与方法的灵活性等等。现实中充满着矛盾和问题，不仅需要"和"，而且需要"不同"协调关系、化解矛盾。标准（"达"）与实践始终存在差距，需要通过不同的丰富实践来达到标准，故而，"和而不同"具有深刻的含义。

【原文】

子贡问曰："乡人皆好之，何如？"子曰："未可也。"

"乡人皆恶之，何如？"子曰："未可也；不如乡人之善者好之，其不善者恶之。"

【意译】

子贡问："全乡的人都喜欢他，你觉得这个人怎么样？"孔子说："还不能说这个人好。"

子贡又问："全乡人都厌恶他，你觉得这个人怎么样？"孔子说："还不能说这个人坏；还不如说全乡的好人都喜欢他，全乡的坏人都厌恶他。"

【解读】

区分一个人是好还是坏，不是看人们说他好还是坏，更不是这个地方全部的人说他好还是坏，而是要加以分析。孔子在《卫灵公篇》说过："众好之，必察焉；众恶之，必察焉。"就是不看众人怎么说，而是要进行考察。就一般而言，好人说他好、坏人说他坏的人，才有可能他就是好人。

【原文】

子曰："君子易事而难说也。说之不以道，不说也；及其使人也，器之。小人难事而易说也。说之虽不以道，说也；及其使人也，求备焉。"

【意译】

孔子说："在君子手下工作很容易，要讨他的喜欢却很难。不用正当的方法讨他的喜欢，他不会喜欢的；等到他用人的时候，会根据各人的德才去安排工作。在小人手下工作很难，讨他的喜欢却容易。用不正当的方法讨他的喜欢，他会喜欢的；可是等到他用人的时候，却百般挑剔，求全责备。"

【解读】

好的领导，对手下的工作放心让其去做，但是要讨好他却不容易。他在选拔用人时，不是看你对他如何，而是根据你的德才安排工作，量德量才使用。不好的领导者，喜欢人讨好他、吹捧他，但是对你工作不放心，不能让你放开手工作。在选拔用人时，不是看你的德才，而是百般挑剔，求全责备，这样容易让那些意识不好、无真才实学而能讨好领导的人钻空子。

【原文】

子曰："君子泰而不骄，小人骄而不泰。"

【意译】

孔子说："君子胸怀坦荡而不骄傲，小人骄傲自大而不胸怀坦荡。"

【解读】

孔子告诉人们，做人要心胸开阔，光明磊落，正直坦荡，而不是心胸狭窄，骄傲自大，不能坦诚待人。

【原文】

子曰："刚、毅、木、讷，近仁。"

【意译】

孔子说："刚强、坚毅、朴实、谨言，能做到这四点，就可以说是接近仁了。"

【解读】

一个人要具备仁的品德，重要的是四个方面：第一是刚，刚即正直，刚正不阿，公正坦诚，这是人首先应该具备的品质；第二是毅，毅即意志坚定，坚持不懈，有始有终，这是人应有的信念和毅力；第三是木，木即质朴、朴实，扎扎实实、实实在在，诚恳待人，踏实做事，不哗众取宠、华而不实，这是人应有的素质；第四是讷（nè），即说话谨慎，言而有信，做得多说得少，说一是一，说二是二，表里一致，言行一致，说出的话深思熟虑，不随意乱讲、信口开河，不讲空话、大话，这是为人处事应具备的素养。"近"是指基本达到，而不是完全达到。

【原文】

子路问曰："何如斯可谓之士矣？"子曰："切切偲偲，

怡怡如也，可谓士矣。朋友切切偲偲，兄弟怡怡。"

【意译】

子路问："怎么样才可以称之为士呢？"孔子说："相互之间诚恳批评，和睦相处，就可以称之为士了。朋友之间诚恳批评，兄弟之间和睦相处。"

【解读】

士，一般认为是指知识分子，这是指工农兵学商中的"学"即有知识的人。我以为，士就是指有品行的人。古时士是指大夫与庶民之间的阶层，孔子大概就是针对子路这个阶层的从政者而讲的。意思是说，要能够称得上士，在同事之间就不能骄傲自大，摆架子，耍威风，而要坦诚相待，相互批评；在待人上，要像兄弟一样和睦相处。这是广义理解，按"朋友""兄弟"直意解读亦可。都是讲为人处事，对同事就像朋友一样，对普众就像兄弟一样，正如子夏所说："四海之内，皆兄弟也。"切切（qiè），恳切、迫切。偲偲（sī），相互切磋，互相督促，善意批评。怡怡（yí），快乐，和睦相处。

【原文】

子曰："善人教民七年，亦可以即戎矣。"

【意译】

孔子说："善人教导民众七年，就可以让他们当兵打仗了。"

【解读】

比较优秀的领导人对民众教导有方，达到七年，就可以将普通的民众教导成为一名训练有素的士兵，就可以当兵打仗。这里的善人，是指优秀人员。七年，不是就指七年，而是经过几年或者一段时间。士兵，可以广义称为有专长的人。通过这段话，孔子告诉人们，就是没有什么技能的普通民众，经过教导，也可以成为能够作战的士兵。如作广义理解，这段话可以作这样的解读，要培养合格的人才，首先要有优秀的教导者（包括领导、教育者）。只有优秀的教导者，才能培养优秀的人才；其二，经过认真的教导，只要坚持，总会培养出优秀的人才；其三，经过教导的人才，只要充分发挥其特长，一定会在实践中发挥其应有的作用。

【原文】

子曰："以不教民战，是谓弃之。"

【意译】

孔子说："让未经训练的民众打仗，这等于是让他们去送命。"

【解读】

这句话与上句话结合起来，意思基本相同。这并不是说孔子支持战争，这是不同的两个问题。这段话的意思是，平时准备，是为了备战，有备无患。在那个以战争方式争霸的时代，平时不做准备，一旦战争打响，你让老百姓临时上阵，等于让老百姓去送死。如果按上述广义理解，也讲得通。

【本篇思考】

本篇以孔子学生子路（仲由）为篇名。孔子对子路寄的希望最大，认为他的学说主要是由执政者实施，学生子路身居官位，是贯彻他学说的最佳人选。这个人敢作敢为，是其优点，但是做事比较冒失，有些出格，孔子对其教育最多，批评最多。而子路身居官场，对孔子的意见也最多，说话也很直接，故而常常产生矛盾。这些矛盾不是师生个人之间的问题，而是孔子的学生与执政者的理念相悖，子路如果完全按照孔子的主张去做，就难以在官场立足，因此，是制度注定了师生的矛盾和不一。孔子批评子路依附当政者，子路认为孔子迂腐，但这并未影响师生之间的深厚情感，孔子出游常带着子路，子路对老师也很关心，没有掺杂任何私人恩怨。

基于这种认识，这一篇对治国之道的论述比较多，有不少经典论述，例如"先之劳之""上好礼，则民莫敢不敬；上好义，则民莫敢不服；上好信，则民莫敢不用情""其身正，不令而行；其身不正，虽令不从""不能正其身，如正人何？""先有司，赦小过，举贤才""近者说，远者来"等。这些都是强调当政者先从自己做起，首先正其身，这样才能让人民尊敬、信服、凝聚人心，也才能使"近者说，远者来"，"则四方之民襁负其子而至矣"。

宪问篇第十四

【原文】

宪问耻。子曰："邦有道，谷；邦无道，谷，耻也。"

"克、伐、怨、欲不行焉，可以为仁矣？"子曰："可以为难矣，仁则吾不知也。"

【意译】

原宪问什么是耻辱。孔子说："国家有道时，做官领俸禄；国家无道时，也做官领俸禄，就是耻辱。"

原宪又问："好胜、自夸、怨恨、贪心这些毛病都没有，是不是就可以算是仁了？"孔子说："这样可以说是难能可贵，若说是仁，我不知道是不是算仁。"

【解读】

原宪问什么是耻辱。孔子站在治国的高度来谈荣辱观。他认为，国家治理得好，你做官拿报酬，是应该的。国家没有治理好，你作为当官的，应该感到耻辱。学生又问，是不是没有好胜、自夸、怨恨、贪心，就可以算是仁了。孔子说，能够做到这些方面，就不错了，难能可贵，可是说是不是算仁，还不够。"吾不知也"，不是孔子真不知道，而是说光做到这几点还不够，要看各个方面，才能确定算还是不算。

【原文】

子曰："士而怀居，不足以为士矣。"

【意译】

孔子说："读书人贪图安逸，就不配做读书人。"

【解读】

这里，士是指知识分子。知识分子贪图安逸生活，不求上进，没有发挥知识分子应有的作用，就不配称为知识分子。士也可以解读为有身份的人，有品行的人，有修养的人，贪图安逸生活，就不配做有品行、有修养的人。

【原文】

子曰："邦有道，危言危行；邦无道，危行言孙。"

【意译】

孔子说："国家有道时，要言语正直，行为正直；国家无道时，要行为正直，言语谨慎。"

【解读】

危，端正、正直。孙（xùn），同逊，谦逊、恭顺。孔子这句话是说，国家政治清明时，说话要正直，行为要正直，你讲正直的话当政者能听得进去。但是，在国家无道即政治昏暗时，你的行为一定要正直，洁身自好，不能跟着胡作非为、随风逐浪，可是言语上一定要谨慎，你讲正直的东西当政者听不进去，而且往往祸从口出，没有必要。你也不能随声附和，百依百顺，说不该说的话，因此，要谨言，谦逊，不该说的不要说。

【原文】

子曰："有德者必有言，有言者不必有德。仁者必有勇，勇者不必有仁。"

【意译】

孔子说："有品德的人一定有好的言论，有好言论的人不一定有品德。仁人一定勇敢，勇敢的人不一定有仁德。"

【解读】

有品德的人讲的话一定有水平，讲话有水平的人不一定有仁德，因为有品德、道德修养好的人讲出的话是受好的品德引导的，不会是信口开河，不会出轨，往往经过深思熟虑。而话讲得好听，能说会道，这个人不一定有品德。同样，有仁德的人，做起事来一定会无所畏惧，正直勇敢，敢作敢为，敢于担当，而敢做敢为的人，不一定有仁德。因为，作为一个人，首先要有"德"和"仁"，这是立人之本、做事之本、"言""勇"之本。不能只强调"言"和"勇"，而忽视"仁"和"德"。

从国家治理讲，这里的德，也可以看作是国家的理想目标，言，也可以看作是意识形态、宣传舆论等。一个国家，应该有指导思想和理想，还要做好意识形态方面的工作。这样国家必然能够凝聚人心，具有强大的力量。相反，国家经济发展了，富强了，如果不重视意识形态阵地，也不行。

【原文】

南宫适问于孔子曰："羿善射，奡荡舟，俱不得其死然。禹稷躬稼而有天下。"孔子不答。

南宫适出。子曰："君子哉若人！尚德哉若人！"

【意译】

南宫适问孔子："羿擅长射箭，奡擅长水战，都没有得到善终。禹和稷亲自种田却得到了天下。"孔子没有说什么。

南宫适退出后，孔子说："这个人真是君子！这个人道德多么高尚！"

【解读】

羿（yì），是夏代有穷国的君主，是传说中的第三个射箭能手。奡（ào），传说是夏代的一个善于水战的人物。荡舟，指水战。稷，是舜时农官，周代先祖。孔子学生南容讲到两个人善射善战，却没有得到善终，而两个亲自耕种劳动的人却获得天下，问老师对这四个人如何评价。孔子对此没有讲看法，而是对他的学生大加赞赏。因为他的学生以具体事例说明，喜欢动武打仗的人不得好死，而能身体力行、以自己行动带动大家的人获得了天下。孔子认为学生总结得好，能够透过现象看本质，是真正的君子，道德高尚。但是，他不随便当面夸耀学生，等学生走后才讲出。

【原文】

子曰："君子而不仁者有矣夫，未有小人而仁者也。"

【意译】

孔子说："君子之中有不仁的人，而小人之中不会有有仁德的人。"

【解读】

这段话可这样理解，即使君子可以成为不仁者，小人也不会成为仁者。这是要人们做君子而不做小人。这段话也可以作这样的解读，君子中有的也可能做不仁的事，但是小人却不会做仁德的事。前面是好人会做坏事，坏人则不会做好事。这是大概念，不能混淆。至于小人经过改变成为君子，那是另外一回事。

【原文】

子曰："爱之，能勿劳乎？忠焉，能勿诲乎？"

【意译】

孔子说："爱一个人，能不让他勤劳吗？诚心待一个人，能不教诲他吗？"

【解读】

这段话的意思是说，既然爱一个人，就不应该让他什么事也不做，无所事事，游手好闲，应该让他勤劳、吃苦，自食其力，这才是真正爱一个人；既然诚心对这个人好，就不应该袒护他、纵容他，而应该劝导他、教诲他，让他堂堂正正做人，这才是真正做到了诚心待他。

【原文】

子曰："为命，裨谌草创之，世叔讨论之，行人子羽修饰之，东里子产润色之。"

【意译】

孔子说："郑国的外交政策辞令，先由裨谌起草，再由世叔审议，然后交外交官子羽修改，最后由东里子产润色完成。"

【解读】

裨（pí）谌（chén），郑国大夫。世叔，郑国大夫。行人，官名，古代的外交官。东里，地名，在今郑州市。子产，郑国大夫，《公冶长篇》已介绍。这段话的意思是说，郑国有关外交的政策辞令法令，先由资深的官员起草，再经由有专长的外交官和官员修饰加工，最后由著名贤相把关，因此其外交才切实可行。

【原文】

或问子产。子曰："惠人也。"

问子西。曰："彼哉！彼哉！"

问管仲。曰："人也。夺伯氏骈邑三百，饭疏食，没齿无怨言。"

【意译】

有人问子产是一个怎样的人。孔子说："是宽厚慈善的人。"

又问到子西。孔子说："他呀！他呀！"

又问到管仲。孔子说："是个人才。剥夺了伯氏骈邑三百户的封地，使伯氏只能吃粗粮，可是伯氏至死都没有怨言。"

【解读】

有人问孔子对三个人怎么看。一个是子产。子产是郑国的贤相。孔子在《公冶长篇》对其评价很好，在上节说他为郑国外交政策辞令把关。这一节，只用了两个字"惠人"来表达，是说这个人宽厚大度，对人慈善，是对前面看法的概括。另一个人是子西。是子产的同宗兄弟，子产就是继他之后执政的。孔子认为子西执政很差，他不好当着别人的面批评，只好说，这个人呀！这个人呀！人们一听就明白，这是一个什么样的当政者。还有一个人是管仲，是春秋时期辅佐齐桓公成为霸主的显赫人物，孔子曾在《八佾篇》中评价其"器小"。但是，此人毕竟有他的长处。因此，孔子在这里说他是个人物，他把人家三百户的封地剥夺，让人家生活非常艰苦，可是至死都没有对他有怨言，这就是本事。伯氏，齐国大夫。骈（pián）邑，齐国地名。

【原文】

子曰："贫而无怨难，富而无骄易。"

【意译】

孔子说："贫穷却没有怨言，难以做到，富裕却不骄傲，倒容易做到。"

【解读】

把国家治理得很贫穷，却要让人民没有怨恨，难以做到；把国家治理得很富裕，让人们不骄傲自满，却容易做到。作为执政者，将国家治理好了，让人民富裕了，人民还能有什么不满和怨言呢？

【原文】

子曰:"孟公绰为赵魏老则优,不可以为滕、薛大夫。"

【意译】

孔子说:"孟公绰,若叫他做晋国诸卿赵氏、魏氏的家臣,那是绰绰有余的,但是不可以让他做滕、薛这样小国的大夫。"

【解读】

孟公绰是鲁国大夫。滕、薛都是当时的小国。滕故城在今山东滕县西南。孔子对鲁国大夫孟公绰的评价是,让他当重臣的管家绰绰有余,而让其做小国的大夫是用人不当。这是说,人才,必须用其所长,人尽其才,只有根据他的特点和专长安排,才能充分发挥他的作用。

【原文】

子路问成人。子曰:"若臧武仲之知,公绰之不欲,卞庄子之勇,冉求之艺,文之以礼乐,亦可以为成人矣。"曰:"今之成人者何必然?见利思义,见危授命,久要不忘平生之言,亦可以为成人矣。"

【意译】

子路问什么是完美的人。孔子说:"如果能有臧武仲的聪明智慧,孟公绰的清心寡欲,卞庄子的敢作敢为,冉求的多才多艺,再加上礼乐的修养,就可以说是完美的人。"接着又说:"现在完美的人何必一定要这样?只要见到利益就应想应不应该得到,遇到危难敢于付出生命;长期处于贫困却不忘平生的诺言,能够做到这样,这也可以说是完美的人。"

【解读】

子路问的成人,应是完美的人(也可以说是有成就的人)。孔子讲了具有一定品行的人,在利益面前不贪求,能够见利思义,不获不义之利;在国家出现危难的关键时刻,能够挺身而出,勇于担当,甚至不惜牺牲自己的生命;在长期处于贫困的情况下,都不会磨灭自己的意志,放弃自己的理想,忘却自己许下的诺言,能成为这样的人,就可以说是完美的人。

199

久要的"要"字,是为"约"的借音,约,贫困之意。臧武仲,鲁国大夫臧孙纥(hé)。卞庄子,鲁国的勇士。

【原文】

子问公叔文子于公明贾曰:"信乎,夫子不言,不笑,不取乎?"

公明贾对曰:"以告者过也。夫子时然后言,人不厌其言;乐然后笑,人不厌其笑;义然后取,人不厌其取。"

子曰:"其然?岂其然乎?"

【意译】

孔子向公明贾问到公叔文子,说:"这位先生平时不说、不笑、不取,这是真的吗?"

公明贾说:"这是告诉你话的人说错了,先生该讲话的时候才讲话,别人不讨厌他说的话;高兴的时候才笑,别人不反感他的笑;应该取的时候才取,别人不厌恶他的取。"

孔子说:"是这样的吗?真的是这样的吗?"

【解读】

公叔文子是卫国大夫,公明贾是公叔文子的使臣。不说、不笑、不取,我的理解是,平时板着面孔不说、不笑,不自己拿取东西,是贬义。不大可能是不爱说话,不爱笑,不索取,品行端庄。如果是这样,在公明贾讲了情况之后,不会提出"是真的吗"这样的反问。公明贾作为其下属,是在为其辩解,孔子连续反问,是不相信像公明贾说的那么好。这实际是对当政者的看法,是听别人说的,不明确反驳这是孔子的性格。我没有对公叔文子进行考证,只就文解文。

【原文】

子曰:"臧武仲以防求为后于鲁,虽曰不要君,吾不信也。"

【意译】

孔子说:"臧武仲凭借他的封地防城,要求鲁君立其子弟为鲁国卿大夫,尽管有人说这不是要挟国君，我不相信。"

【解读】

凭借自己的封地，要求国君立继承人，这明明是要挟，有人却为其辩护，孔子说，谁相信这样的鬼话，这不是要挟是什么？

【原文】

子曰："晋文公谲而不正，齐桓公正而不谲。"

【意译】

孔子说："晋文公诡诈而不正派，齐桓公正派而不诡诈。"

【解读】

晋文公和齐桓公两人都是春秋时期的著名霸主。孔子对这两个人的评价是，晋文公玩弄权术，好耍手腕，不正派，齐桓公作风正派，不玩弄权术，不耍手腕。这是说齐桓公好的一面。谲（jué），欺诈，玩弄权术。

【原文】

子路曰："桓公杀公子纠，召忽死之，管仲不死。"曰："未仁乎？"子曰："桓公九合诸侯，不以兵车，管仲之力也。如其仁！如其仁！"

【意译】

子路说："齐桓公杀了公子纠，召忽因此自杀，管仲却活着。"他接着说："管仲这是不仁吧？"孔子说："齐桓公多次主持诸侯间的盟会，不是凭借武力，这都是管仲的力量。这就是管仲的仁德！这就是管仲的仁德！"

【解读】

齐桓公和公子纠都是齐襄公的弟弟，齐襄公无道，两人都怕牵连，齐桓公由鲍叔牙侍奉逃往莒国，公子纠由管仲和召忽侍奉逃往鲁国。襄公被杀后，桓公先入齐国，立为君，兴兵伐鲁，逼迫鲁国杀了公子纠，召忽自杀，而管仲却做了桓公的宰相。子路就因此问孔子这是不是没有仁德。孔子告诉子路，要从大局看待管仲的功过是非。齐桓公能够多次主持诸侯盟会，不是采用战争的方式，而是采用和平的方式，这都是管仲的功劳，这就是仁德！这就是仁德！

【原文】

子贡曰："管仲非仁者与？桓公杀公子纠，不能死，又相之。"子曰："管仲相桓公，霸诸侯，一匡天下，民到于今受其赐。微管仲，吾其被发左衽矣。岂若匹夫匹妇之为谅也，自经于沟渎而莫之知也？"

【意译】

子贡说："管仲不是仁人吧？桓公杀掉公子纠，管仲不仅不以身殉职，还去辅佐他。"孔子说："管仲辅佐桓公，称霸诸侯，使天下一切得到匡正，人民到今天还受到他的好处。假如没有管仲，我们至今都会散着头发，衣襟向左边开了。难道就让他像那些男女一样，守着小节小信，在山沟中自杀，还没有人知道吗？"

【解读】

看来对于齐桓公杀公子纠后，管仲没有以身殉职反而辅佐齐桓公之事质疑的不仅只有子路，子贡也提出质疑，观点更明确，孔子回答也更明确。他说，管仲辅佐齐桓公称霸的和平方式，没有造成生灵涂炭，不仅让天下安定，而且老百姓也得到了好处。如果没有管仲辅佐齐桓公，也许我们现在因战争沦落为披头散发、衣襟向左边开的落后之人。难道要管仲就像那些守着小节小信的男女一样，选择自杀的形式才算是仁德？这里孔子强调了两个方面，一方面是管仲认为齐桓公是个明主，他不为小节而牺牲自己生命以求得所谓的仁德，这个选择是正确的；另一方面孔子告诉人们，齐桓公杀兄长是错误的，但是，没有齐桓公，没有管仲辅佐，历史发展会是另一个样子，什么九合诸侯、匡正天下、民受其赐都不会发生。从孔子这种观点，就给观察历史事件提供一种启示，要从大的历史发展来评价帝王将相及历史人物的功过是非，而不是只看某个事件本身。还有一个问题，在其他孔子谈到管仲的篇章中也做过解读，这里再明确一下，孔子在《公冶长篇》中，说到管仲气量小，和上面说的并不矛盾。器小，是指在得到重用之后，收取人民大量市租，大手大脚，不遵守礼节。前者应称赞，后者应批评，实事求是，客观反映，不是说好都好，说差都差。微，假若没有之意。被，同"披"，披头散发。左衽（rèn），衣襟向左边开，指少数民族服装。自经，自缢。沟渎，沟渠、山沟。

【原文】

公叔文子之臣大夫僎与文子同升诸公。子闻之，曰："可以为'文'矣。"

【意译】

公叔文子的家臣大夫僎，在公叔文子的推荐下，与公叔文子一样升为卫国大夫。孔子知道这件事以后说："就凭这一点，公叔文子就可以谥为'文'了。"

【解读】

公叔文子是卫国大夫，在他的推荐下，他的家臣大夫僎（zhuàn），与他一样，做了鲁国的大夫，孔子对此加以称赞，说能做到这一点，很不错，就凭这一点，就可以给他"文"的谥号。前面说不言、不笑、不取，评价不好，并不是一切不好，把自己下属推荐到和自己同样的职位，就是做得好，应该称赞。看人，不能把人看死。臣大夫，即家臣大夫，是家臣中最高的一级。

【原文】

子言卫灵公之无道也。康子曰："夫如是，奚而不丧？"孔子曰："仲叔圉治宾客，祝鮀治宗庙，王孙贾治军旅。夫如是，奚其丧？"

【意译】

孔子说卫灵公昏庸无道，鲁国大夫季康子说："既然是这样，为什么没有亡国呢？"孔子说："有仲叔圉负责接待宾客，有祝鮀主管祭祀，有王孙贾统帅军队，像这样，怎么会亡国呢？"

【解读】

孔子说卫灵公昏庸无道，鲁国大夫季康子说：像你说的这样，怎么没有亡国呢？孔子说，卫灵公虽然昏庸，但是多亏他有一些很有才能的大臣，是这些大臣在治理国家，才没有亡国。这段话是针对季康子说的，这是在告诉季康子，治理国家，不是靠你一个人，必须依靠人才、尊重人才、重用人才，这样才能把国家治理好。仲叔圉（yǔ）、祝鮀（tuó）、王孙贾均为鲁国大夫。

【原文】

子曰："其言之不怍，则为之也难。"

【意译】

孔子说："如果一个人说话大言不惭，其做起实事来就很难。"

【解读】

这是批评有些人爱讲大话、空话，唱高调，这样的人做事不踏实，往往是放空炮，说得多做得少，要他做成事、做好事比较困难。怍（zuò），惭愧。

【原文】

陈成子弑简公。孔子沐浴而朝，告于哀公曰："陈恒弑其君，请讨之。"公曰："告夫三子！"

孔子曰："以吾从大夫之后，不敢不告也。君曰：'告夫三子'者！"

之三子告，不可。孔子曰："以吾从大夫之后，不敢不告也。"

【意译】

陈恒杀了齐简公，孔子斋戒沐浴后，上朝见鲁哀公，说："陈恒杀了他的国君，请你出兵讨伐他。"鲁哀公说："你向季孙、仲孙、孟孙三人去报告吧！"

孔子退出来，说："因为我曾经做过大夫，不敢不来报告，但是君上对我说：'去给那三个人报告吧！'"

孔子又去报告三个大夫，他们都不肯出兵。孔子说："因为我曾经做过大夫，不敢不报告。"

【解读】

陈成子，即陈恒。孔子认为，陈恒杀齐简公是以臣杀君，非讨伐不可。孔子去见鲁哀公之前，斋戒沐浴，是因为他此前曾做过大夫，斋戒沐浴以表示此事重大，以曾任官员身份，显示其郑重其事。鲁哀公不同意出兵，于是假借其实权落入三重臣之手而推给三人。孔子又去找三人，三人明确表示不同意出兵。孔子态度十分坚决，但是，他知道自己已无能为力，于是用"不敢不告"告知人们，我该做的都做了，应该讨伐而不讨伐，是当政者不为。

【原文】

子路问事君。子曰："勿欺之，而犯之。"

【意译】

子路问如何侍奉国君，孔子说："不要欺骗国君，却可以触犯国君。"

【解读】

子路问如何侍奉国君，孔子的回答讲出了普遍的道理，就是说，对于国君包括你的上级，不要当面一套，背后一套，阳奉阴违，耍两面派，进行欺骗，也不能一味讨好，盲目地随声附和。他们有什么不对的地方，敢于当面表明自己的看法和意见，如有错误要进行劝阻。"勿欺之，而犯之"，在今天亦是经典。

【原文】

子曰："君子上达，小人下达。"

【意译】

孔子说："君子通达于仁义，小人通达于财利。"

【解读】

区分君子和小人，主要是看他的所作所为，是仁德和仁义，还是金钱和利益。君子看重的是仁义，以仁义修己，以仁义处事，以仁义待人，以仁义治理；小人看重的是财利，以金钱为价值取向，以财利作为判断好差的标准，不重品德修养，不讲道义，追求私利和私欲，获取不义之财，为了一己之利，损害国家和他人的利益。

【原文】

子曰："古之学者为己，今之学者为人。"

【意译】

孔子说："古代求学的目的是为了提高自己的品德和知识水平，现在求学的目的却在于装饰自己给别人看。"

【解读】

学习是为了求知和提高品德修养，这是一个很简单的道理，可是，孔子认为，过去还能坚持这样，可是现在普遍存在着学风下滑，学习目的不是为了求知和提高品行，而是为了装样子。用现代的话讲，就是有的人只为了拿文凭，有个牌子。

【原文】

蘧伯玉使人于孔子。孔子与之坐而问焉，曰："夫子何为？"对曰："夫子欲寡其过而未能也。"

使者出。子曰："使乎！使乎！"

【意译】

蘧伯玉派一个使者去拜访孔子。孔子让其坐下，问道："先生近来在做些什么？"使者回答："先生他想尽量减少自己的过错，却还没有做到。"

使者辞别出去。孔子说："好一个使者！好一个使者！"

【解读】

蘧伯玉是卫国大夫，孔子去卫国时曾在他家住过，他派使者去拜访孔子，孔子让坐，问他先生现在做什么，这名使者的回答是，先生想少犯错误，却还没有做到。这回答体现了蘧伯玉治理国家小心谨慎，兢兢业业，总怕犯不该犯的错误，以免出现失误，使国家遭受损失，但是，虽然他总想少犯错误以至不犯错误，却还没有做到。使者对自己上级没有直接评功摆好，而是表达出了上级能够经常检查自己的不足的境界，这让孔子对这名使者大加赞赏。

【原文】

子曰："不在其位，不谋其政。"

曾子曰："君子思不出其位。"

【意译】

孔子说："不在那个职位，就不谋划那个职位上的事情。"

曾子说："君子考虑事情不超出自己的职权。"

【解读】

"不在其位，不谋其政"在《泰伯篇》已意译和解读。曾子这句话是对老师讲话的理解，意思是，作为君子，把精力放在自己的工作上，认真做好本职工作。这是对"不在其位，不谋其政"的正面理解。

【原文】

子曰："君子耻其言而过其行。"

【意译】

孔子说："君子以说得多做得少为耻辱。"

【解读】

做人不要认为只说不做，说多做少，满口大话、空话、漂亮话是一件光彩的事情，而要以此为耻。要多做少说，扎扎实实做事，以劳动敬业为光荣。

【原文】

子曰："君子道者三，我无能焉：仁者不忧，知者不惑，勇者不惧。"子贡曰："夫子自道也。"

【意译】

孔子说："君子重视的三个方面，我都没有做到：仁者不忧虑，智者不迷惑，勇者不惧怕。"子贡说："这三个方面是老师对自己的评述。"

【解读】

作为君子，要注重在三个方面要求自己，或者说要做到三个方面，一个是仁者不忧。一个有仁德的人，就一定很乐观，对什么事都不发愁，能经受住各种困苦和灾难，从不悲观失望，使自己成为仁者。二是智者不惑，有智慧的人，就可以解开任何疙瘩和疑难问题，凭借自己的智慧做人处事，始终能保持冷静清醒的头脑，敏锐观察客观事物，发挥自己的聪明才智，使自己成为智者。三是勇者不惧。有勇气的人，敢作敢为，无所畏惧，百折不挠，可以克服各种艰难险阻，从不畏首畏尾，始终有一股勇往直前的劲头，事事走在前面，使自己成为勇者。这里说的勇，是指勇敢、勇气。只有仁者，才能不忧；只有智者，才能不惑；只有勇者，才能不惧。此说已见《子罕篇》。这里孔子说这三个方面，他都没有做到。学生说，这三个方面是孔子在说自己，意思是，老师这三方面都做得很好。无论孔子做得如何，但是他提出的仁者、智者、勇者都是人们的普遍追求。

【原文】

子贡方人。子曰："赐也贤乎哉？夫我则不瑕。"

【意译】

子贡讽刺别人。孔子说："赐，你就都好吗？我却没有这闲工夫。"

【解读】

方，可以作讽刺解。子贡有一个缺点，就是喜欢讥讽别人，孔子批评说，你就做得那么好吗？有那个闲工夫，还是少冷嘲热讽别人，把你自己管好，修养好，做好自己的事情。还有一层意思，对于别人做得不好的，要多加帮助，讽刺指责别人，只会伤害别人。

【原文】

子曰："不患人之不己知，患其不能也。"

【意译】

孔子说："不担心别人不知道自己，担心的是自己没有能力。"

【解读】

这里孔子好像是在说自己，其实是在讲普遍的道理。有些人总怕别人不了解自己，怕别人看不到自己的优点，怕别人看不到自己做的好事，怕别人看不到自己的成绩，而不担心自己到底做得怎么样、做得够不够、做得是不是就一定那么好。孔子告诉人们，不要在乎别人对自己怎么看，主要是看自己做得怎么样，不能满足自己的所作所为，而是不断有所要求和提高。

【原文】

子曰："不逆诈，不亿不信，抑亦先觉者，是贤乎。"

【意译】

孔子说："不预先怀疑别人欺诈，也不毫无根据地猜测别人不诚信，却能预先发觉，这样的人是一位贤者。"

【解读】

从一个人对人的态度，也可以看出这个人是一个什么样的人。有的人，常常无端怀疑别人，猜测别人欺诈、不诚信，这样的人不能称为贤者。有的人，不随意怀疑别人，不毫无根据地猜测别人，但是，对于欺诈和不诚信却能很快察觉出来，仅凭这一点，我们就可以得知，这个人就是一个有贤才的人。逆，预先，预测。亿，同"臆"，猜测。

【原文】

微生亩谓孔子曰："丘何为是栖栖者与？无乃为佞乎？"孔子曰："非敢为佞也，疾固也。"

【意译】

微生亩对孔子说："你为什么整天忙忙碌碌的，该不会是卖弄口才吧？"孔子说："我哪敢卖弄口才，而是讨厌那些顽固不化的人。"

【解读】

孔子为他的学说到处游说，有一个叫微生亩的人对他说，你整天忙忙碌碌游说，是为什么？该不会是显示你的口才？孔子说，我哪敢卖弄我的口才，而是有些人思想不开化，我是在开导他。意思是说，对于他的学说，当政者不认同，他将坚定不移地去宣传，去推行。栖栖（xī），这里指忙忙碌碌。

【原文】

子曰："骥不称其力，称其德也。"

【意译】

孔子说："千里马不要称赞其力气，而要称赞其品德。"

【解读】

千里马是指人才。对待人才，不是不看才能，是指首先要看品德。人才有了品德，才能让其能力更大地发挥作用，或者说，首先是考察品德，品德好，这个人才才可以放心使用。

【原文】

或曰："以德报怨，何如？"子曰："何以报德？以直报怨，以德报德。"

【意译】

有人对孔子说："用恩德回报别人的怨恨，怎么样？"孔子说："如果这样说，那么用什么回报别人的恩德？应该是以正直回报别人的怨恨，以恩德回报别人的恩德。"

【解读】

有人对孔子说，以德报怨。孔子说，你这话不对，是以德报德，就是说，别人对你有恩德，你就以你的恩德报答别人的恩德。对于别人的怨恨，则是以正直来回报。也就是说，对于怨恨，你不是以恩惠来消除，而是以正直来对待。我行得端，走得正，对得起自己良心，这样才能日久见人心。在人与人的相处中，有时因为一些做法或误会产生怨恨，这种怨恨靠物质利益或者仁德感化很难化解，只有用自己的行为来化解。孔子这里讲的是人与人之间关系的处理。直是正直，而不是迁就或施以恩惠。

【原文】

子曰："莫我知也夫！"子贡曰："何为其莫知子也？"子曰："不怨天，不尤人，下学而上达。知我者其天乎！"

【意译】

孔子说："没有人了解我呀！"子贡说："为什么说没有人了解你呢？"孔子说："不怨恨天，也不责怪人，下学人事而上达天命。了解我的只有上天吧！"

【解读】

这段话重点应理解"不怨天，不尤人，下学而上达"这句话的含义。孔子这句话的意思是说，无论遇到什么挫折和非难，我都不会怪天怪地、责怪别人。而是全身心地进行学习深研，建立自己的学说，不遗余力推行自己的学说，这其中受到的艰难困苦，大概只有天知道。人不要怪这怪那，怪自己没有好环境，怪别人不理解自己，命运掌握在自己手里。下学，解读为下学人事。也可以解读为，下学是相对上达而言，这就是平常要坚持学习知识，深入钻研，然后转化为立世处事的智慧和能力。上达，解读为上达天命。这里的天命，和知天命是一个意思，就是掌握了规律，建立自己的学说，并坚持自己的学说。即学习要达到一定的目的。上是上升、升值，达是达到目的。这是在教育学生，"不怨天，不尤人，下学而上达"，把自己难以推行的学说继承、坚持下去。

【原文】

公伯寮愬子路于季孙。子服景伯以告。曰："夫子固有惑志于公伯寮，吾力犹能肆诸市朝。"

子曰："道之将行也与，命也；道之将废也与，命也。公伯寮其如命何？"

【意译】

公伯寮在季孙氏面前说子路的坏话，子服景伯将此告诉孔子，并且说："季孙氏被公伯寮迷惑住了，可是凭我的力量可以把公伯寮的尸首放在街头示众。"

孔子听到之后说："我的主张能够实现，是天命；我的主张被废弃，也是天命。公伯寮能把天命怎么样？"

【解读】

公伯寮，字子周，孔子学生，曾为季孙氏家臣，子路时亦为季孙氏家臣。公伯寮在季孙氏面前说子路坏话，鲁国大夫将此事告诉孔子，并且对孔子说，凭他的能力可以把公伯寮杀掉，在街头示众。孔子认为，公伯寮诋毁子路是针对他的，于是说，我的主张能够实现是我的命运，我的主张不能实现，也是我的命运。能不能实现，并不是公伯寮所能诋毁得了的。这句话还包含另一层意思，孔子对一个学生在当权者面前诋毁另一个学生十分反感，因此有批评公伯寮的意思。愬（sù），同"诉"，毁谤。子服景伯，鲁国大夫。肆，陈列死尸。市朝，古时死尸放在街头示众。

【原文】

子曰："贤者辟世，其次辟地，其次辟色，其次辟言。"
子曰："作者七人矣。"

【意译】

孔子说："有些贤者逃避恶浊社会而隐居；次一等的是躲到另一个地方去居住，再次一等的是避开别人难看的脸色，再次一等的是避开别人的恶言恶语。"

孔子补充说："像这样的人已经有七个了。"

【解读】

孔子指出，社会黑暗恶浊，他没有说是那个国家、什么地方，只是说社会现象，是孔子谨慎之处。但是确有这一现象，这个国家的贤者，有的选择逃避隐居，有的选择移居他处，不助纣为虐，也有没有离开的，尽量避开别人难看的脸色和恶言恶语，少说为佳，做事谨慎。孔子说的有七人，是指有多人。孔子认为，对于黑暗统治、社会阴暗面，不能顺从跟着干，同流合污，而是要与其划清界限，能做到这样已经不错了。有人解读，七人是指《微子篇第十八》的遗民：伯夷、叔齐、虞仲、夷逸、朱张、柳下惠、少连。

【原文】

子路宿于石门。晨门曰："奚自？"子路曰："自孔氏。"

曰："是知其不可而为之者与？"

【意译】

子路在石门住了一夜，守门的问子路："你从哪里来？"子路说："我是从孔子那里来。"守门人说："就是那位明知做不到还要去做的人吗？"

【解读】

守门人是下层人员，对孔子都知道，起码反映三点：一是孔子当时很有名望；二是下层人员认为，孔子的那一套根本行不通；三是孔子对自己的学说坚信不移，坚持推行。"知其不可而为之"，不是不正确，而是在当时制度下行不通，孔子坚信他的学说是正确的。

【原文】

子击磬于卫，有荷蒉而过孔氏之门者，曰："有心哉，击磬乎！"既而曰："鄙哉，硁硁乎！莫己知也，斯己而已矣。深则厉，浅则揭。"

子曰："果哉！末之难矣。"

【意译】

孔子在卫国，有一天正敲着磬，有一个挑着草筐的人从门前经过，说："这个人敲磬，有深意呀！"等了一会儿又说："磬声就像是打击石头的声音，可鄙呀！没有人知道自己，你就独善其身罢了。水深，就穿着衣服涉水过去；水浅，就撩起衣裳走过去。"

孔子听到以后说："多么坚决果断，看来没有办法责难他了。"

【解读】

磬（qìng），古代打击乐器。荷，背；蒉（kuì），筐子；荷蒉，挑着草筐。硁硁（kēng），击打石头的声音。鄙，粗俗，这里可作可悲解。"深则厉，浅则揭"，引自《诗经·邶风·匏有苦叶》，是指水深，穿着衣服涉水过去，水浅撩起衣裳走过去。这句话是比喻，社会黑暗，就要自保，如果黑暗程度不深，可以撩起衣服，免得将衣服浸湿，即不受污染。这段话和上面石门守门人说的意思差不多。这里孔子击打乐器，就是指他的学说，

213

民间人认为，其学说有深度，但是可悲的是，他想宣传他的学说，让人知道，却像击打石头一样，得不到响应。这里引用《诗经》的话说，在黑暗的社会，你这一套行不通。只有自保，不受到污染就不错了。因此孔子认为，像这样的人，他要宣传他的主张，很难办到。但是，无论怎么行不通，他也一直坚持。

【原文】

子张曰："《书》云：'高宗谅阴，三年不言。'何谓也？"子曰："何必高宗，古之人皆然。君薨，百官总已以听于冢宰三年。"

【意译】

子张说："《尚书》中有这样一句话：'高宗住在守丧的房子，三年不说话'，这是什么意思？"孔子说："不仅是高宗，古人都是这样，国君死了，继任国君守丧三年，不理政事，朝中官员都管好自己份内的事情，且朝中政事听从冢宰的安排。"

【解读】

这段是说这种礼制是从古时就传下来的，不仅是高宗一个人这样，高宗是在遵循礼节。谅阴，守丧时所住的房子。薨（hōng），古代诸侯死称"薨"。冢（zhǒng）宰，指宰相。

【原文】

子曰："上好礼，则民易使也。"

【意译】

孔子说："当政者能够遵从礼制，就容易使老百姓服从。"

【解读】

这句话和《子路篇》说的"上好礼，则民莫敢不敬；上好义，则民莫敢不服；上好信，则民莫敢不用情。夫如是，则四方之民襁负其子而至矣"意思差不多。这里强调，当政者遵从礼制，民众就容易服从、听从、信服政府，从而能够完成政府安排的任务。

【原文】

子路问君子。子曰："修己以敬。"

曰："如斯而已乎？"曰："修己以安人。"

曰："如斯而已乎？"曰："修己以安百姓。修己以安百姓，尧舜其犹病诸！"

【意译】

子路问怎样才算是君子。孔子说："修养自己，是为了能够做好工作。"

子路又问："这样就够了吗？"孔子说："修养自己，也是为了更好地与人相处，善待他人。"

子路接着问："做到这样就够了吗？"孔子说："修养自己，就是让百姓安乐。修养自己，就是让百姓安乐，这一点，连尧舜都还没有完全做到！"

【解读】

从孔子回答子路的提问看，君子这样的人，修己是为事业、为他人、为百姓，而不是为了自己的私利，因此，要不断加强自己的修养，严格要求自己，提高自己的敬业精神、利他精神、为老百姓的精神，让老百姓能够安居乐业，即使是像尧舜那样的伟大人物都没有完全做到，故而不能有任何的松懈。如果从治国解读，就是严格要求自己，兢兢业业，治理好国家，做到国家兴旺发达，社会和谐稳定，人民安居乐业。

【原文】

原壤夷俟。子曰："幼而不孙弟，长而无述焉，老而不死，是为贼。"以杖叩其胫。

【意译】

原壤叉开双腿坐在那里等待孔子到来。孔子说："你小时不懂礼节，长大了无所作为，老了还不快死，真是个害人精。"然后用手杖敲打他的小腿。

【解读】

夷，箕踞，古人席地而坐，随意伸开双腿，这是一种不拘礼节的坐法。俟（sì），等待。原壤是孔子的老朋友，叉开双腿坐在那里等待孔子，孔子对这种不懂礼貌的行为毫不客气，不仅批评尖刻，而且用拐杖敲打其小腿。这表明，虽然是老朋友，可是从对孔子的态度看，对孔子的学说不大赞同，故而表现出傲慢的态度。胫（jìng），小腿。

【原文】

阙党童子将命。或闻之曰："益者与？"子曰："吾见其居于位也，见其与先生并行也，非求益者也，欲速成者也。"

【意译】

阙党这个地方有一个少年向孔子传话，有人问孔子："这个孩子能上进吗？"孔子说："我看见他坐在大人的位子上，还看见他与长辈并排行走。这不是个求上进的人，只是个急于求成的人。"

【解读】

阙党是孔子居住的地方，别人托一个小孩向孔子传话，有人就问孔子，这个小孩是不是有上进心？将来是不是一个有出息的人？孔子说，这个小孩缺少家教，不懂礼节，他这么小的年龄，却大摇大摆地坐在大人的位子上，而且与长辈并排行走（按照当时礼节，小孩不能与长辈并排行走），装成大人一样。从这些来看，这是个不求上进、急于求成的孩子。有的家长，从小就溺爱孩子，不严格要求孩子，使孩子从小养成一种不良习惯，这对孩子的影响很大。孔子说的就是这种不良习惯，影响孩子的上进心，必须引起重视。

【本篇思考】

本篇以"宪问耻"前两个字"宪问"为篇名。宪，即原宪，字子思，亦是孔子著名学生。继颜渊、子路之后，以原宪为篇名，对治理国家进一步做深入阐述。

这一篇主要是通过典范人物与事例来彰显自己的观点和主张，对一些当政者和从政者的品行做评价，从而说明如何治理国家。其中一些人物和事例，在当时很具代表性。孔子对当时社会和时局并不评论，但是一些代表人物及其事情却可评述。这是从一个侧面来提出对社会的看法，既不全面抨击，又不一味回避，重在阐述自己的主张。本篇典型观点有："邦有道，穀；

邦无道，毂，耻也""贫而无怨难，富而无骄易""见利思义，见危授命""上好义，则民易使也""修己以安百姓"等。

孔子对当政者和社会问题没有直接旗帜鲜明抨击、揭露，而是采取了一种迂回的方法，这不能理解为圆滑世故或者怯懦，孔子也不是这样的人。这应该是他的一种策略，是屈身授道、克己为国之举。

卫灵公篇第十五

【原文】

卫灵公问陈于孔子。孔子对曰："俎豆之事，则尝闻之矣；军旅之事，未之学也。"明日遂行。

【意译】

卫灵公问孔子打仗怎样布阵，孔子回答："礼仪的事，我听说过；军队打仗方面的事情，我没有学习过。"第二天就离开了卫国。

【解读】

陈，同"阵"字。俎豆之事，俎、豆都是古代的器皿，祭祀时用，借以表示礼仪之事。卫灵公问孔子打仗布阵的事，孔子明确回答没有学过，第二天就离开卫国。表明孔子慎言战争，希望当政者把心思、把精力用在治理国家上，建立礼仪之邦，文明之邦，而不是把心思、把精力放在打仗和争霸上。

【原文】

在陈绝粮，从者病，莫能兴。子路愠见曰："君子亦有穷乎？"子曰："君子固穷，小人穷斯滥矣。"

【意译】

孔子被困在陈国断了粮，跟随的学生都饿病了，站不起来，子路很生气地对孔子说："君子也有穷困的时候吗？"孔子说："君子穷困时还能坚持，而小人在穷困时却无所不为。"

【解读】

在陈国断粮，学生都饿坏了，站都站不起来，遇到这种情况，子路忍受不了，对老师产生怨言，认为是老师造成的，孔子也针对子路说，君子在穷困时就会忍受着、克服着，而小人在遇到穷困时，就胡作非为、无所不为。从正面理解就是，人总会遇到困难，在这个时候，要坚持自己的信念和操守，而不能产生邪念，把握不住自己，从而做出越轨的事情。

【原文】

子曰："赐也，女以予为多学而识之者与？"对曰："然，非与？"曰："非也，予一以贯之。"

【意译】

孔子说："赐（端木赐，字子贡），你以为我学得多而且都能记得住吗？"子贡回答："是的，难道不是这样吗？"孔子说："不是的，我是用一个基本的思想将我所学的学问贯穿起来。"

【解读】

学生认为，老师学问高深，是因为老师学得多，而且记性好，都能记得住。孔子说，你们说得不对，我之所以懂得多，是因为我善于思考，能够用一个基本道理把我的所学贯穿起来，也就是说，将他的学识转变为一个基本思想，变成为他的学说。他在以此教育学生，学习不要死记硬背，不是将自己所学的知识平列在脑子里，而是要进行消化，经过思维加工，将其凝聚在一起，变为自己的一种理念和思想。"一以贯之"，在后世常被引用，而且往往是指，自始自终都坚持不变。

【原文】

子曰："由，知德者鲜矣。"

【意译】

孔子说："由，现在懂'德'的人实在是太少了。"

【解读】

子路（仲由，字子路）是当官的，孔子对子路说，懂得"德"的人太少了，不是针对一般老百姓讲的，而是指当官者，是说现在的当官者品行太差，真正有品德、达到品德要求的人太少了，也就是说，官场道德下滑，社会风气不正，令人担忧。

【原文】

子曰："无为而治者，其舜也与？夫何为哉？恭己正南面而已矣。"

【意译】

孔子说："自己不做什么就能够把国家治理得好，使天下太平的大概只有舜吧？他只是庄严端正地面朝南坐在国君的位子上而已。"

【解读】

这段话重点是理解"无为而治"。无为，不是无所作为、什么都不做，而是做到两点，其一是指他面朝南，即讲礼节，庄严端正地坐在国君的位子上，一个是自己重礼节，再一个是端庄，起带头作用，以自己的贤、自己的威望，让官员励精图治，不敢懈怠。其二是用好人才，"治"是靠人才。这里的无为是指国君不是什么都亲自做，什么都要管，而是管自己、做决策、用人才，这样才能"无为而治"。

【原文】

子张问行。子曰："言忠信，行笃敬，虽蛮貊之邦，行矣。言不忠信，行不笃敬，虽州里，行乎哉？立则见其参于前也，在舆则见其倚于衡也，夫然后行。"子张书诸绅。

【意译】

子张问怎样做才能行得通。孔子说："言语忠诚守信，行为忠厚认真，如果能做到这样，即使是到了边远少数民族地区，也能行得通。言语不忠诚守信，行为不忠厚认真，就是在本乡本土，能行得通吗？站立的时候，就像'忠信笃敬'四个字就在自己面前；坐在车上，就像'忠信笃敬'四个字写在车辕的横木上，这样才能使自己到处行得通。"子张把这些话写在自己的衣带上。

【解读】

蛮貊是当时对少数民族歧视的称谓。蛮，南蛮，是指南方边远少数民族；貊（mò），北狄，是指北方边远少数民族。子张问老师人的行为问题。孔子说，人的行为无非是言和行。言语是人的表达窗口，行为是人的所作所为。在"言"上，一个是"忠"，一个是"信"。忠，是忠诚，诚心实意，不讲假话、空话、大话，让人感到可信。信，是守信，说出的话、承诺，都能做到，不是信口开河、说的话不能兑现。在"行"上，一个是"笃"，一个是"敬"。笃，是认真负责、扎扎实实，不是说得多做得少、行为不扎实。敬，是待人忠厚，善待别人，不是轻浮刻薄、不能很好与人相处。要将"忠信笃敬"四个字刻在心上，时时处处都不忘记，照着去做。这样无论是在什么地方都能行得通。反之，不按这四个字去做，你在什么地方都行不通。绅（shēn），古代贵族束在腰间的大带子。

【原文】

子曰："直哉史鱼！邦有道，如矢；邦无道，如矢。君子哉蘧伯玉！邦有道，则仕；邦无道，则可卷而怀之。"

【意译】

孔子说："史鱼是多么正直呀！国家政治清明时，就像箭一样刚直；国家政治昏暗时，也会像箭一样刚直。蘧伯玉是个真君子呀！国家政治清明时，就出来做官；国家政治昏暗时，就收藏才能，隐退了下来。"

【解读】

史鱼，卫国大夫，姓史名鰌（qiū），字子鱼。《韩诗外传》记载，史鱼曾多次进谏卫灵公任用蘧伯玉，贬退弥子瑕，均未被采纳。史鱼认为自己没有尽职，在临终前告诉儿子，不要在正堂上为自己治丧，以此尸谏卫灵公起用了蘧伯玉，贬退了弥子瑕。因此孔子称赞其刚正不阿，敢于讲真话，特别是国君不清明时，敢于多次进谏，甚至死后进行尸谏，称之为正直的人当之无愧。而蘧伯玉的确是个君子，在国家政治清明时，能尽心尽职为国家做事，当国君昏庸时，他不会为其做事，即不违心做坏事、不助纣为虐，以保持品行的高洁。

【原文】

子曰："可与言而不与之言，失人；不可与言而与之言，失言。知者不失人，亦不失言。"

【意译】

孔子说："可以与其交谈而不交谈，就会失掉人才；不可以与其交谈而去与其交谈，这是白费口舌。有智慧的人，既不错失人才，又不白费口舌。"

【解读】

这段话的意思是，人才就在那里，你不去发现，不去接近，不去交谈，就会失掉人才；反之，不是人才，你却以为是人才，去接近他，和他交谈，这是浪费语言，不起任何作用。智者，善于发现人才，通过交谈，紧紧抓住人才，给以重任，而不被那些不是人才却能花言巧语的人所蒙蔽，与其交谈，浪费时间。就狭义讲，与人才交谈，可以收益；与不是人才的人交谈，起不到任何作用。

【原文】

子曰："志士仁人，无求生以害仁，有杀身以成仁。"

【意译】

孔子说："志士仁人，不会为了求得生命而损害仁德，却会不惜牺牲生命来保全仁德。"

【解读】

志士仁人，是指有远大志向、品德高尚的人。不会因为贪生怕死、为了保全生命做出背弃仁德的事情，在需要献出生命时，坚守自己的人品，毫不犹豫地奉献自己的生命。"志士仁人"，至今还在引用。

【原文】

子贡问为仁。子曰："工欲善其事，必先利其器。居是邦也，事其大夫之贤者，友其士之仁者。"

【意译】

子贡问怎样才能达到仁。孔子说："工匠要干好活，一定要先将工具打磨好，使用很便利和顺手。大家都住在一个国家里，就要侍奉那些官员中的贤者，交往那些士中的仁者。"

【解读】

工匠没有好的工具，活就干不好。在一个国家有各种各样的官员和士人，正像工匠需要的工具一样，你要选择在官员中的优秀者手下做事，与人交往，也多与士中的仁者结交，你常交往接触的人都是贤者和仁者，这样对你实践仁有益，也才能逐渐达到仁。这是说，要向贤者和仁者学习。这里是广义解读。从狭义讲，是对从政者讲的，是为大夫做事，是与大夫以下的官员交往，都选择贤者和仁者。这样，子贡的问话就成为：从政者怎样做才能达到仁？工匠是指有专长的人。主题仍是围绕治国之道。

【原文】

　　颜渊问为邦。子曰："行夏之时，乘殷之辂，服周之冕，乐则《韶》《舞》。放郑声，远佞人。郑声淫，佞人殆。"

【意译】

　　颜渊问怎样治理国家。孔子说："用夏朝的历法，坐殷朝的车子，戴周朝的礼帽，音乐选用《韶》曲和《舞》曲。舍弃郑国的乐曲，疏远奸佞的小人。郑国的乐曲淫靡，奸佞的小人危险。"

【解读】

　　行夏之时：时指历法。当时历法不尽相同。有三种历法，一是周历法，以子月（旧历十一月）为每年第一月，而且以冬至日为元日；二是殷历，以丑月为每年第一月；三是夏历，以寅月（旧历正月）为每年第一月，春夏秋冬合乎自然规律，方便农业生产。所以，孔子认为应选用夏历。乘殷之辂（lù）：辂指车子，殷朝的车子比周朝的车子质朴，孔子崇尚简朴，故而主张选用殷朝的车子。服周之冕：冕指礼帽，周朝的礼帽华贵精致，很美观，孔子主张选用周朝的礼帽。《韶》是舜时音乐，《舞》是周武王时的音乐，亦称《武》乐，这两种音乐优美动听。要抛弃郑国的乐曲，这乐曲淫靡，还要疏远奸佞的小人，这样的人很危险。这里孔子指出，要治理好国家，对过去的治理之策，不能盲目地全盘接受，要加以选择，将那些好的方面继承下来，特别是要有好的礼仪和礼乐制度，防止社会风气败坏。在用人方面，要防止奸佞的小人，这样的人一旦得逞，就非常危险，一旦掌权，就会给国家带来灾难。殆（dài），危险。

【原文】

　　子曰："人无远虑，必有近忧。"

223

【意译】

孔子说："一个人没有长远的考虑，必定会有眼前的忧患。"

【解读】

处理长远与眼前的关系，是关系到一个人乃至一个国家前途命运的一个重要问题，既要考虑眼前，又要考虑长远，将两者很好地结合起来。不考虑长远，只重视眼前，就会出现眼前忧患，这就是孔子的观点，他是根据当时的社会现实而讲的。对国家也是这样，不考虑国家的未来，没有忧患意识，急功近利，会给老百姓带来灾难，这里的"人"，是指以国君为象征的国家，即国无远虑，必有近忧。

【原文】

子曰："已矣乎！吾未见好德如好色者也。"

【意译】

孔子说："罢了！我没有见过爱好道德就像爱好美貌那样的人。"

【解读】

孔子用"没有见过"一词，不是说没有，而是说他没有见过，意思是"很少"，故而这句话的意译就是，现在社会风气每况愈下，道德滑坡，重视道德的人太少了。人们只看重外在美，而不看重内在美；看人只看外表，不看品德。

【原文】

子曰："臧文仲其窃位者与！知柳下惠之贤而不与立也。"

【意译】

孔子说："臧文仲大概是一个窃取职位者吧！他明知道柳下惠是个贤者，却不给官做。"

【解读】

臧文仲，即鲁国大夫臧孙辰，历任四朝。柳下惠，本名展获，字禽，又名展季，是鲁国贤者。柳下，居住地名。惠，是不由国家授予的私谥号。臧文仲四朝任职，孔子却说是窃取而得，意思是不称职。用现代语言表达就是，你的大夫是怎么当的？柳下惠那么优秀的人才，你明知道是个贤者，却嫉贤妒能，压制不用。

【原文】

子曰："躬自厚而薄责于人，则远怨矣。"

【意译】

孔子说："能经常反省检查自己而很少怪罪指责别人，就可以避免怨恨。"

【解读】

多严格要求自己，遇事先从自身检查，多做自我批评，而不是把问题推到别人身上，怪罪别人，抱怨别人，指责别人，要对己严格对人宽厚，这样就不会让人误解，产生怨恨。

【原文】

子曰："不曰'如之何，如之何'者，吾末如之何也已矣。"

【意译】

孔子说："不说'怎么办，怎么办'的人，我也不知道对这种人怎么办才好。"

【解读】

有的人不开动脑筋，从来不多问几个"为什么""应该怎么去做"，即是不深思熟虑，这类人往往说话随意，行为冲动，真的让人不知道该说什么好。孔子是在告诉人们，遇事多问几个为什么以及想想应该怎么去做。

【原文】

子曰："群居终日，言不及义，好行小慧，难矣哉！"

【意译】

孔子说："整天聚集在一起，不讲道义，只是卖弄小聪明，这样的人很难相处。"

【解读】

大家经常聚集在一起，有的人不讲道德仁义，不讲正儿八经的事，不研究交流问题，不叙友谊，而是卖弄小聪明，好像自己什么都知道、什么都懂。这样的人，不好打交道，不好探讨问题，不好与其讲道义。难，可多解，如难相处、难教导、难有作为等。

【原文】

子曰："君子义以为质，礼以行之，孙以出之，信以成之。君子哉！"

【意译】

孔子说："君子以道义为基本，在行为上遵循礼节去做，在言语上谦虚谨慎，用诚信的态度去完成，这才是真君子！"

【解读】

君子应该具备四个方面：一是义，包含道德、道义、仁义，这是品德，是君子的基本素质；二是礼，即礼节、礼仪、规矩，行为上重礼节，循规距；三是孙，即逊，谦逊，出这里是指语言，广义是指为人处事，谦虚谨慎；四是信，是指对人、对事业的态度，讲诚信，以诚待人，对事守信，对事业要有信念、信心。坚定不移地完成。能做到这四个方面，就可称之为君子。

【原文】

子曰："君子病无能焉，不病人之不己知也。"

【意译】

孔子说："君子只担心自己没有能力，不怨恨别人不知道自己。"

【解读】

君子要把精力放在提高自己的做事能力上，从而做好自己的工作，而不是放在别人了解不了解自己上，总怕别人不知道自己。如果事情没有做好，首先反省检查自己，是不是自己没有做好，自己的能力不够，而不是埋怨别人不了解自己，从客观上找原因。

【原文】

子曰："君子疾没世而名不称焉。"

【意译】

孔子说：“君子担心的是，到死名字都不被人知道。”

【解读】

君子很重名声，把名声看得比什么都重要。如果名字至死都不被人称道，名声不好，这是最让人悔恨的事情。因此，在任何时候、做任何事情时，都要顾及名声，不要到死时才悔恨，那就晚了。

【原文】

子曰：“君子求诸己，小人求诸人。”

【意译】

孔子说：“君子严格要求自己，小人严格要求别人。”

【解读】

君子与小人的区别在于，君子能够严己宽人，小人总是宽己严人。

【原文】

子曰：“君子矜而不争，群而不党。”

【意译】

孔子说：“君子端庄自持而不与人争执，能与人合群相处而不拉帮结派。”

【解读】

君子行为端庄正直，自尊自爱，严肃认真，却从不与人争执、闹矛盾、搞无原则争论；在与人相处上，能够善于待人，很合群，广交朋友，但是不会拉帮结派、结党营私、相互勾结。“矜而不争，群而不党”，这是做人的原则。矜（jīn），庄重，矜持。党，结党营私，拉帮结派，搞圈子，闹宗派。

【原文】

子曰：“君子不以言举人，不以人废言。”

【意译】

孔子说："君子不因别人话说得好听而推荐提拔，也不因这个人品行不好而不听取他正确的话。"

【解读】

不能把那种说得好听、善于表达的人，就以为是优秀人才予以推荐、提拔和重用，要对人做全面了解和考察；也不能因为这个人不好就对他说的话、讲的意见都不听、都不采纳，对其正确的话、正确的意见应该倾听和采纳。这是在讲如何看人、如何选人的问题。

【原文】

子贡问曰："有一言而可以终身行之者乎？"子曰："其恕乎！己所不欲，勿施于人。"

【意译】

子贡问："有没有一句终身奉行的话呢？"孔子说："那就是'恕'了！自己不想要的，就不要强加给别人。"

【解读】

学生让老师用一句话将人的一生应该怎样做加以概括。孔子说，如果要用一句话概括，就是一个字："恕"！什么是"恕"？孔子说就是"己所不欲，勿施于人"。这句话的直意是，自己不想要的，不要强加给别人。从为人处事来说，就是自己都不想做的事情，不要要求别人去做；自己都做不到的事情，不要求别人必须做到。这一点在国家治理上更具意义，其意思是说，作为当政者，自己都不想做的事情，不要要求老百姓去做；自己都做不到的事情，不要强迫老百姓去做。孔子还有一句话，即"忠"，"己欲立而立人，己欲达而达人"，这是从积极方面去说的。之所以不用这句话加以概括，是因为当时的社会现状。

【原文】

子曰："吾之于人也，谁毁谁誉？如有所誉者，其有所试矣。斯民也，三代之所以直道而行也。"

【意译】

孔子说："我对于别人，诋毁了谁？称赞过谁？假如我有所称赞，必定是经过我检验的。夏、商、周三代的人都是如此，所以三代能直道而行。"

【解读】

孔子说，他没有诋毁过别人，也不大赞誉别人，如果他有所赞誉的话，一定是他经过考察了解、核实准确才予以赞誉的。不应该随意诋毁别人，也不轻易地称赞别人，这是做人的基本道理。之所以夏商周三代人"直道而行"，是因为那时人都是这样做的，这是先辈留下的优良作风和好的社会风气。

【原文】

子曰："吾犹及史之阙文也。有马者借人乘之，今亡矣夫！"

【意译】

孔子说："我能够看到史书有疑的地方。有马的人将自己的马借给别人使用，这些现在都没有了。"

【解读】

能够看到史书空缺、存疑的地方，将其标记出来，是需要认真阅读和校正的，这是一种为后世人阅读方便的认真负责精神。将自己的马借给别人使用，是一种高尚的思想境界，这是一种舍己利人精神。这样的精神，现在是难以见到了。孔子以两个事例说明社会精神境界的下滑。

【原文】

子曰："巧言乱德，小不忍，则乱大谋。"

【意译】

孔子说："花言巧语可以败坏道德。小事情不忍耐，就会坏了大事。"

【解读】

靠花言巧语，说得怎么好怎么好，不仅无助于道德建设，还会造成道德混乱，有损道德修养和建设。不要摆花架子，而是实实在在进行道德修养和道德建设。在小事情上不忍让、不忍耐，只看到蝇头小利，占小便宜，就会坏大事。因此，要顾大局，抓大事，就不要在小事上抓住不放、斤斤计较，更不能只看到眼前利益，损公肥私。

【原文】

    子曰："众恶之，必察焉；众好之，必察焉。"

【意译】

    孔子说："大家都厌恶他，必须要进行考察；大家都喜欢他，也必须要进行考察。"

【解读】

    不能以众人的好恶来给一个人下定论，众人都喜欢他，说他好，称赞他，还不能下结论说这个人就好。必须经过深入了解考察，才能断定这个人好，因为民众往往从表象上、从直观上看一个人，还容易受从众心理的影响。众人讨厌一个人，说他不好、非议他，也不能轻易下结论说这个人不好，必须经过深入了解考察，才能断定这个人不好。众，指人数较多。在选人用人上，要重视民意，但不能只简单重多数，还必须经过考察，深入调查研究，才能判断是不是可用人才。

【原文】

    子曰："人能弘道，非道弘人。"

【意译】

    孔子说："人能使道得到弘扬，而不是用道来增加人的才能。"

【解读】

    "人能弘道"这句话好理解，"非道弘人"这句话不好理解，孔子肯定是针对某种情况来讲的。我认为，先理解好前句，再推及后句。前句的意思是，人是主体，一切作为都是人为，人可以弘扬道德、弘扬精神、弘扬传统、弘扬一切好的东西，包括治国之道。在弘扬的过程中，增加人的道德、精神、优良传统、智慧能力、创新能力、治国之道，这一切都是人为的，而不是依靠道德等精神的东西弘扬人的名望。精神可以指导人、激励人、武装人，却不能凭精神成就人。孔子在告诉人们，必须弘扬治国之道，坚定不移推行治国之策，治理好国家；必须弘扬仁义道德，坚持修己和提高道德品质，借以成就个人和个人事业。

【原文】

子曰："过而不改，是谓过矣。"

【意译】

孔子说："有错误不改正，就是真正的过错。"

【解读】

有了错误，不改正错误，就是知错不改，是真错，是错上加错；反之，有了错误，如果能够改正，错误就不成其为错误了。

【原文】

子曰："吾尝终日不食，终夜不寝，以思，无益，不如学也。"

【意译】

孔子说："我曾经整天不吃，整夜不睡地想问题，没有益处，不如去学习。"

【解读】

孔子说他自己，过去有时白天不吃饭，夜里不睡觉地思考问题，可是没有头绪，精神疲惫，没有什么好处，有这个功夫，还不如去学习。这是说，不要把精力放在无谓的精神消耗上，解决疑难问题，主要还是靠学习。

【原文】

子曰："君子谋道不谋食。耕也，馁在其中矣；学也，禄在其中矣。君子忧道不忧贫。"

【意译】

孔子说："君子谋求得道，而不是谋求衣食。耕田，难免挨饿；学习，就会获得报酬。君子只担忧没有得道，不忧愁生活贫困。"

【解读】

　　谋道的道，是指理想目标，这里可作事业、国家治理之道解，"谋道"可作"谋事"解。故而"谋道不谋食"就可以理解为"谋事不谋食"，之所以用"道"，是包括理想、道德等精神层面。这段话的意思是，君子谋求的是事业，是治理国家之道，而不是为了养家糊口、为了获得钱财。孔子举了两个事例，一个是依靠自己劳动，这免不了受苦，却可以取得收获；另一个事例是进行学习，就可以提高智慧和能力，从而可以找到工作拿报酬。由此得出了另一个结论："忧道不忧贫。"担心的是事业和治理国家，至于贫困不用担心，只要国家治理好了，事业有了成就，就不会再贫困了。于是，"谋道不谋食""忧道不忧贫"就成为经典名言。馁（něi），饥饿。禄，俸禄。

【原文】

　　子曰："知及之，仁不能守之；虽得之，必失之。知及之，仁能守之。不庄以涖之，则民不敬。知及之，仁能守之，庄以涖之，动之不以礼，未善也。"

【意译】

　　孔子说："用聪明才智得到，不能用仁德来保持的，即使得到了也一定会丧失。用聪明才智得到，能用仁德来保持，却不能用庄重的态度对待的，就得不到百姓的尊敬。用聪明才智得到的，又能用仁德来保持，也能用庄重的态度对待，却不能用礼节和规矩来动员组织百姓，仍然不能算是做得好。"

【解读】

　　要治理好国家，要从四个方面努力，缺一不可。第一是能力，发展能力、决策能力、领导能力、治理能力，取得成绩、成就，达到目标；第二是仁政，有理想、信念、道德、文化等，才能保持住成果，否则，得到了也会丢失；第三是人民，对人民的态度，正确的人民观，欺压人民、盘剥人民、不尊重人民，就得不到人民的拥护和尊敬；第四是领导，以治理好为目标，以仁政为方略，以人民为出发点，用好的制度和政策，领导人民、动员人民、组织人民，发挥人民的积极性和主动性，将国家治理好。就个人而言，以才能取得成就，以仁德保持成就，为人民办事，受到人民尊敬，团结人民一起为治理好国家共同努力。涖（lì），到，得到，做到。

【原文】

子曰："君子不可小知而可大受也，小人不可大受而可小知也。"

【意译】

孔子说："君子不可以用小事情考验他，却可以担当重大责任，小人不可以担当重大责任，却可以用小事情考验他。"

【解读】

君子可以担当重任，因此，不要用小事情考验他，以小事看人，抓住一些小事不放，求全责备；但是小人则不同，不能担当重用，不能以小看大，委以重任，却可以用一些小事情考验出其人，这是因为小人人品不好，在一些小事情上也能反映出来，只要认真考验，就能加以区别。君子也犯错误，也有缺点，却不反映人品问题。这一点通过分析是能区分出来的。这就是说，看人要看本质，看大节，善于识人、用人。

【原文】

子曰："民之于仁也，甚于水火。水火，吾见蹈而死者矣，未见蹈仁而死者也。"

【意译】

孔子说："人民需要仁德，甚至超过对水火的需求。我看见因水火而丧生的，却没有见过为履行仁德而死亡的。"

【解读】

这段话有较深的含义，可以作这样的理解，人民需要的是仁政，战争是统治者的需求，人民的需求超过这样的需求。孔子说，他看见的是战争造成的人员伤亡和危害，却没有看见过因为施行仁政而死人的。

【原文】

子曰："当仁，不让于师。"

【意译】

孔子说："实行仁，对老师也不要谦让。"

【解读】

在实行仁德、仁政上，不要对老师谦让，可以争着去做，敢于大胆去做，敢于超过老师，做得比老师更好，鼓励学生超过自己。"当仁不让"，大概由此而来。

【原文】

子曰："君子贞而不谅。"

【意译】

孔子说："君子讲大信，而不拘于小信。"

【解读】

从一般性可这样解读，在贞操上、大节上、理念上、信仰上、原则问题上坚贞不屈、坚定不移，而在一些小节上、非原则问题上不应固执、过于坚持己见，对于有利于大节的非原则问题也可以做出让步。

【原文】

子曰："事君，敬其事而后其食。"

【意译】

孔子说："侍奉国君，应该敬重工作，而把拿俸禄放在后面。"

【解读】

君，是国家的象征，因此可作这样的解读，应把事业、工作放在首位，对工作认真负责。薪金是工作获得的报酬，不要为了薪金才工作，更不能钱多多干钱少少干。

【原文】

　　子曰："有教无类。"

【意译】

　　孔子说："要让所有人都接受教育，而不应因贫富、贵贱、地域、等级而有所区别。"

【解读】

　　孔子是我国教育的开山始祖，他的办学纯属独自的私人办学。他办学的目的不是为了赚钱，他收的学生不分贫贱富贵，只要愿意学都收，从来没有不教诲的，不愧为教育的典范。这里记述的应该就是这种情况。但是，作为教育思想，"有教无类"的现代内涵则远不止此，而要丰富、深刻得多。"有教无类"揭示出了教育的本质属性。即教育具有全民性，教育不仅是全民人人应有的权利，而且是全民的权利和需求，不受国家、制度、地区、种族、民族、贫富、贵贱、职业、地位、性别、年龄的限制，这是人发展的需要，具有平等性；另一方面，教育也不仅仅是个人应有的权利和需求，而且是国家和社会的需求和责任。由此可以反映出教育的基本属性，一是通过教育培养人，二是教化人，前者是培养人才，后者是提高整个国民的思想和科学文化素质，这是社会发展的需要，而不是以赚钱为目的，具有公益性。从历史角度讲，教育的这种属性不因历史的变迁、社会的更替、时代的发展而发生改变。因此"有教无类"具有不朽性。这是孔子对教育的历史性贡献。

　　这里的"类"是指教育对象，而非教育内容。教育内容反映教育的时代性、阶级性和民族性，不能无差别对待。

【原文】

　　子曰："道不同，不相为谋。"

【意译】

　　孔子说："思想主张不同，不能在一起商量谋划事情。"

【解读】

　　思想理念不同、主张不同、道路不同，各有各的思想、理念、主张、道路选择，不能一起谋划事情，强迫别人统一于你、服从于你，人各有志。

【原文】

子曰："辞达而已矣。"

【意译】

孔子说："言辞只要能表达清楚意思就行了。"

【解读】

言语要朴实，不要在修辞上太下功夫，不要咬文嚼字、追求浮华辞藻，只要能表达清楚就行了。

【原文】

师冕见，及阶，子曰："阶也。"及席，子曰："席也。"皆坐，子告之曰："某在斯，某在斯。"

师冕出。子张问曰："与师言之道与？"子曰："然；固相师之道也。"

【意译】

师冕来见孔子，走到台阶跟前，孔子说："这是台阶。"走到坐席跟前，孔子说："这是坐席。"等到坐好之后，孔子便告诉他："某人坐在这里，某人坐在那里。"

师冕辞别走后，子张问："这是与乐师交流的方式吗？"孔子说："是的，这是帮助乐师的方式。"

【解读】

师冕：师，乐师；冕，是这个乐师的名字。古代乐师都是由盲人充当。乐师来见孔子，因为是盲人，孔子照顾很周到，走到台阶前，提醒这是台阶；走到坐席前，提醒这是坐席；坐好之后，又一一告知，某人坐在哪个位置。对于老师这样对待盲人乐师，学生感触很深，孔子以此教育学生，对于需要帮助的人，就要像这样进行帮助。由此可以看出，孔子处处能以身作则，起到典范作用。从平时的一些小事和细节上，也足以反映出孔子的崇高品德。

【本篇思考】

本篇取卫灵公向孔子提问作为开篇。

从全篇看，似乎讲治国之道没有前几篇集中、明确，多为伦理方面的论述。纵观全书，通篇均贯穿伦理问题。我将其分为前后两个部分，前半部分讲仁，主线是伦理，后半部分主线是治国。本篇伦理讲得多，如何看？

从学生整理，将卫灵公作为篇名可以看出，这样安排是有用意的。孔子在前面讲过，卫国与鲁国就是兄弟。鲁国是孔子故乡，选择卫国，实际上也是说鲁国。这里，面对卫灵公，反对战争比较明确，未加掩饰。

其中几篇也是直接讲治国之道，如对夏商周哪些需要继承，哪些需要抛弃，以及不用贤才等，都是在讲治理国家的问题。其中一些伦理也可以从仁政上来理解。因此重点还是在讲治国之道。

这篇的主要观点有："俎豆之事，则尝闻之矣；军旅之事，未之学也""无为而治者其舜也与？""居其邦也，事其大夫之贤者""知柳下惠之贤而不与立也"等。

季氏篇第十六

【原文】

季氏将伐颛臾。冉有、季路见于孔子曰："季氏将有事于颛臾。"

孔子曰："求！无乃尔是过与？夫颛臾，昔者先王以为东蒙主，且在邦域之中矣，是社稷之臣也，何以伐为？"

冉有曰："夫子欲之，吾二臣者皆不欲也。"

孔子曰："求！周任有言曰：'陈力就列，不能者止。'危而不持，颠而不扶，则将焉用彼相矣？且尔言过矣，虎兕出于柙，龟玉毁于椟中，是谁之过与？"

冉有曰："今夫颛臾，固而近于费。今不取，后世必为子孙忧。"

孔子曰："求！君子疾夫舍曰欲之而必为之辞。丘也闻有国有家者，不患寡而患不均，不患贫而患不安。盖均无贫，和无寡，安无倾。夫如是，故远人不服，则修文德以来之。既来之，则安之。今由与求也，相夫子，远人不服，而不能来也；邦分崩离析，而不能守也；而谋动干戈于邦内。吾恐季孙之忧，不在颛臾，而在萧墙之内也。"

【意译】

季氏准备攻打颛臾。冉有（冉求）和子路（季路）去见孔子，说："季氏要对颛臾采取军事行动。"

孔子说："冉求！这恐怕是你的过错吧？颛臾这个地方，过去君王曾经授权它主持东蒙山的祭祀，且在鲁国疆土之内，是鲁国的臣属，为什么要攻打它？"

冉有说："季氏要去攻打，我们两个都不同意。"

孔子说："冉求！周任有句话说：'能胜任，就去任职；不能胜任，就该辞职。'比如盲人遇到危险不去搀他，摔倒了，不去扶起，要那些帮助盲人的人干什么？况且你们说错了，老虎、犀牛从笼子里跑出来，龟甲、宝玉在匣子中毁坏了，这是谁的过错呢？"

冉有说："颛臾城墙坚固，又离季氏封地费很近，现在不去攻打，将来必然会为子孙留下祸害。"

孔子说："冉求！君子就讨厌不说自己贪心而要为自己所做另找借口的人。我听说过，无论是诸侯还是大夫，不担心贫穷而担心分配不均，不担心人少而担心不安定。分配均衡就无所谓贫穷，和平团结就不觉得人少，境内安定了，国家就不会倾覆。做到这样，如果远方的人还不服，就再修仁义礼乐来感召他们。他们来了，就使他们安心。现在你们两人辅佐季氏，远方的人不归服，却不能招致；国家分崩离析，却不能保全；反而想在国内大动干戈。我看，季氏之忧不在颛臾，而在宫墙之内。"

【解读】

颛（zhuān）臾，是鲁国附属国。东盟，即东蒙山，在鲁国境内。周任，周代一名史官。费（bì），鲁国季氏封邑。兕（sì），犀牛。萧墙之内：萧墙，相当于后世的照壁，这里暗指鲁君，鲁君与季氏矛盾很大，季氏担心鲁君凭借颛臾的有利位置对他不利，因此要讨伐颛臾。孔子对此十分清楚，所以将此点破。萧墙之内，后世多指内部的矛盾。

孔子对战争的看法很少，在前篇卫灵公问他军旅打仗之事时，他委婉地说他没学过，并且第二天就离开了卫国。这一篇是难得的一篇反对战争的论述，而且是面对自己所在的诸侯国。季氏把持鲁国大权，要攻打颛臾，冉有和子路两个学生辅佐季氏，将季氏攻打颛臾之事告知孔子，孔子指出是二人之错，冉有辩解，说他二人不同意。孔子引用一名史官的话，说你们既然辅佐季氏，就要负起责任，如果胜任不了，就辞职。在孔子的追问下，冉有才讲出攻打的理由，认为不打必然会对子孙留下隐患。孔子认为这是诡辩。孔子先从治理国家的一般道理说起，首先要把国家治理好，让国外人愿意投奔，让国内保持安定。接着他批评二人说，你们二人辅佐季氏，没有把国家治理好，却在国内大动干戈。其问题不是出在其他方面，而是出在上层的内部。

孔子通过这件事对学生进行教育，反映在三个方面。一是说理式，而不是居高临下的责备式，说话中称自己是用自己的名字"丘"，反映是平等的关系，叫学生名字是在加重语气。批评时不是指责，而是用"君子讨厌"表达。二是以道理说明不攻打的理由。学生将其推在统治者身上，孔子指出，既然是你们辅佐，你们应该明确反对，而不是附和。三是明确反对用战争的方式，他进一步指出，季氏没有治理好，远人不服；邦分崩离析，而不能守；而谋干戈于邦内，问题不在颛臾，而是出在你的内部。说得很透彻，态度很明确。

去其特指性，按一般性解读，孔子反对战争反映在三个方面：第一，统治者发动战争没有任何正当理由，所有理由都是借口，反映出统治者扩张的野心；第二，反对用战争的方式、暴力的方式、镇压的方式，而是用和平的方式、德治仁政的方式，将国治好以安百姓；第三，治理中出现的矛盾和问题的症结不在下面，主要出在上层，要从当政者内部（萧墙之内）找原因。

从治国的角度，孔子提出了一些重要的主张。例如"均无贫，和无寡，安无倾"。均，是指平均、均衡、公平、平等，用现在观点，就是共同富裕，这样就没有贫富的差距，这里的"贫"是指贫富差距。和，是指和平、和谐、协调；寡，是指少数，以和为贵，就不会处于少数，而会得到绝大多数人民的支持。安，是指安定、稳定、安全，安居乐业，天下太平；倾，倾覆，国家安定，百姓安居乐业，政权才能巩固而不会灭亡，社会秩序稳定，也就不会出现动乱。"均""和""安"的内涵，一个是平等，一个是和谐，一个是安定；只有平等，才能和谐；只有平等、和谐，国家才能稳定。"不患寡而患不均，不患贫而患不安"，此处的"寡"可作"贫"解，此处的"贫"可作"寡"解。去其保守的一面，体现出"均""和""安"的思想。再如，"远人不服，则修文德以来之。既来之，则安之。"这里的"远人"，是指边远地区，如广义指人民，其含义是，将国家治理好，人民才能信服你。如果还得不到信任，当政者就用德治和仁政、将国家治理好来凝聚民心、人心，让他们安定下来，安居乐业，这样人民才能信任你、拥护你、支持你。

【原文】

孔子曰："天下有道，则礼乐征伐自天子出；天下无道，则礼乐征伐自诸侯出。自诸侯出，盖十世希不失矣；自大夫出，五世希不失矣；陪臣执国命，三世希不失矣。天下有道，则政不在大夫。天下有道，则庶人不议。"

【意译】

孔子说："天下太平时，礼乐制度和征伐都由天子决定；天下混乱时，礼乐制度和征伐则由诸侯擅自作主。礼乐征伐由诸侯作主，很少有传到十世而政权不丧失的；如果由大夫作主，很少有传到五世而政权不丧失的；如果由大夫陪臣操纵了国家政权，很少有传到三代而政权不丧失的。天下太平，政权不会落在大夫手中。天下太平，不会引起老百姓非议。"

【解读】

这是针对当时周王朝大权旁落的时弊以及鲁国大权同样旁落的时弊，而总结的一种规律，进而上升到国家治理与兴亡的高度，国家治理得好，政权稳固，一切大政方针和政令由天子决定。如果大权旁落，国家政权稳固不保。旁落到诸侯手里，最多十代；旁落到大夫手里最多五代；旁落到大夫陪臣手里最多三代。孔子没有明说，根据鲁国的情况，季氏把持国政，还有他的陪臣干政，其政权也超不过三五代。孔子由此得出结论，国家治理得好，国家的大政方针和决策都由国君决定，这样政权才能稳固，天下才能太平，人民生活才能安定，才不会引起人民的反对，从而得到人民的拥护。天子，是国家的象征，是国家的最高领导，这是说一切决定权在中央，不要落在诸侯手中，这是中央集权的国家形态，不能做到这一点，国家就会分裂，就会引起纷争，国家就得不到安定，政权就难以巩固。由此可知，中央集权的思想源头大概出自孔子。封建社会皇权至上的专政制度，是对孔子学说的扭曲。这里的十世、五世、三世，不是一定就是这个定数，而是指其必然趋势。

【原文】

孔子曰："禄之去公室五世矣，政逮于大夫四世矣，故夫三桓之子孙微矣。"

【意译】

孔子说："政权从朝廷公室手中失去已经五代了，政权落入大夫手中有四代了，所以鲁桓公的三房子孙现在也已经衰微了。"

【解读】

从鲁君大权旁落到孔子说这段话的时候，经历了宣公、成公、襄公、昭公、定公五代；从季氏把持鲁国政权到孔子说这段话的时候，经历了文子、武子、平子、桓子四代。三桓，是指鲁国大夫季孙、叔孙、孟孙，都是鲁桓公的后代，故称"三桓"。现在连三桓的子孙也衰微了。这段话是上段话的实例，是对上段话的注释和补充。

【原文】

孔子曰："益者三友，损者三友。友直，友谅，友多闻，益矣。友便辟，友善柔，友便佞，损矣。"

【意译】

孔子说："与三种人交朋友有益处，与三种人交朋友有害处。同正直的人交朋友，同诚信的人交朋友，同见多识广的人交朋友，有益处。与虚伪做作的人交朋友，与谄媚奉承的人交朋友，与花言巧语的人交朋友，就有害了。"

【解读】

交朋友要慎重，与三种人交朋友对自己有益处。一是正直，人品好，素质高，让人心里踏实；二是诚信，对人诚恳，讲信用，信得过；三是见多识广，格调高，有涵养，有品位，值得交往。但是与三种人交朋友就必须谨慎。一是虚伪做作，人品不好，素质差，靠不住；二是谄媚奉承，当面说好，背后诋毁，对人不诚恳，不讲信用，信不过；三是花言巧语，夸夸其谈，格调不高，没有涵养，没有品位，酒肉朋友，言行不靠谱，其中也包括不怀善念的人。谅，诚信。便辟，作虚伪做作解。善柔，作阿谀奉承解。便佞，作花言巧语解。

【原文】

孔子曰："益者三乐，损者三乐。乐节礼乐，乐道人之善，乐多贤友，益矣。乐骄乐，乐佚游，乐宴乐，损矣。"

【意译】

　　孔子说："有益的兴趣和爱好有三种，有害的兴趣和爱好有三种。把礼乐的节制作为兴趣和爱好，把称道别人的好处作为兴趣和爱好，把多结交贤良的朋友作为兴趣和爱好，这是有益处的兴趣和爱好。如果把骄傲蛮横作为兴趣和爱好，把安逸游乐作为兴趣和爱好，把吃喝享受作为兴趣和爱好，这就有害了。"

【解读】

　　兴趣和爱好是基于人的需要的，认识某种事物或从事某种活动的心理倾向。兴趣和爱好反映了一个人的个性特征，同时对一个人的个性形成和发展，以及个人生活和活动有着很大的影响。但是不能不加分析地只按兴趣和爱好行事，有些兴趣和爱好有益，有些却反而有害。有益处的有三种情况：一是用礼乐来约束节制，以严律己、遵礼节、守规矩为乐；二是为人处事厚道、和善，以说人之好、说人之善、宽厚待人为乐；三是广交朋友，以能交知心朋友、贤达朋友为乐。但是，有三种情况就对人没有好处：一是傲慢自大，娇纵蛮横，居高临下，以此为荣；二是贪图安逸享乐，花天酒地，放纵淫乐，无所事事，以此为荣；三是追求生活享受，甚至嫖和赌，以此为荣，以此为乐，这些都是对人有害的，应当改变。佚（yì），同"逸"，安逸。

【原文】

　　孔子曰："侍于君子有三愆：言未及之而言谓之躁，言及之而不言谓之隐，未见颜色而言谓之瞽。"

【意译】

　　孔子说："陪伴君子说话容易出现三种过失：没轮到你说话你抢先说，这叫急躁；该你说话你不说，这叫隐瞒；不看对方脸色便随意说话，这叫盲目。"

【解读】

　　愆（qiān），过失。瞽（gǔ），眼睛瞎了，这里作没有眼色、盲目解。在与人交往和相谈中，一是防止急躁，不该你讲你却讲，要别人听你的、接受你的看法，要善于听取别人的意见，不先入为主；二是防止隐瞒，该说的话不说，藏在自己心里，不表什么态度，有什么看法要表达出来，不隐瞒观点；三是防止乱说，不看脸色，不分场合，信口开河，不管你该讲还是不该讲，不管别人接受得了还是接受不了，随意发表看法和意见，起不到应起的作用，讲话一定要有分寸，深思熟虑，避免随意性和盲目性。

【原文】

孔子曰："君子有三戒：少之时，血气未定，戒之在色；及其壮也，血气方刚，戒之在斗；及其老也，血气既衰，戒之在得。"

【意译】

孔子说："君子有三件事应该警惕戒备：年轻时，血气未定，要警戒贪恋女色；壮年时，血气旺盛，要警戒争强好斗；老年时，血气衰退，要警戒贪得无厌。"

【解读】

人的一生有好也需要有戒，只有懂得戒才能更好。从人生讲，要有三戒：一是青少年时，人还未成熟，正在成长期间，还未定型，即"血气未定"，这个时期，最重要的是警惕贪恋女色，追求享受，这将影响身心健康，对终生带来影响；二是中壮年时期，人的精力很旺盛，即"血气方刚"，是人生出成就的时期，争强好胜并不一定错，但是精力不要放在争斗上，不要闹矛盾，搞不团结，与别人争高低，这是这一时期要警惕的；三是到了老年时期，戒之在得，得是指得到。这个时期，人的肌能和精力衰退，即"血气衰退"，什么功名利禄，金钱、成就、名誉、地位，该放下的应该都放下，该享清福了。三戒，即少年时戒之在色，中年时戒之在斗，老年时戒之在得，对人生概括得很精辟。

【原文】

孔子曰："君子有三畏：畏天命，畏大人，畏圣人之言。小人不知天命而不畏也，狎大人，侮圣人之言。"

【意译】

孔子说："君子有三件敬畏的事情：敬畏天命，敬畏地位高的人，敬畏圣人的言论。小人不懂得天命因而不敬畏它，不尊重地位高的人，轻侮圣人的言论。"

【解读】

这段话，重点是弄懂"畏"的意思，畏，不是害怕、惧怕，而是敬畏。狎（xiá），态度不端庄，这里是作不尊重解。君子敬畏三件事：一是敬畏天命。不是认命、听从命运的安排，而是说，人生在什么家庭、在什么环境成长、人的生老病死等都不是自己所能决定的，是上天安排的，因此，要尊重自然环境和变化，顺应天时地利，不违背自然规律，不逆天而行，但也不听天由命，而是掌握自然规律，把命运掌握在自己手里。二是敬畏大人。大人是指地位高的人，上级，长辈，特别是自己的上级和父母兄弟。对父母的教诲，不能忘记；对上级的敬重，不能轻慢。但也不能畏首畏尾、唯唯诺诺；对长辈和乡里乡亲很尊敬，很懂礼貌。这里的"畏"也含有诚惶诚恐、怕处理不好之意。三是敬畏圣人的言论。圣人讲的话，很难得，要加以珍惜，对其人敬畏，对其言珍重。但是，小人却与此相反，因为不懂天命，因而不尊重命运，违背自然规律，逆天而行，不遵循礼节，不守信义，不按规矩办事，对长者不尊重，对圣人说的话非议和诋毁。小人目空一切，为人处事很轻浮，不懂规矩，不讲礼节，没有礼貌，目中无人。没有"畏"字，因而无所顾忌。

【原文】

孔子曰："生而知之者上也，学而知之者次也；困而学之，又其次也；困而不学，民斯为下矣。"

【意译】

孔子说："天生就知道的是上等，学习后知道的是次一等；实践中遇到困难，再去学习，是再次一等；遇到困难还不学习，这种老百姓就是最下一等。"

【解读】

从孔子说他自己并非生而知之者，而是学而知之者，可以这样理解，孔子认为，没有生而知之者，即不经过学习就能获得知识的。孔子这里说的生而知之者，可以理解为，天资聪敏，又能认真学习，知识广博，这样最好，是最理想的；其次是天赋不是很好，但通过自己努力学习而获得知识，提高智慧和能力，也是比较好的，值得称赞的；再次的是，有了困难和困惑才来学习，这样也算不错，是可取的；遇到困难和困惑也不学习，这才是最差的。这里的"民"，指的应该就是这种最差的人，他们不学习，没文化，没知识，才是愚昧落后的。显然，孔子是在强调学习的重要性，他瞧不起那些不学习，甘于愚昧的人。

【原文】

孔子曰："君子有九思：视思明，听思聪，色思温，貌思恭，言思忠，事思敬，疑思问，忿思难，见得思义。"

【意译】

孔子说："君子有九种思考：看到的，思考看明白了没有；听到的，思考听清楚了没有；脸色，思考温和了没有；容貌，思考恭敬了没有；说话时，思考诚恳了没有；做事时，思考敬业了没有；有疑问时，思考请教了没有；发怒时，思考可能有的后果；有可得到的，思考道义了没有。"

【解读】

思，是指思考，通过人的头脑，不是必然的结果，不是一种外在的东西，而是内心内化。基于这种认识，九思的解读可以是这样：看到的，通过思考才能看得明白；听到的，通过思考才能增加聪明才智；脸上表情，通过思考转变为温和待人的性格；容貌端庄，通过思考转变为为人处事恭敬的态度；言语，通过思考转变为忠诚守信的与人为善之道；做事，通过思考才能有敬业精神；有疑问，通过思考可以虚心请教别人，不耻下问，化解疑问和困惑；愤怒时，通过思考明白所带来的后果，以消退怒气；遇到可得之物时，通过思考想想这些所得是否符合道义，不取不义之财。这就是说，通过思考才能视则明、听则聪、色则温、貌则恭、言则忠、事则敬、疑则问、忿则思难、见得则思义。我们也可以解读为，孔子主张感性认识上升到理性认识，注重理性思维，通过现象看本质，这样才能获得正确的深刻的认识。

【原文】

孔子曰："见善如不及，见不善如探汤。吾见其人矣，吾闻其语矣。隐居以求其志，行义以达其道。吾闻其语矣，未见其人也。"

【意译】

孔子说："见过善良，就奋力追求，好像追赶不上似的；见到邪恶，就使劲避开，好像手伸进沸水中似的。我看见过这样的人，也听过这样的话。靠隐居保全他的意志，靠行义实现自己的主张。我听过这样的话，却没有见过这样的人。"

【解读】

有两种情况，一个是善和恶。善，善事、好事，善事争着去做，总认为自己赶不上；不善，恶事、邪恶、不好的事，遇到恶事使劲避开，总感到避之不及。讲过这样的话，做过这样的事的人是有的。另一个是志和道。志，意志、志向。隐居，是静心修养，以坚定自己的意志，以成为有理想、有品行的人。道，目标、准则、主张，以行义来达到道的高度。说"隐居以求其志，行义以达其道"话的人是有的，但是真正做到的人却是少见的。意思是，做善事不做恶事，这样要求是能做到的，但是，能做到理想远大、意志坚定、品德高尚、以道义追求和达到目标是很难的，孔子说没有见过，是说现在这样要求和认真去做的人很少。

【原文】

齐景公有马千驷，死之日，民无德而称焉。伯夷、叔齐饿于首阳之下，民到于今称之。其斯之谓与？

【意译】

齐景公有四千匹马，他死时，因为他无德，老百姓没有人称赞他。伯夷、叔齐两人饿死在首阳山下，人们到现在都称赞他们。说的就是这个意思吧？

【解读】

这段话没有标明是谁说的，估计是孔子说的，或者是孔子的意思，由学生整理的。最后一句和前面衔接不上，这些留给研究者去考证。这段话的意思是，齐景公为国君，很有财富，但是由于没有仁德，死后老百姓不因为他地位高、很富有而称赞他。伯夷、叔齐因为有德，不愿做无德的事，宁愿饿死在首阳山，却得到人们的称颂。千驷，古代四匹马驾一辆车，一驷是四匹马，千驷就是四千匹马，表示很富有。

【原文】

陈亢问于伯鱼曰："子亦有异闻乎？"

对曰："未也。尝独立，鲤趋而过庭。曰：'学《诗》乎？'对曰：'未也。''不学《诗》，无以言。'鲤退而学《诗》。他日，又独立，鲤趋而过庭。曰：'学礼乎？'对曰：'未也。''不学礼，无以立。'鲤退而学礼。闻斯二者。"

陈亢退而喜曰："问一得三，闻《诗》，闻礼，又闻君子之远其子也。"

【意译】

陈亢问孔子的儿子伯鱼："你在你父亲那里得到过与别人不同的教诲吗？"

伯鱼回答："没有。有一次，他一个人站在庭中，我从庭中过，他问：'学《诗》了吗？'我说：'没有。'他说：'不学《诗》，就不会说话。'我回去便学《诗》。又有一天，他又一个人站在庭中，我又从庭中过，他问：'学礼了吗？'我说：'没有。'他说：'不学礼，就无法立足于社会。'我回去就学礼。我私下就听到这两次教诲。"

陈亢回去高兴地说："我问了一个问题，就有三个收获，知道《诗》，知道礼，又知道君子对学生的教诲远超过其子。"

【解读】

陈亢（gāng），字子禽。伯鱼，孔子儿子，名鲤。《诗》，孔子指的是《诗经》，广义也可作文化解。《诗经》是当时的标志性著作，学了它，就可以懂道理，会说话。礼，是礼节、规矩。这篇孔子对儿子的教育，反映出深刻的内涵。人生说来说去，一是立业，二是立人。孔子教育儿子，紧紧抓住人生的核心问题，让儿子学《诗》，以获知，而立业；学礼，以做人，而立世。对于这两点，是分两次讲的，先让学知识，再让学礼，一次讲一样，集中精力学。两样是内容，两次是方法。陈亢的体会更精彩，除过学到上面的两点外，特别让他感动的是，老师对学生的教诲远比他儿子更多。

【原文】

邦君之妻，君称之曰夫人，夫人自称曰小童；邦人称之曰君夫人，称诸异邦曰寡小君；异邦人称之亦曰君夫人。

【意译】

国君的妻子，国君称她为夫人，她自称为小童；国内的人称她为君夫人，但在外国人面前则称她为寡小君；外国人也称她为君夫人。

【解读】

这段话估计是孔子说的，否则不会把这种对国君妻子的称谓收集在《论语》之中。孔子讲这样的事例，不仅是习俗，而是一种礼节，反映一种文明、文化素养，是为孔子主张所认可的。

【本篇思考】

本篇以鲁国大夫季氏为篇名。

在治理国家方面，前一篇是以卫灵公为篇名，这一篇用的是季氏，季氏是鲁国掌握实权的大夫。孔子说过，卫国和鲁国是难兄难弟，两国治理的情况差不多，以这两个执政者为篇名，而且都是谈战争问题，这反映了当时国家治理的特点。学生对孔子的评价是，慎言战争，慎言不等于不言。这两篇都是谈战争，而且孔子的态度鲜明，对以战争和武力方式作为治国方略持反对态度。但是他并不是一概反对备战和训练，他将"足兵"作为国家治理的三个重要方面之一，认为国家没有"足兵"，不备战就要挨打受欺。他曾尖锐地指出，平时不训练，一旦战争到来，临时叫老百姓去打仗，这等于去送死。因此，他认为，坚持平时训练，就可以去作战。这是面对争霸时代的一种预防措施，是为了有备无患。这并不表明他支持战争，他不遗余力地宣传他的治国之道，认为这才是治国的良策。

这篇重点谈的另一个问题是君权问题，他认为，天下有道，国家一切大政方针由天子决策；天下无道，大权旁落，国家实权掌握在诸侯手中。古时君权是国家政权的象征。由此可以看出，孔子主张中央集权。这一政权形式大概始于孔子。封建时代，将其变为君权至高无上，独断专行的极权、特权，这是对孔子中央集权主张的扭曲。

我国现行的中国特色社会主义制度，实行中国共产党集中统一领导，它与封建集权制有着本质的不同，它是建立在民主和社会主义经济基础之上的集权制度，是"集中力量办大事"这一优势的保障。当然，我们也应该警惕集权制固有的不足，充分发扬民主，建立权力制约机制，强化科学决策，以防止权力滥用的发生。

这一篇精辟论述颇多，每一段都是一篇论文大作，很具研究、参考以及运用价值，这是本篇的看点。

阳货篇第十七

【原文】

阳货欲见孔子，孔子不见，归孔子豚。

孔子时其亡也，而往拜之。

遇诸途。

谓孔子曰："来！予与尔言。"曰："怀其宝而迷其邦，可谓仁乎？"曰："不可。""好从事而亟失时，可谓知乎？"曰："不可。""日月逝矣，岁不我与。"

孔子曰："诺，吾将仕矣。"

【意译】

阳货想要孔子来见他，孔子不去，他便送一头蒸熟的小猪，迫使孔子去向他道谢。

孔子打听好阳货不在家时，前去道谢。

两人正好在路上碰到。

阳货对孔子说："你过来！我有话对你说。"孔子走了过去。阳货说："身怀一身仁德和本领却不出来，任凭他的国家迷途失道，这可以算是仁吗？"孔子说："不可以。"阳货接着说："一个人喜欢做官却屡屡错过机会，这能说是聪明吗？"孔子说："不能。"阳货又接着说："时光流逝，机会难得，失去就再也回不来了。"

孔子此时才说："好的，我准备做官了。"

【解读】

阳货，又叫阳虎，季氏的家臣。季氏把持鲁国的政权，阳货又把持季氏的权柄。孔子对此人很反感，他叫孔子去见他，孔子不去。他为了要见孔子，给孔子送了一个蒸熟的小猪，按照当时的礼俗，得去登门拜谢。孔子不得已，只好打听好阳货不在家时去道谢，既合礼节，又不见面。可是，偏巧不巧，走在路上却正好碰上。从此段阳货急于见孔子，又讲了一番要孔子出来做官的话看，他是要孔子出来为他做事，孔子不愿意，不好当面顶撞，最后说了一句口不由衷的话来敷衍。归孔子豚：归，同"馈（kuì）"，赠送。豚（tún），小猪。按当时的礼节，大夫赠送东西给士，如果不能在家当面受赐，过后要去大夫家拜谢。

【原文】

子曰："性相近也，习相远也。"

【意译】

孔子说："人的本性本来是相近的，由于习俗不同，差距便逐渐拉大了。"

【解读】

性，人的本性、性格。习，习俗、学习、练习。这是说，人生下之后，人固有的本性、气质是差距不大的，但是由于后天环境的影响，形成的习惯、接受的教育、学习的接受程度等不同，人与人之间的差距就拉大了。这是在说人的一切不是先天注定的，而是由后天决定的，即是靠人自身的努力，因此，有些恶习，不能怪别人，是自己不检点造成的。按一般性解读，就是从小就要注意学习，养成好的习惯，认真进行修养，提高人的品德和素质，才能不被时代所淘汰。

【原文】

子曰："唯上知与下愚不移。"

【意译】

孔子说："只有上等的智者和下等的愚者，是不会改变的。"

【解读】

这段话的关键是对"上"和"下"的理解。上，上进、好学，即智者，上进也，这是最好的；下，落后，差劲，即愚者，后进也，是最差的。这不是说智和愚是不可改变的，而是智和愚的上和下是不会改变的。即不能把智者看作下，把愚者看作上。这是让人改变愚昧，通过学习改变为智者。但是后世往往将上、下与身份地位简单挂钩，把"上知""下愚"说成是地位高的人明智，处于下层的老百姓愚昧，而且天经地义，不可改变。从而使其成为维护封建等级制、欺压人民的理论依据，产生了极大的负面效应。至今仍然存在的"领导高明论"与此不无关系。因此，对孔子的这句话要慎用，要解释清楚，以防产生误解，引起忽视群众路线、轻视下级、脱离群众的不良后果。

【原文】

　　子之武城，闻弦歌之声。夫子莞尔而笑，曰："割鸡焉用牛刀？"

　　子游对曰："昔者偃也闻诸夫子曰：'君子学道则爱人，小人学道则易使也。'"

　　子曰："二三子！偃之言是也。前言戏之耳。"

【意译】

　　孔子到了武城这个地方，听到弹瑟唱歌的声音，微微笑着说："杀鸡何必要用宰牛的刀？"

　　子游答道："以前我听老师说过：'君子学习了礼乐的道理，就会有仁爱之心；老百姓学习了礼乐的道理，就会听指挥、听使唤。'"

　　孔子听到子游引用他以前说的话，便说："同学们！言偃说的话是正确的，我刚才说的那句话是开个玩笑罢了。"

【解读】

　　武城是鲁国的一个小城，子游（言偃）在武城任长官。孔子到了武城，听到弹琴唱歌的声音，笑着说了杀鸡何必用宰牛的刀这句话，意思是，这么小的地方，用不着用礼乐来教化人。这是子游管辖的地方，听到这句话，是说他治理得不得当，于是引用老师讲的话来辩解。孔子一听，马上承认自己讲错了，立即对学生们讲，同学们，言偃说得对，我说的是玩笑话。无论是有意的还是无意的玩笑话，其含义不仅关乎对子游治理的评价，而且是关系到国家治理理念的重要问题，当然不能马虎。反映孔子与学生之间关系融洽，对就说对，错就说错。

【原文】

公山弗扰以费畔，召，子欲往。

子路不说，曰："末之也已，何必公山氏之之也？"

子曰："夫召我者，而岂徒哉？如有用我者，吾以为东周乎！"

【意译】

公山弗扰盘踞费邑，反叛季氏，召孔子去，孔子想去。

子路不高兴，说："没有地方去就算了，为什么一定要去公山氏那里呢？"

孔子说："那里叫我去，难道是白白召我吗？假如有人用我，我将让周文王、武王之道在东方复兴！"

【解读】

公山弗扰，季氏家臣。费是季氏封邑。畔，同"叛"，即反叛。对公山弗扰召孔子的事，事实有存疑，这里只能是就文说文。这段论述有几个问题，一是公山氏反叛季氏，是以下犯上，孔子去就表示支持反叛；二是子路反应不满，意见很尖锐；三是要复兴东周含义是什么？是不是倒退？将这三个问题弄明白了，这段话就好理解了。对于第一个问题，季氏是鲁国大夫，将鲁国大权把持在自己手中，这本身就是大逆不道。家臣对他专权不满，反叛他，按孔子"勿欺之，而犯之"的观点，这种反叛没有什么不对，能去反映了孔子支持的态度。对于第二个问题，子路辅佐季氏，对下面反叛季氏持反对态度，因此对孔子去不满。学生这样说老师，可是孔子并未反驳，不在意学生怎么说，而是讲他去的理由，是说这是个机会，可以推行我的治国主张，这一点和子路的想法不同，子路辅佐季氏，是依附他跟着干，孔子是想改变不正确的现状，推行他的主张。第三个问题是复兴，是指文王武王时期国家治理得好，天下大治，现在治理成这个样子，我要把我去的地方治理得像东周那样的太平盛世一样。

【原文】

子张问仁于孔子。孔子曰："能行五者于天下为仁矣。"

"请问之。"曰："恭、宽、信、敏、惠。恭则不侮，宽则得众，信则人任焉，敏则有功，惠则足以使人。"

【意译】

子张问孔子怎样才算是仁。孔子说："能在天下实行五种品德，就可以说是达到仁了。"

子张问："是哪五种？"孔子说："恭敬、宽厚、诚信、勤敏、慈惠。恭敬就不会遭到侮辱，宽厚就能得到大家的拥护，诚信就会得到别人的信任，勤敏就会事业有成，慈惠就足以让人听从你、服从你。"

【解读】

仁，可指仁德或仁政，要达到仁，就要做到五点：一是恭敬，是指个人应具备的基本要求，不仅是外在态度，而且是行为端庄、正直，严以律己，为政清廉，这样才不会受到侮辱，人们才会尊重你；二是宽厚，是指厚道，善待别人，对人有爱心，这样才能得到人们的爱戴、拥护；三是诚信，对人诚恳、诚实、实在、守信，这样才能得到人们的信任，放心相处，无后顾之忧；四是勤敏，勤勤恳恳，兢兢业业，善于动脑，发挥自己的聪明才智，这样才能取得成绩，做出贡献；五是慈惠，是指给人以恩惠，实实在在地给人办事，给其带来实惠，这样人们才能感谢你，支持你，服从你，听从你的安排和差遣。上面说的是指仁政。对于个人，达到仁德，也需要在这五个方面认真去做。

【原文】

佛肸召，子欲往。

子路曰："昔者由也闻诸夫子曰：'亲于其身为不善者，君子不入也。'佛肸以中牟畔，子之往也，如之何？"

子曰："然，有是言也。不曰坚乎，磨而不磷；不曰白乎，涅而不缁。吾岂匏瓜也哉？焉能系而不食？"

【意译】

佛肸召孔子，孔子想去。

子路说："过去我听老师说过：'亲身做坏事的人那里，君子是不会去的。'如今佛肸盘踞在中牟谋反，你却要到那里去，这该作何解释？"

孔子说："没错，我是说过这话。但是，不是说坚硬的东西磨而不薄，洁白的东西染而不黑吗，我难道是苦味的匏瓜吗？怎么能悬挂在那里却不能吃呢？"

【解读】

佛肸（bìxī），是晋国大夫赵简子的家臣，担任中牟的长官，后判赵投靠范氏、中行氏。中牟是晋国封邑。磷（lìn），薄。涅（niè），一种矿物，古人用作黑色染料，这里是染黑之意。缁（zī），黑色。这段和上面公山氏的情况有相似之处。不同的是，子路没有了季氏的顾虑，所以讲得更直白了，他引用孔子自己说的话来反问孔子，是你对我们说的，到做坏事的人那里，君子是不去的。现在这个人反叛，叫你去你却要去，这怎么解释？孔子的理由是，我对我的学说坚定不移，就像坚硬的东西磨不薄一样，到了那里也不会改变我的信念，就像白色质料这种品质是染不黑的。我又不是摆设，就像匏瓜一样悬在那里供人看吗？只要用我，我就坚定地按我的主张办。

【原文】

子曰："由也，女闻六言六蔽矣乎？"对曰："未也。"

"居！吾语女。好仁不好学，其蔽也愚；好知不好学，其蔽也荡；好信不好学，其蔽也贼；好直不好学，其蔽也绞；好勇不好学，其蔽也乱；好刚不好学，其蔽也狂。"

【意译】

孔子说："仲由呀！你听说过六种品德六种弊端吗？"子路回答："没有听说过。"

孔子说："你坐下！听我给你说。重仁德而不重学习，其弊端就是会愚昧；重聪明而不重学习，其弊端就是会轻浮；重诚信而不重学习，其弊端就是容易轻信而害己；重直率而不重学习，其弊端就是说话容易伤人；重勇敢而不重学习，其弊端就是容易出格闯祸；重刚强而不重学习，其弊端就是容易狂妄自大。"

【解读】

六言，是指六句话，也是六种情况，这六种情况有好的一面，如果不学习，就有六种弊端，通过学习可以消除弊端。六种情况：一是仁，指仁德、好品德、好人品。好，是爱好、重视。愚，是愚昧。有人品，有德行，却不重学习，没有知识，其弊端就是愚昧。二是知，智慧，这里是指有聪明天资，却不重学习，荡即是轻浮，知识基础差，说话做事不靠谱。三是信，老实守信，贼是指有害。诚实守信，却由于不重学习容易轻信别人的话，会上当受骗，被别人利用，对自己有害。四是直，坦诚、直率。绞，痛。直率，却由于不重学习，说话比较尖刻，容易伤人。五是勇，勇敢，有勇气，敢作敢为。乱，指出轨，不守规矩。勇敢，却由于不重学习，容易莽撞、冒失，做事容易出轨。六是刚，刚毅、刚强。狂，指张狂。刚强，却由于不重学习，说话口出狂言，做事狂妄自大。仁、知、信、直、勇、刚都是好的品质，但是如果不重视学习，不求上进，放松对自己的要求，好的品质也会成为人的弊端，优点也会变成缺点。

【原文】

子曰："小子何莫学夫《诗》？《诗》，可以兴，可以观，可以群，可以怨。迩之事父，远之事君；多识于鸟兽草木之名。"

【意译】

孔子说："学生们为什么没有人好好读一读《诗经》呢？阅读《诗经》，可以培养人的志向和想象力，可以提高人的观察力，可以增进人与人的交流，可以抒发心中的怨气。从近处说，可以更好地孝顺父母，从远处说，可以更好地侍奉国君；而且可以更多地认识鸟兽草木的名称。"

【解读】

孔子将《诗经》作为一部人们必读的经典著作，他对他的儿子说："不学《诗》，无以言。"学生对学《诗经》重视不够，所以他强调学《诗经》的必要性。其好处有三：第一，对个人"立"有帮助。这有四个方面，一是兴，提高人的品德、理想、信念、思维能力、想象能力、创新能力，以立人、立业、立世；二是观，提高人的观察能力、认识能力、分析能力、判断能力，以适应社会的发展和变化；三是群，提高群众观念、人民观念、服务观念，以加强与群众联系，更好为群众服务；四是怨，提高人的激情、真情与情感抒发，同时把心中的不满、怨气、愤懑释放出来以调整人的心情，从而保持良好的心态。第二，提高人的责任心和事业心。在家庭，要孝顺父母，尊敬兄长，家庭和睦；在社会，更好为国家服务，做好工作，事业有成。"事父""事君"，古语简练，不是只事父和事君，只是具有代表性。第三，可以陶冶人的性格，欣赏大自然的美丽和大好河山。鸟兽草木是泛指大自然。迩（ěr），近。

【原文】

子谓伯鱼曰："女为《周南》《召南》矣乎？人而不为《周南》《召南》，其犹正墙面而立也与？"

【意译】

孔子对伯鱼说："你学习过《周南》和《召南》吗？人假若不学《周南》和《召南》，那不就像面对着墙壁站着一样吗？"

【解读】

《周南》《召南》是《诗经·国风》中两部分的名称。孔子对儿子仍在强调学习《诗经》，说如果不学习这两节，你就像正面对着墙壁站着一样，什么也看不见。

【原文】

子曰："礼云礼云，玉帛云乎哉？乐云乐云，钟鼓云乎哉？"

【意译】

孔子说："礼呀礼呀，难道仅仅说的是玉帛吗？乐呀乐呀，难道仅仅说的是钟鼓吗？"

【解读】

礼，不是指礼物等外在的东西，而是指内在的仁德。乐，不是指乐器等享受娱乐，而是一种礼仪，一种文化，一种才艺，一种陶冶情操的方式。

【原文】

子曰："色厉而内荏，譬诸小人，其犹穿窬之盗也与？"

【意译】

孔子说："外表严厉而内心软弱，以小人比喻，就像翻墙挖洞的小偷吧？"

【解读】

表面很严厉，很威风，而内心很怯懦，很软弱；表面装着满腹经纶，而胸中却空空如也。这样的人，将其比作小人，说得不好听，就像小偷一样，只能翻墙挖洞偷东西。这是对外强中干、色厉内荏、装腔作势、不学无术的人的批评。强调做人做事要实实在在、踏踏实实、表里如一，做有涵养有品行的人。荏（rěn），软弱。窬（yú），从墙上爬过去。

【原文】

子曰："乡愿，德之贼也。"

【意译】

孔子说："表面上老实，却是非不分、没有原则的老好人，是败坏道德的小人。"

【解读】

乡愿，是指是非不分、不讲原则的老好人，孔子将其提到道德的高度，甚至认为是败坏道德的小人。我以为这是针对官场说的，对于上级唯唯诺诺，该讲的话不讲，在大是大非问题上，是非不分，不坚持原则，甚至跟着做坏事，孔子对此批评十分严厉。就一般性来讲，老好人是个缺点，将其提到道德高度，不能一概而论，特别是"败坏道德"要慎用，但是，作为个人，要提高到道德的高度来认识，从而加强道德修养，明辨是非，坚持原则，不随波逐流，不同流合污，却是完全必要的。

【原文】

子曰："道听而涂说，德之弃也。"

【意译】

孔子说："在路上听到传言，就到处传播，这是违背道德的。"

【解读】

道听，是指小道消息，是传言，甚至是流言蜚语。涂，同"途"，涂说，是指口无遮拦，逢人便说，到处传播。这种行为是不道德的，应该受到唾弃。

【原文】

子曰："鄙夫可与事君也与哉？其未得之也，患得之。既得之，患失之。苟患失之，无所不至矣。"

【意译】

孔子说："卑鄙的人，难道能和他一起侍奉国君吗？当他没有得到职位时，总怕得不到。已经得到了，又怕失去。如果总是怕失去，什么手段都会使出来。"

【解读】

鄙夫，是指卑鄙、鄙陋、品质恶劣的人。这种人一心只求升官。在没有得到职位之前，千方百计、挖空心思向上爬；得到以后，又总怕丢失掉，为了保持官位，不择手段，专权用权，排斥异己，顺之者昌，逆之者亡，无所不用其极。孔子讲的是第一个台阶，得到后，还想向上爬，手段更卑鄙。患得之，作总怕得不到解。

【原文】

子曰："古者民有三疾，今也或是之亡也。古之狂也肆，今之狂也荡；古之矜也廉，今之矜也忿戾；古之愚也直，今之愚也诈而已矣。"

【意译】

孔子说："过去的人有三种毛病，现在也许都没有了。过去的狂人心志很高，肆意直言，现在的狂人，口出狂言，放荡不羁；过去矜持的人，骄傲自大，难以接近，现在矜持的人，乖戾多怨，与人相争；过去的愚人，正直坦诚，现在的愚人却行为诡诈。"

【解读】

过去的人有一些看似缺点的问题，与现在的人相比，已经算不上什么缺点和问题了。略举三例，如过去的狂人，这种人的特点是张扬，很豪爽，缺点是心志很高，口无遮拦，肆意直言；现在的狂人，其特点是放荡，口出狂言，狂妄自大，行为放荡不羁。又如，过去矜持的人，有正义感，就是性格狂傲，难以与人相处；现在这种矜持的人，正直感变成为固执，坚持己见。忿戾，即性格暴躁，动不动就发脾气，与人发生争执。再如，过去愚昧的人，其特点是老实本分，为人正直忠厚，老诚守信；现在这种愚昧的人，却变得耍奸溜滑。这就是说，过去狂、矜、愚三种人有缺点，但优点彰显得比较多些；现在这三种人，身上的缺点和问题变得突出了，用现代的话讲，这些人变差了，缺点变成错误，是社会道德下滑的外在表现。

【原文】

子曰："巧言令色，鲜矣仁。"

【意译】

孔子说："在语言上花言巧语，讨好人，而在行为上察言观色，虚伪善变，这种人是很少有仁德的！"

【解读】

口中说得天花乱坠，花言巧语，而在行为上见风使舵，表里不一，言行不一，这样的人缺乏品德和素质。这种人我们不仅在为人处事中要警惕，在选人用人上更要注意，要听其言而观其行。对于个人而言，要加强修养，注意提高自己的品德和素质，而不是投机取巧，在伪装自己、拉拢关系上下功夫。

【原文】

子曰："恶紫之夺朱也，恶郑声之乱雅乐也，恶利口之覆邦家者。"

【意译】

孔子说："憎恶紫色夺去红色的光彩和地位，憎恶郑国的乐曲扰乱了雅典的正统乐曲，憎恶尖口利舌使国家倾覆的人。"

【解读】

此段话仍然以具体事例喻国家治理的弊端。本来红色是当时服装的正色，可是有的诸侯因喜欢而改为紫色，这是比喻大权旁落在诸侯手中；本来雅典的乐曲很优美，却让淫靡的郑乐曲所扰乱，比喻国家礼节制度遭到破坏；原来的好治国之策不用，却让一些只说不做、口里说得好听而在行为上做得差的人充斥官场，这样下去会使国家遭到颠覆。孔子将其说成是一种现象，用"憎恶"替代"抨击"，这是孔子一贯采用的方式。

【原文】

子曰："予欲无言。"子贡曰："子如不言，则小子何述焉？"子曰："天何言哉？四时行焉，百物生焉，天何言哉？"

【意译】

孔子说："我不想说什么。"子贡说："老师如果不说了，我们记述什么？"孔子说："天说什么了呢？四季照样运行，万物照样生长，天说什么了呢？"

【解读】

孔子不是无缘无故说我不想说话，其意思是说，我已经讲得很多，不想再说什么了。学生就问，你不讲，我们怎么记述？孔子回答，四季运行，万物生长，这是自然规律，还用得着老天爷说什么吗？这段话的寓意可能是，我过去讲得不少了，现在我先不讲，你们自己观察、领悟、总结。比如，不用天说什么话，我们就可以知道四季的变化和万物的生长。孔子在这里是启发学生进行独立思考，自己从中感悟，得出正确的结论。

【原文】

孺悲欲见孔子，孔子辞以疾，将命者出户，取瑟而歌，使之闻之。

【意译】

孺悲想见孔子，孔子以有病为由拒绝了，待传话的人刚出门，孔子便把瑟取来弹奏，并且唱着歌，故意让孺悲听到。

【解读】

这是学生对老师的一段记述，是说有一个叫孺悲的人来想见老师，老师不想见这个人，以有病推掉，此时却弹瑟唱歌，要让这个人知道是他不愿意见，要让这个人想想，为什么老师不愿意见他，这比直接拒绝或者当面谈要好。

【原文】

宰我问："三年之丧，期已久矣。君子三年不为礼，礼必坏；三年不为乐，乐必崩。旧谷既没，新谷既升，钻燧改火，期可已矣。"

子曰："食夫稻，衣夫锦，于女安乎？"

曰："安。"

"女安，则为之！夫君子之居丧，食旨不甘，闻乐不乐，居处不安，故不为也。今女安，则为之！"

宰我出。子曰："予之不仁也！子生三年，然后免于父母之怀。夫三年之丧，天下之通丧也，予也有三年之爱于其父母乎？"

【意译】

宰我（名予，字子我）问："为父母守丧三年，时间太长了。君子三年不行礼仪，礼仪就会毁坏；三年不奏音乐，音乐就会荒废。旧谷吃完，新谷又会接上。取火用的燧木一年更换一次，守丧一年也就可以了。"

孔子说："父母死亡不到三年就吃白米饭，穿绸缎衣服，对于你就心安吗？"

宰我说："心安。"

孔子说："你觉得心安，你就那么做吧！君子守丧，吃美味不觉得香甜，听音乐不觉得快乐，住在家里也感到心里不舒服，故而不会那样做。你觉得心安，你就那样做吧！"

宰我退出后，孔子说："宰予真不仁呀！儿女生下，三年以后才脱离父母怀抱。为父母守丧三年，这是天下通行的丧礼，难道宰予没有得到过父母三年的爱抚码？"

【解读】

不要从三年守丧合适不合适来理解这段话，而要从仁不仁来理解。为父母守丧三年，这是当时社会通行的习俗。父母一把屎一把尿把你拉扯大，让你守丧，你就嫌时间长了。守丧期间，人家吃不下饭，睡不好觉，你却吃得香，穿得好，觉得心安，这就是你对父母养育之恩的回报吗？这是不孝、不仁。至于说到礼仪毁坏，音乐荒废，都是借口。翻开《公冶长篇》，宰予白天睡觉，孔子说其"朽木不可雕也"，故而其理由站不住脚。

【原文】

子曰："饱食终日，无所用心，难矣哉！不有博弈者乎？为之，犹贤乎已。"

【意译】

孔子说："整天吃饱饭，什么都不做，这不行呀！就是下棋，也比闲着没事干强。"

【解读】

博弈（yì），古代一种走棋游戏。这里是说，人不能只是吃饭睡觉，什么事都不干，就是玩一玩游戏，下下棋，也比闲着没事干强。

【原文】

子路曰："君子尚勇乎？"子曰："君子义以为上。君子有勇而无义为乱，小人有勇而无义为盗。"

【意译】

子路问："君子崇尚勇敢吗？"孔子说："君子最看重的是义。君子如果只有勇敢而没有义，就会莽撞乱为，小人如果只有勇敢而没有义，就会盗窃抢劫。"

【解读】

孔子数次指出子路"勇"的缺点，子路问孔子的正是"勇"字，意思是君子不是也崇尚勇吗？孔子的回答很具针对性，说，你说得不对，君子最看重的是义，如果君子重勇而不重义，就会乱为，即行为越轨，而小人重勇而不重义，就会犯上作乱，就会盗窃抢劫，胡作非为。

这里需要弄清两个概念，一个是君子和小人。君子最重要的品质是义，是仁，即孔子强调的要"义以为上"；小人最重要的特点是不仁不义，另一个是乱和盗。前者是针对君子重勇而不重义说的，这句话的意思是，君子只重勇而不重义，就会乱。这里的乱，是乱为，是行为越轨，做出不理智的事，做出不义的事，做出损人利己的事，做出获得不义之财的事。而小人只重勇而不重义，就会盗。盗即盗窃、抢劫等违纪违法的事。这是一般解释。针对子路的缺点，孔子意思是说，你要警惕呀！不要以勇敢为自豪，要将重点放在崇尚仁义上，否则，轻者就会犯错误，莽撞闯祸，重则成为违法违纪的小人。

【原文】

子贡曰："君子亦有恶乎？"子曰："有恶：恶称人之恶者，恶居下流而讪上者，恶勇而无礼者，恶果敢而窒者。"

曰："赐也亦有恶乎？""恶徼以为知者，恶不孙以为勇者，恶讦以为直者。"

【意译】

子贡（端木赐）问："君子有憎恶的人吗？"孔子说："君子有憎恶的人：憎恶说别人坏话的人，憎恶身居下位诽谤上级的人，憎恶只讲勇敢不讲礼节的人，憎恶只求果敢而不通事理的人。"

孔子接着问："赐呀，你也有赠恶的人吗？"子贡回答："我憎恶抄袭别人东西还自以为聪明的人，憎恶不谦逊还自以为勇敢的人，憎恶揭发别人隐私还自以为正直的人。"

【解读】

这可以说是师生的一次交流，主题是谈憎恶的人。孔子谈君子的憎恶有四：一是嚼舌头，无事生非，搬弄是非，说别人的坏话；二是诽谤上级，散布谣言，进行诬陷，捏造不实之词；三是只讲胆大勇敢，敢作敢为，而不懂礼节，不重仁义，做出出格和不义之事；四是只求果断而比较固执，先入为主，坚持己见，不听别人意见，处事往往于理不通。子贡憎恶的人是，把抄袭的可耻做法反以为聪明，把不谦逊的待人之道当作是勇敢，把揭别人隐私的不地道行为反认为是直率、正直。孔子重礼义，子贡重人品，这种交流很有益，对人们的好恶有启示作用。讪（shàn），讽刺，说别人坏话。窒（zhì），阻塞不通，这里指不通事理。徼（jiāo），求，这里指抄袭。讦（jié），揭发别人的隐私。

【原文】

　　子曰："唯女子与小人为难养也，近之则不孙，远之则怨。"

【意译】

　　孔子说："只有女人和小人最难相处。亲近了，他们放肆无理；疏远了，他们就会抱怨怀恨。"

【解读】

　　在以男子为中心的社会里，这段话成了确立和维持男权统治的思想基础，是对妇女的歧视和偏见，受其影响，在封建社会对妇女压迫最大。直到现在这种影响还存在，"唯女子与小人为难养也"有时还在被引用。

　　现代心理学研究证明，女性在心理上与男性存在着一定的差异，受生理周期影响，其情绪变化也相对较大。女性一般更重于情感。在封建社会，由于妇女地位低下，深受压迫，严重束缚了其自身的发展和作用的发挥。因此，女性在待人处事方面会与男性有所不同。这是客观的，应该正确看待，而不应该抱以偏见。也许孔子观察到了这种现象，但他受时代所限不可能做出科学的解释。那种歧视女性，认为女人天生低人一等的思想，完全是封建统治阶级的反动腐朽观念，其流毒之深，为害之大不可估量。肃清这种流毒至今仍有很长的路程要走。

【原文】

　　子曰："年四十而见恶焉，其终也已。"

【意译】

　　孔子说："到了四十岁还被厌恶，这一生就算完了。"

【解读】

人生小时、年轻时，由于还不成熟，做一些事让人厌恶，可以理解，也容易得到人们的谅解。随着年龄增大，不断成熟起来，这些厌恶可以化解。但是到了四十岁中壮年时期，人在各方面已经成熟，这时候做事还让人厌恶，这就说不过去，一生就完了。孔子这是在教育学生，要珍惜青少年时期，养成好作风，打好人生基础，少做一些让人厌恶的事，不让人厌恶你，不要到了四十岁还让人厌恶，到那时后悔就晚了。

【本篇思考】

本篇以"阳货"为篇名，阳货是季氏的家臣。

为什么以"阳货"为篇名？不仅开篇用的是"阳货"的名字，而且还得从孔子上篇一段论述说起。这段论述已作解读，其含义用孔子一句话表述，即"天下有道，则礼乐征伐自天子出"。其意思是，国家要治理得好，就要实行中央集权制，只有实行大一统的中央集权制，政权才能巩固，社会才能稳定，百姓才能安乐。如果中央大权旁落，必然导致政权衰亡。旁落到诸侯手里，最多十代；旁落在大夫手里，最多五代；旁落在大夫陪臣手里，最多三代。旁落在诸侯手里，他以卫灵公作为典型，是因为卫灵公和孔子谈的议题，是关于争霸的战争问题，孔子反对战争的态度明朗。旁落在大夫手里，他选择季氏，是因为季氏专权，同时又是谈战争问题，这是反映孔子反对战争、仁政治国主张最为难得的经典论述，很具代表性。旁落在大夫陪臣手里的就是季氏的家臣阳货。孔子对此人很反感，其反感充分反映在本篇第一段的精彩论述上，将孔子的反感描写得淋漓尽致。

从全篇看，这篇对治理国家的记述比上篇更少，伦理色彩更浓，似乎又回到前半部。经过梳理，我以为这篇的重点还在开篇的观点上。孔子对阳货很反感，却说出我可以出来做官的话。是阳货说动了吗？不是，其意思是，还得按我的主张办。

如果说孔子这里说的可以当官的话是针对阳货发的，那么本篇有两处记载，孔子有当官的意愿，遭到子路的反对，这如何看？一次是一个小国请孔子去当官，孔子想去，子路不满地说，如果没有地方去就算了，为什么却到那么一个没有人愿意的地方去呢？另一次是一个大夫家臣请孔子去，孔子想去，子路不满地说，你说过，做坏事的人那里，君子是不去的，这个人盘踞谋反，你却要去，这怎么说得过去。由此可以看出，孔子想去做官的思想是有的。但是，孔子的当官不是为了当官，而是为了推行他的治国主张，他认为，只要有人请他，他就去。大国一般不会理他，而且这些国家人才济济，他的主张根本推行不了，而这些小地方和在一些事情上，容易按他的主张办，这是一个推行他的主张的好机会，为什么不去呢？

基于这种认识，虽然单独拉出来看，是讲伦理，但是放在这个主题下论述，就需从仁政的角度上来理解，而不仅仅是从仁德上理解。

微子篇第十八

【原文】

微子去之，箕子为之奴，比干谏而死。孔子曰："殷有三仁焉。"

【意译】

殷纣王残暴，微子离他而去，箕子被削为奴隶，比干因进谏而被杀害。孔子说："殷商有三位仁人。"

【解读】

微子，又名启，是纣王的同母哥哥，因不愿意为纣王做事而离开。箕子是纣王的叔父，因进谏被削为奴隶。比干也是纣王的叔父，因进谏被剖心杀害。因此，孔子称赞其为殷之三仁。

【原文】

柳下惠为士师，三黜。人曰："子未可以去乎？"曰："直道而事人，焉往而不三黜？枉道而事人，何必去父母之邦？"

【意译】

柳下惠担任法官，多次被撤职。有人对他说："你为什么不离开鲁国呢？"柳下惠说："正派待人处事，到哪里去才不会被多次撤职呢？如果不正派地待人处事，为什么一定要离开祖国呢？"

【解读】

士师，是古代掌握司法刑狱的官员。三黜（chù），三，是指多次，三黜，是指多次被罢官。父母之邦，父母所在的国家，即本国、祖国。柳下惠担任法官，正派公正，却被多次撤职，有人劝他离开鲁国，他说的意思是，现在到哪个国家，正直正派的人能站得住脚？要我改变正派正直，我是不会这样做的，还不如留在祖国，我哪里也不去，用我，我就坚持公正公平，要撤我的职就撤吧，我不在乎。因此得到孔子的称赞。这是对《卫灵公篇》的例证。

【原文】

齐景公待孔子曰："若季氏，则吾不能；以季孟之间待之。"曰："吾老矣，不能用也。"孔子行。

【意译】

齐景公就如何对待孔子说："像鲁君对待季氏那样对待孔子，我做不到；我要用次于季氏而高于孟氏的待遇来对待孔子。"过后又说："我老了，不能用他了。"孔子离开了鲁国。

【解读】

待，有两种理解，一是指职位，二是指接待规格，均可解释通。如果是指接待上，有个是否合乎礼节的问题，孔子对此是在意的。如果是谋职问题，孔子不在乎职位，而在推行他的主张，只有在像季氏那样的职位上，才能按他说的做。而国君对孔子一般则是敬而远之，对孔子的主张，不会同意在他那里实施，因此婉言相拒。这一点，不仅在齐景公这里是这样，在所有诸侯国都会是这样。待遇礼节上，有的可能表示尊敬，但具体不会采纳。"吾老也，不能用也"，是一句推辞话，即婉言谢绝。

【原文】

齐人归女乐，季桓子受之，三日不朝，孔子行。

【意译】

齐国选了一批歌姬舞女给鲁国，季桓子接受了，多日不上朝理政。孔子就离开了鲁国。

【解读】

季桓子，鲁国大夫季孙斯，当时掌握鲁国实权，时孔子任鲁国司寇。作为掌握实权的重臣，荒淫无度，不理朝政。孔子认为，这样的国家治理无望，所以毅然离职而走他国，周游列国推行他的主张。

【原文】

楚狂接舆歌而过孔子曰："凤兮！凤兮！何德之衰？往者

不可谏，来者犹可追。已而！已而！今之从政者殆而！"

孔子下，欲与之言。趋而辟之，不得与之言。

【意译】

楚国的狂人接舆从孔子车子旁边走过，边走边唱："凤凰呀！凤凰呀！为何德行这么衰弱？过去的已无法挽回，将来还来得及改变。算了吧！算了吧！现在的从政者多么危险！"

孔子下车，想同此人谈谈，此人加快步伐避开，不与其交谈。

【解读】

狂人，一般是指隐居民间的高人，这种人洞察一切，智力很高，能给人指点迷津。像孔子这样的名人他肯定知道，他故意唱着歌，从孔子车前经过。这首歌暗喻孔子，将孔子比作凤凰。这里的德，是说孔子的主张就像凤凰，在天下无道时实行不了。孔子经常会遇到不少非议和阻力，可是学生都坚定跟着老师，而且记载下来，以说明孔子学说推行的难度，亦表示对老师学说的坚信。

【原文】

长沮、桀溺耦而耕，孔子过之，使子路问津焉。

长沮曰："夫执舆者为谁？"

子路曰："为孔丘。"

曰："是鲁孔丘与？"

曰："是也。"

曰："是知津矣。"

问于桀溺。

桀溺曰："子为谁？"

曰："为仲由。"

曰："是鲁孔丘之徒与？"

对曰："然。"

曰："滔滔者天下皆是也，而谁以易之？且而与其从辟人之士也，岂若从辟世之士哉？耰而不辍。"

子路行以告。

夫子怃然曰："鸟兽不可与同群，吾非斯人之徒与而谁与？天下有道，丘不与易也。"

【意译】

长沮、桀溺两个人在耕田，孔子从那里经过，让子路去问渡口在哪里。

长沮问子路："那个驾车的人是谁？"

子路回答："是孔丘。"

长沮问："是鲁国那个孔丘吗？"

子路回答："是的。"

长沮说："他是晓得渡口在哪里的。"

子路又去问桀溺。

桀溺问："你是谁？"

子路回答："我叫仲由。"

桀溺问："是鲁国孔丘的学生吗？"

子路回答："对。"

桀溺说："天下乱得就像滔滔的洪水一样，你们同谁去改变它呢？与其跟着躲避国君的人，还不如跟着逃避乱世的人呢。"说完，仍然干他的农活。

子路回来将情况告诉孔子。

孔子失望地说："我们不能与鸟兽合群共处，我们不与人为群，又能和谁为群呢？如果天下有道，我就不会同你们一起改变它了。"

【解读】

孔子让学生去问路，两个务农的人，一听说是孔子，其中一个说了一句，他是知道路的，意思是，他那么有本领，还需问人吗？另一个借机讽刺了一番，说，天下无道，就像滔滔的洪水一样，谁能治得了呢？靠孔子那样不当政者斗争，是根本不行的，你们跟着他还不如跟着逃避这个乱世的人呢。说完就去干他的活。孔子这一套治国主张，在当政者那里行不通，到处碰壁，可是，他怎么也没有想到，连老百姓都不支持他，这样冷落他，让他很失望。但是，这并没有让他灰心，他对学生说，如果天下有道，也就不需要我孔丘来这么费神，也没有必要和你们一起千方百计地改变它。要改变这个天下，就得坚持我的主张，就得向人们宣传，这一点毫不动摇。

【原文】

　　子路从而后，遇丈人，以杖荷蓧。

　　子路问曰："子见夫子乎？"

　　丈人曰："四体不勤，五谷不分，孰为夫子？"植其杖而芸。

　　子路拱而立。

　　止子路宿，杀鸡为黍而食之，见其二子焉。

　　明日，子路行以告。

　　子曰："隐者也。"使子路反见之。至，则行矣。

　　子路曰："不仕无义。长幼之节，不可废也；君臣之义，如之何其废之？欲洁其身，而乱大伦。君子之仕也，行其义也。道之不行，已知之矣。"

【意译】

　　子路跟随孔子，落在了后面，遇见一个老者，用木棍挑着锄草工具。

　　子路问："你见到我的老师了吗？"

　　老者说："四肢不劳动，五谷分不清，谁是你的老师？"说完，把木棍插在地上锄草去了。

　　子路拱着手恭顺地站在那里。

　　老者便留子路在他家住宿，杀鸡做饭给子路吃，又叫两个儿子出来相见。

　　第二天，子路赶上了孔子，将这件事告诉孔子。

　　孔子说："这是个隐士。"要子路回去再见这个老者，等子路到了那里，这个老者已经离开。

　　子路说："不做官是不符合道义的。长幼之间的礼节，不能废弃；君臣之间的礼仪，怎么能废弃呢？想洁身自好，却破坏了君臣之间的伦理关系。

君子出来做官，是实践君臣大义。至于我们的政治主张实现不了，这早就知道了。"

【解读】

这段话其他都好理解，就是对"四体不勤，五谷不分"这句话的所指，看似指子路，我以为是指孔子，起码包括孔子。理由有三：一是说此话的老者可能是隐士。既然是隐士，不可能对孔子不知道。从"孰为夫子"的口气看，是毫不客气的，意思是我知道孔子是谁，是个"四体不勤，五谷不分"的人。否则，一个隐士，人家来问见他老师没有，回答不知道就行，何必还说那么尖刻的话。二是从上下文联系看，上节亦是子路问路，老农明确是对孔子不客气，因此，此段亦可能是针对孔子。三是子路感慨而发的最后一句话，我们的主张行不通，早就知道了。如果只针对子路，为什么还要提孔子的主张呢？从这句话看，隐士可能知道孔子说过什么话，否则，作为学生，不会随意扯上孔子的主张。

【原文】

逸民：伯夷、叔齐、虞仲、夷逸、朱张、柳下惠、少连。子曰："不降其志，不辱其身，伯夷、叔齐与！"谓："柳下惠、少连，降志辱身矣，言中伦，行中虑，其斯而已矣。"谓："虞仲、夷逸，隐居放言，身中清，废中权。我则异于是，无可无不可。"

【意译】

隐居不做官的人士有伯夷、叔齐、虞仲、夷逸、朱张、柳下惠、少连。孔子说："不动摇自己的意志，不辱没自己的身份，要算伯夷和叔齐！"又说："柳下惠、少连降低自己意志，辱没自己身份，可是言语合乎法度，行为深思熟虑，能做到的就是这些。"接着说："虞仲、夷逸逃世隐居，直言开放，可是能洁身自好，将废弃作为权宜之计。我与他们这些人不同，没有什么可以，也没有什么不可以。"

【解读】

逸民，是指被遗弃不用，不做官的人才。孔子罗列了一些人，按照孔子说的，这些人才大致有三种情况：一是意志坚定，不辱没身份。这类人是最值得赞扬的人才,但是这类人才宁死不屈,遭遇很悲惨。二是委曲求全,忍辱负重,但是不随声附和,不丧失原则,言语合乎道义,行为有所顾虑,能做到这样实属不易。三是避世隐居,不与为伍。但是这类人能洁身自好,头脑清晰,言必有中,隐居只是权宜之计。孔子认为,这些人都是人才,人品都不错,可是这些人才都得不到任用,是很可惜的。他说,他与这些人都不同,他有自己的治国主张,而且坚持自己的治国主张,不会像他们这些人一样,选择牺牲或逃世,也不会做官,委曲求全,进行妥协。"无可无不可"是说,选择走的路是正确的,治国学说是正确的,但是,阻力比较大,处处行不通,进而表示,无论遇到任何阻力,却要坚持走下去。

【原文】

大师挚适齐,亚饭干适楚,三饭缭适蔡,四饭缺适秦,鼓方叔入于河,播鼗武入于汉,少师阳、击磬襄入于海。

【意译】

大师挚去了齐国,亚饭乐师干去了楚国,三饭乐师缭去了蔡国,四饭乐师缺去了秦国,打鼓的方叔居住到黄河流域,摇鼗鼓的武居住到汉水沿岸,少师阳和击磬的襄居住到海边。

【解读】

大师,乐宫的领班。亚饭,古代国君诸侯吃饭时要奏乐,第二次吃饭奏乐的乐师叫亚饭,第三次、第四次吃饭奏乐的乐师分别叫三饭和四饭。鼗(táo),小鼓。少师,副乐官。磬(qìng),古代一种乐器。这段记述是学生的记载,可能是孔子讲述记录整理,是说鲁国的礼乐制度崩坏,这方面的人才纷纷离开鲁国。这从一个侧面反映鲁国的政治环境不好,留不住人才。以此说明老师的主张是正确的,是需要坚持的。

【原文】

周公谓鲁公曰:"君子不施其亲,不使大臣怨乎不以。故旧无大故,则不弃也。无求备于一人!"

【意译】

周公对鲁公说:"君子不怠慢他的亲族,不让大臣抱怨没有被任用。老臣故人没有大的过失,就不要抛弃他们。不要对一个人求全责备!"

【解读】

周公,周公旦,鲁公是他的儿子伯禽。周公旦这是将他的经验传授给儿子,教育儿子治国要用好人才。周公是孔子心目中的圣人,这段话可能是他引用的,反映了他的思想。

【原文】

周有八士:伯达、伯适、仲突、仲忽、叔夜、叔夏、季随、季騧。

【解读】

士,是著名人士,即人才,说明当时人才济济。

【本篇思考】

本篇以开篇前两个字"微子"为篇名,微子不是周朝当代的人物,而是商代殷纣王的哥哥。

从《论语》的全书看,有关微子的记述很少。为什么选此人作篇名?不是说明孔子怀古、复古,而是含有深意。孔子谈古,从来不是以古论古,而是以古论今。因为这个人不是处在天下有道的年代,当政者也不是天下有道时的当政者。将此人作为篇名,反映了孔子学生对孔子思想理解得比较深,而且这些学生能这样编排,也反映了这些学生具有高深的造诣。

殷纣王昏庸无道,重用奸臣,听信谗言,残害忠良,是暴政的典型代表。有句成语"助纣为虐"就是据此而来。微子不为其做事,选择逃避,孔子认为微子是个仁者。这一方面反映出,天下无道,人才被埋没,英雄无用武之地,另一方面也反映出,像微子这样的人生不逢时。本篇介绍的一些先代和当代的人才,多属于这种情况。这隐喻着当时社会虽不像殷纣时代那样残暴,但是整天忙于争霸,国家同样治理得不好,因此这些人才都没有发挥作用。

孔子与这些人反其道而行之,他不是不为,而是大有作为。他是一位古代政治家，而不是革命家。不抨击当时社会，因为他的学说要靠当政者来推行。他也没有全面而系统论述自己的治国之道，是通过他的主张、观点、看法、言论来体现的，他的学说难以推行，他也是生不逢时，他的可贵之处在于他始终在坚持着。

在这篇中，没有提及孔子对自己学说的推介以及所受到的阻力，这方面是不言而喻的。但是，却用大的篇幅描述来自下层对孔子学说的非议和批评。这种非议和批评起码说明两点，一是孔子学说推行遇到强大的阻力，这种阻力不仅反映在当政者，就连普通的老百姓都认为他的这一套行不通；二是孔子对自己学说是坚信的，毫不动摇的。他既不生气，又不气馁，认为正因为有弊端，才需要自己的主张，他说，如果天下治理好了，何必要自己操这个心。（"天下有道，丘不与易也。"）

子张篇第十九

【原文】

子张曰："士见危致命，见得思义，祭思敬，丧思哀，其可已矣。"

【意译】

子张（颛孙师）说："一个士，遇到危难能够献出生命，遇到有所得时会考虑合不合义，祭祀时虔诚恭敬，居丧时哀痛悲伤，那就可以了。"

【解读】

士，是指有品行的人。这种人在危难时，能挺身而出，甚至能够献出自己宝贵的生命；在利益面前，能想到这是不是符合道义，是否应该获得，不取不义之财；祭祀时虔诚，守丧时哀痛，即对一些礼节礼仪发自内心。这是说，在关键时刻，在一些重要问题上，最能考验一个人。"可以了"是说已经做得不错了，但是还得不断努力。

【原文】

子张曰："执德不弘，信道不笃，焉能为有？焉能为亡？"

【意译】

子张说："遵守道德但不能弘扬，信仰道义但不够执着，这种人是可有可无，无足轻重的。"

【解读】

有些人，遵守道德，但不能弘扬道德，信奉道义，但又不坚定执着。这样的人，说没做，他做了，说做了，却又没做好，不执着。其意思是说，不够坚强，弘扬不够，还要在这两方面予以加强。

【原文】

子夏之门人问交于子张。子张曰："子夏云何？"

对曰："子夏曰：'可者与之，其不可者拒之。'"

子张曰："异乎吾所闻：君子尊贤而容众，嘉善而矜不能。我之大贤与，于人何所不容？我之不贤与，人将拒我，如之何其拒人也？"

【意译】

子夏的学生向子张问应该怎样交朋友。子张问："子夏怎么说？"

这位学生回答："子夏说：'可以交的，就交往，不可以交的，就予以拒绝。'"

子张说："我听到的与此不同：君子尊敬贤人，也能容得下一般人；称赞善人，又能同情没有能力的人。如果我是大贤的人，还有什么人容不下呢？如果我是不贤的人，别人会拒绝和我交往，我怎么能拒绝别人呢？"

【解读】

这似乎是在谈与人交往的问题，子夏的回答是，可以交往则交往，不可以交往的不交往。子张的回答则是，不仅要与有德行的人交往，而且要与"众"即所有的人交往，要容得下人，要帮助那些需要帮助的人。如果是指交朋友，既不随意交朋友，又要广交朋友。

【原文】

子夏曰："虽小道，必有可观者焉；致远恐泥，是以君子不为也。"

【意译】

子夏（卜商）说："即使是小技艺，也一定有可取的地方；但是，恐怕它妨碍远大的事业，故而君子不会这样去做。"

【解读】

有些事从一件事、从局部看，是有一定道理的，看起来是对的；但是从大局看、从长远看，却有碍大的目标，是于理不通的，是不对的。这就是说，看一些事、看一些道理，不能只看这件事本身、只看小道理，而是要从大局和长远看，这是观察事物、分清对错的基本原则。小道理要服从大道理，就是这个意思。

【原文】

　　子夏曰："日知其所亡，月无忘其所能，可谓好学也已矣。"

【意译】

　　子夏说："每天学到自己所未知的知识，每月不忘已经掌握的知识，这样可以说是好学了。"

【解读】

　　要好好学习，就要求每天都要增加新的知识，每月都要复习巩固已经学得的知识，做到日积月累，不断提高智慧和能力。

【原文】

　　子夏曰："博学而笃志，切问而近思，仁在其中矣。"

【意译】

　　子夏说："学习知识广泛渊博从而坚定意志，恳切提出疑问，进而与当前情况结合起来进行思考，仁德就在这中间了。"

【解读】

　　知识通过学习而获得，但是知识渊博不是学习目的，学习的目的是坚定志向；学习要善于提出问题，但是解答疑问不只是为了获得知识，而是为了将其与当前情况结合起来进行思考，提高认识水平和能力。前者学习的目的是坚定志向，即学习以明志，博学以笃志；后者是切问以近思，解惑以明目，理论联系实际，以便进行更好的实践。能够做到这两点，仁即好的品行就包含在其中。

【原文】

　　子夏曰："百工居肆以成其事，君子学以致其道。"

【意译】

　　子夏说："各种工匠在作坊完成他的工作，君子通过学习以获得他所追求的道理。"

【解读】

工匠完成他的工作任务，是在作坊使用工具完成的。任务是目标，作坊是场所，没有作坊、没有工具，就无法完成任务；反之，只有作坊和工具，没有工匠的辛勤劳动，也同样完不成任务。君子有其奋斗目标和远大理想，是通过学习来达到的，没有学习这个过程，难以达到自己的奋斗目标；相反，如果没有奋斗目标，学习获得的知识再多，也难以取得预期的成就。这是在强调学习的重要性，同时也强调要有动力，是为了追求一定的目标和理想，这样才能提高学习的积极性和主动性。

【原文】

子夏曰："小人之过也必文。"

【意译】

子夏说："小人对自己的过错，必然会加以掩饰。"

【解读】

有了过错，要勇于承认，并加以改正。有了过错，千方百计进行掩饰，认为这没有什么，这是小人作为。

【原文】

子夏曰："君子有三变：望之俨然，即之也温，听其言也厉。"

【意译】

子夏说："君子让人感觉有三个变化：从外表上看端正庄严；与之接触性情温和；说起话来严肃认真。"

【解读】

感觉的三个变化，是指从三个不同的角度来观察。一是从外表上看端庄，让人感到很正直、很严肃；二是待人接物上平易近人，没有架子，让人感到很和气；三是说起话来，厉。这个厉，不是指严厉、盛气凌人，而是说话很在理、有份量，说话算数，具有威力，让人感到有威严。这三变，反映人说话办事的魄力、威望和亲和力。

【原文】

子夏曰："君子信而后劳其民；未信，则以为厉己也。信而后谏；未信，则以为谤己也。"

【意译】

子夏说："君子只有取得信任，才能让百姓听从、服从；如果没有取得百姓信任，百姓就认为是欺压他们、奴役他们。取得国君信任，才能进谏；如果未取得国君信任，就去进谏，国君会认为你是在诽谤他。"

【解读】

前一句话，是对处在上位的人包括国君说的，首先你的治理、你的工作、你自己的所作所为，能够取得老百姓的信任，这是最重要的。能得到老百姓的信任，老百姓就拥护你、听从你的安排；如果不能取得老百姓的信任，老百姓就认为你是强迫，是奴役百姓。后一句话是针对大臣说的，进谏是正直、挚言大臣的一个显著标志，但这要看国君是不是相信你，如果相信你，你的进谏才能听得进去；如果不信任你，就认为你是在诽谤。可见，取得信任是何等重要。

【原文】

子夏曰："大德不逾闲，小德出入可也。"

【意译】

子夏说："人在大的节操上不能逾越界限，在小的细节上有点出入是可以的。"

【解读】

这是在讲"大节"和"小节"的问题，这是每个人的一生都要遇到的一个重要问题。对于大节，必须坚守，不能马马虎虎、糊糊涂涂，千万不能超越界限，弄不好就要栽跟头；对于小节，人非圣贤，孰能无过，有些小的过错，不足为奇。子夏的意思是说，要重大节，不要在小节上计较。不是说小节无所谓。不能去掉前句，只将"小节出入可也"单独提出，单独使用容易出错。

【原文】

子游曰："子夏之门人小子，当洒扫应对进退，则可矣，抑末也。本之则无，如之何？"

子夏闻之，曰："噫！言游过矣！君子之道，孰先传焉？孰后倦焉？譬诸草木，区以别矣。君子之道，焉可诬也？有始有卒者，其惟圣人乎！"

【意译】

子游（言游，字子游）说："子夏的学生，叫他们做做打扫、接待客人、迎来送往的工作，那是可以的；不过，这些都是细枝末节的工作。至于根本性的基础却没有，这怎么可以呢？"

子夏听到以后说："唉！言游说错了！君子的道，哪些先传授，哪些后教诲，就像草木应当区别种类一样，哪能乱传授呢。至于从头至尾都能融汇贯通的，大概只有圣人吧！"

【解读】

这是均为孔子学生的两位老师对如何教学的不同看法。一个认为，你教育学生的都是一些最基础的东西，因此你的学生只能做一些低下的工作；而另一个则认为，学习必须循序渐进，要先打好基础，再进行提高，从头至尾都讲高深的理论，恐怕只有圣人才能做到。比如，草木种类很多，先从识别种类入手，再逐渐了解哪些是好哪些是差，进而选用优良品种养植。所以要做到诲人不倦。

【原文】

子夏曰："仕而优则学，学而优则仕。"

【意译】

子夏说："做官了，还有余力就去学习；学习还有余力就去做官。"

【解读】

这句话可作这样解，优秀的人才就需很好地学习，学习优秀的就会成为有用人才。仕，如作当官解，这句话可这样理解，当官要成为优秀人才，就要好学；学习优秀，同样也需要做官的实践。

【原文】

　　子游曰："丧致乎哀而止。"

【意译】

　　子游说："居丧时，充分表现出悲哀之情就行了。"

【解读】

　　居丧是尽孝的礼仪，不仅是一种哀悼的方式，最为重要的是，表达悲痛的心情。能达到这样的目的也就够了。

【原文】

　　子游曰："吾友张也为难能也，然而未仁。"

【意译】

　　子游说："我的朋友子张，可以说是难能可贵了，然而还没有达到仁。"

【解读】

　　这是子游对子张的看法。

【原文】

　　曾子曰："堂堂乎张也，难与并为仁矣。"

【意译】

　　曾子说："子张气概非凡，别人难以与他一起做到仁。"

【解读】

　　这是曾子对子张的看法，这里不加评述。只是有一点感想，每个人都有其优点，也有其缺点。人非圣贤，孰能无过。子张虽有缺点，但并不能妨碍是孔子最优秀的学生之一，也并不损害他在学生心目中的形象，将他收录其中，就足以说明。

【原文】

　　曾子曰："吾闻诸夫子：人未有自致者也，必也亲丧乎！"

【意译】

曾子说:"我听老师说过:人在平常时不可能自动抒发感情,要说有,一定是在父母死亡的时候。"

【解读】

孔子在什么情况下讲这句话? 其含义是什么? 曾子不会平白无故地引用这句话,并成为经典论述。孔子这句话大致在说,人的感情流露,最真实的是在父母死亡的时候。父母对自己有养育之恩,当父母死亡时,人的悲哀之情是自发的,是难以控制的,是真情流露,是装不出来的。可是在日常生活中的感情流露,哪些是真的,哪些是装出来的,就需要观察。孔子认为,在他那个时候,真情是不多的,因此才说"必也亲丧乎!"这是世风不好的反映。

【原文】

曾子曰:"吾闻诸夫子:孟庄子之孝也,其他可能也;其不改父之臣与父之政,是难能也。"

【意译】

曾子说:"我听老师说过:孟庄子尽孝,其他人也都能做到;只是他在留用了他父亲的旧臣幕僚和保持他父亲的政治措施方面,是别人难以做到的。"

【解读】

孟庄子,鲁国大夫孟献子仲孙蔑之子,名速。他父亲去世后,他除了做到其他人居丧、尽孝的各个方面,还能够继承他父亲的遗志,沿用他父亲治理国家的主张和良策,任用他父亲的老臣,这是难能可贵的。曾子引用孔子的看法,是对《学而篇》"三年无改父之道可谓孝矣"的具体例证。

【原文】

孟氏使阳肤为士师,问于曾子。曾子曰:"上失其道,民散久矣。如得其情,则哀矜而勿喜!"

【意译】

孟氏让阳肤担任法官，阳肤向曾子请教。曾子说："现今在上位的人不按规矩行事，老百姓早就离心离德了。你若能审出犯罪的实情，就应该同情他们、怜悯他们，切不可自鸣得意。"

【解读】

这段是在谈社会犯罪问题，这与社会的大环境有关，上面的官风不正，腐败昏庸，民不聊生，但对于出现的社会犯罪问题，整治的都是下层民众，不能把他们看成是罪犯，而应该同情他们、怜悯他们。曾子对这个问题分析得很透彻。

【原文】

子贡曰："纣之不善，不如是之甚也。是以君子恶居下流，天下之恶皆归焉。"

【意译】

子贡说："商纣的坏，不像现在传说得那么厉害。所以君子憎恨身有污行，一旦有了污点，好像天下所有的坏事都归于他一个人身上了。"

【解读】

这段话不应理解为为商纣开脱或者减轻罪责，而是说，你当政时一定要洁身自好，为政清廉，你做了坏事，留下污点，人们会憎恨你，同时留下恶名，遭到后世唾骂。即使你并没有传说得那么坏，但是也难以洗刷恶名。

【原文】

子贡曰："君子之过也，如日月之食焉：过也，人皆见之；更也，人皆仰之。"

【意译】

子贡说："君子的过错，就像日食和月食一样：有了过错，人们都能看得见；改了过错，人们都会敬仰他。"

【解读】

人们对君子很崇敬，因此人们对君子的所作所为很关注，就像日食和月食一样看得清清楚楚，他的缺点和错误，也会被人们看得见，这是掩盖不住的；如果能够改正，人们都会对你更敬仰。这是告诉人们，要注意自己的言行，有了错误，不要掩饰，人们都能看得到，加以掩饰，就会损害自己的形象；能够加以改正，不仅不会损害形象，而且威信会更高，会受到人们的敬仰。

【原文】

卫公孙朝问于子贡曰："仲尼焉学？"子贡曰："文武之道，未坠于地，在人。贤者识其大者，不贤者识其小者。莫不有文武之道焉。夫子焉不学？而亦何常师之有？"

【意译】

卫国的公孙朝问子贡："仲尼的学问是从哪里学来的？"子贡说："周文王周武王之道，并没有失传，还在民间流传。贤者能抓住大道理，不贤者只抓住其中的小道理，这其中都有文王武王之道在里边。我的老师何处不能学，为什么要有固定的老师专门传授呢？"

【解读】

公孙朝是卫国大夫。公孙朝问孔子学生子贡的意思是，孔子这么有学问，他的学问是怎么学来的？是谁传授给他的？子贡的回答讲了两层意思：一层意思是说，孔子的学问不是别人传授给他的，是靠自己勤奋学习而获得的；另一层意思是说，他善于学习，善于思考，能够根据已有的知识，经过认真思考，变为自己的学问。其具体的例证是，周朝现在虽然衰落了，可是文王武王治国之道并没有失传，在民间流传，孔子能够学以致用，吸取其中好的经验，并将其变为自己的治国主张。

【原文】

叔孙武叔语大夫于朝曰："子贡贤于仲尼。"

子服景伯以告子贡。

子贡曰:"譬之官墙,赐之墙也及肩,窥见室家之好。夫子之墙数仞,不得其门而入,不见宗庙之美、百官之富。得其门者或寡矣。夫子之云,不亦宜乎!"

【意译】

叔孙武叔在朝廷上对官员说:"子贡胜过仲尼。"

子服景伯把这话告诉了子贡。

子贡说:"拿房屋围墙做个比喻,我家的围墙只有肩膀高,站在墙外能够看到房舍的美好。而我老师家的围墙却有好几丈高,如果不进入大门,就看不到里面像宗庙一样雄伟壮美和富丽堂皇的房屋,但是能够找到门入内的人太少了。那么,那位先生说这样的话,不也是正常的吗?"

【解读】

叔孙武叔,鲁国大夫,叫州仇。子服景伯,鲁国大夫。我们不去探讨叔孙武叔这句话的含义和根据是什么,但是听到赞扬自己超过自己老师的话,子贡并没有沾沾自喜。他将自己比作齐肩高的围墙,让人能够看得清清楚楚,一眼就看得很透彻,而他老师的道行高深莫测,能够真正看得懂的人太少,不下功夫是研究不透的。

【原文】

叔孙武叔毁仲尼。子贡曰:"无以为也!仲尼不可毁也。他人之贤者,丘陵也,犹可逾也;仲尼,日月也,无得而逾焉。人虽欲自绝,其何伤于日月乎?多见其不知量也。"

【意译】

叔孙武叔诋毁仲尼。子贡说:"不要这样做!仲尼是诋毁不了的。别人的贤德,好比是丘陵,是可以超越的;仲尼的贤德,好比是日月,是无法超越的。一个人即便想自绝于日月,但对日月来说,能有什么损失呢?只能说明这个人不知自量罢了。"

【解读】

前节叔孙武叔说子贡比孔子强,这段就直接诋毁,子贡对此加以驳斥,说他老师的贤，就像日月一样，是诋毁不了的，只能说明你不自量力，可见孔子在学生中的威望有多高。

【原文】

陈子禽谓子贡曰："子为恭也，仲尼岂贤于子乎？"

子贡曰："君子一言以为知，一言以为不知，言不可不慎也。夫子之不可及也，犹天之不可阶而升也。夫子之得邦家者，所谓立之斯立，道之斯行，绥之斯来，动之斯和。其生也荣，其死也哀，如之何其可及也？"

【意译】

陈子禽对子贡说："你对仲尼恭敬，这是谦虚，难道他真的比你强吗？"

子贡说："君子说一句话可以显示他有知识，也可以显示他无知，所以说话不可不慎重。老师无法赶得上，就像天上无法用梯子登上去一样，如果任用老师治理国家，要让百姓立于礼，百姓就会立于礼；引导百姓，百姓就会跟他走；安抚百姓，百姓就会来投奔；动员百姓，百姓就会齐心协力。老师生得光荣，死了让人悲哀，怎么能赶得上呢？"

【解读】

子贡这段话，是对他几次对孔子评价的总结。孔子之所以赶不上，不仅是在贤德上，而且在他的思想上、他的学说上、他的治国之道上。用他的治国之道治理国家，该立的礼节和规矩都能立起来，用以引导百姓，百姓会跟着走；安抚百姓，百姓会投奔他；动员百姓，百姓会齐心协力去干。意思是说，他创办的学说，无人能比。他生时做的贡献无比光荣，死后让人们哀悼怀念，我怎么能与老师相比呢？

【本篇思考】

本篇以孔子学生"子张"为篇名。

全篇分两部分，一部分是记载孔子学生的言论，另一部分是学生对孔子的评价。

这是《论语》全书倒数第二篇，可以说是评价孔子的收官之篇，剩下最后一篇是治国之道的总述。因此，本篇对孔子学说的评述是十分必要的。

　　学生言论记载以子张为开篇，与前面不同的是，这篇是学生讲述。这些学生以子张年龄最轻，比孔子小48岁，也就是说，孔子去世时他只有24岁，最大的子贡比孔子小31岁，孔子去世时子贡41岁，这就是说，这几个学生都是中青年的优秀学生，他们继承孔子的学说，又有自己的主张，是对孔子学生的继承和发扬者，有的学生如子贡，有人说他超过孔子，后来居上，说明孔子学说后继有人。而这些学生头脑十分清醒，认为自己根本不能与老师相比，不愧是孔子的得意门生。

　　学生对孔子的评价，大的环境未有大的改变，要说改变，是由春秋时代向战国时代的转变。学生对孔子评价很高，说明学生始终如一地坚持传播孔子学说，他们顶住各种压力，毫不动摇，正是他们坚持不懈，才使孔子学说流传了下来。

尧曰篇第二十

【原文】

尧曰："咨！尔舜！天之历数在尔躬，允执其中。四海困穷，天禄永终。"

舜亦以命禹。

【意译】

尧说："啧啧！你这个舜啊！根据上天的安排，帝位就由你来继承，你要真诚地坚持正确的治国方略。如果你将天下治理得贫困穷苦，上天给你的禄位也就永远终结了。"

舜在让位给禹时，也是这样告诫禹。

【解读】

尧将国家治理得很好，天下有道，百姓安居乐业，他将帝位让给舜。在让权时，他对舜语重心长地交待，我花了大量心血，将国家治理成这样，根据上天安排，我将国家交给你，你要坚持治理好。如果你将国家治理得很贫穷，让老百姓生活困苦，上天也不会放过你的。舜没有让尧失望，也将国家治理得很好。同样，他把帝位让给禹，给禹亦同样予以重托。

【原文】

曰："予小子履敢用玄牡，敢昭告于皇皇后帝：有罪不敢赦。帝臣不蔽，简在帝心。朕躬有罪，无以万方；万方有罪，罪在朕躬。"

【意译】

汤说："我小子履大胆虔诚地用黑色公牛作为祭品，冒昧地向伟大而光明的天帝祷告：对于有罪的人，不敢擅自赦免。你的臣仆的罪过，我也不敢隐瞒作弊，你的心里一切都明白。如果我自身有罪，就不要加罪于天下万方；如果天下万方有罪，罪责就由我一人来承担。"

【解读】

履是汤的名字，汤是商朝开国国君。据此，这段话是汤对上天的祷告。

从这段话看，汤对上天诚惶诚恐，怕上天交给他的国家他治理不好。他自身做得不好，就惩罚他一个，不要牵连天下人；如果天下无道，是由于他没有治理好，罪责在他一人，由他一人来承担。孔子引用这段话，是说汤是明君，能够不断反省，要求自己，总想把国家治理好。尧、舜、汤这就是治国的样板。

【原文】

周有大赉，善人是富。"虽有周亲，不如仁人。百姓有过，在予一人。"

【意译】

周朝恩赐天下，让善人都富裕起来。"我虽然有至亲，也不如有仁德的人。如果百姓有罪过，罪责由我一人来承担。"

【解读】

赉（lài），赏赐。引用的话是周武王说的，意思是说，周武王时期，国家治理得好，让善人即有仁德的人、有品行的人、勤劳的人都富裕起来。周武王仍是治国之君。

【原文】

谨权量，审法度，修废官，四方之政行焉。兴灭国，继绝世，举逸民，天下之民归心焉。

【意译】

审验和审定度量衡，审查法度，恢复已废弃的官制，这样政令就能畅通无阻了。复兴已灭亡的国家，承续已断绝的后代，任用被遗落的人才，这样天下的百姓就诚服了。

【解读】

前面讲了尧、舜、汤、周武王这些国家治理得好的榜样，这些现在都已衰退了。孔子从治国的角度，提出从两个方面整治：一个是政令畅通。要做到政令畅通，就必须将废弛了的规矩、法度、官制重新建立起来，让百姓有所遵循，让治理有所依据；另一个是民心归服。要做到这一点，就应该对用武力灭亡的国家做好善后处理，遗留人员要妥善安置，让他们安定生活，繁衍后代；要将一些好的被废弃了的制度和管理办法恢复起来，将那些遗弃了的没有启用的人才重用起来，这样民心才能归服。在这里，"兴灭国、继绝世"不能理解为把已被灭亡了的国家恢复起来，让其统治者重新上台继续统治。因为这在客观上是办不到的，在道义上也不一定能说得通。

【原文】

　　所重：民、食、丧、祭。

【意译】

　　所重视的是：人民、粮食、丧礼、祭祀。

【解读】

　　这是孔子所看重的四个方面：一是人民，人民是国家的主体；二是粮食，这是人民最需要的民生问题；三是丧礼，这是当时重要的礼节和制度；四是祭祀，这是古代重要的礼仪仪式和活动，也是一项重要的民俗习俗。这是说，治理国家要把着力点放在人民上，要把民生放在重要位置，要重视礼节和礼仪。

【原文】

　　宽则得众，信则民任焉，敏则有功，公则说。

【意译】

　　宽厚就能得到群众的拥护，诚信就能得到百姓的信任，勤敏就能取得成功，公平就会使百姓高兴。

【解读】

　　当政者应具备的品行，一是宽厚仁慈，这样才能得到群众的拥护；二是仁德诚信，这样才能得到百姓信任；三是勤奋智慧，这样才能有所建树；四是公平公道，这样才能深得民心。

【原文】

　　子张问于孔子曰："何如斯可以从政矣？"

子曰："尊五美，屏四恶，斯可以从政矣。"

子张曰："何谓五美？"

子曰："君子惠而不费，劳而不怨，欲而不贪，泰而不骄，威而不猛。"

子张曰："何谓惠而不费？"

子曰："因民之所利而利之，斯不亦惠而不费乎？择可劳而劳之，又谁怨？欲仁而得仁，又焉贪？君子无众寡，无小大，无敢慢，斯不亦泰而不骄乎？君子正其衣冠，尊其瞻视，俨然人望而畏之，斯不亦威而不猛乎？"

子张曰："何谓四恶？"

子曰："不教而杀谓之虐；不戒视成谓之暴；慢令致期谓之贼；犹之与人也，出纳之吝谓之有司。"

【意译】

子张问孔子："怎样才可以从政呢？"

孔子说："尊崇五种美德，屏除四种恶政，这就可以从政了。"

子张问："五种美德是什么？"

孔子说："君子能给人民实惠，自己却不耗费；让百姓劳作，百姓却不怨恨；有欲望却不贪求；严肃端庄却不傲慢；态度威严却不凶猛。"

子张说："什么叫给人民实惠而不耗费呢？"

孔子说："能够顺着人民的利益让他们得益，这不就是给人民以实惠而不耗费吗？为百姓安排合理的劳动，百姓怎么会怨恨呢？追求仁德而能达到仁德，又怎么会有贪念呢？无论是人多还是人少，是大人物还是小老百姓，都不敢怠慢，这不就是严肃端庄而又不傲慢吗？衣冠整齐，目不斜视，威严让人仰望而有所敬畏，这不就是有威望而又不凶猛吗？"

子张问："什么是四恶呢？"

孔子说："不加教育就加以杀戮叫作'施虐'；不加戒备，不受制度规定约束就要看到成绩，叫作'暴政'；对政令怠慢却要达到预期叫作从政'恶习'；为人民的支出很吝啬叫作'小气'。"

【解读】

这段话中比较难解的是"惠而不费"中的"费"字。在意译时，我遵从较普及的译法。但我个人思考，大致有三种解读：一是全部精力用在给民以实惠、恩惠上，而不是用在其他方面；二是给人民以恩惠和实惠，而不是为了自己谋取私利；三是给人民以实惠，而不增加人民的经济负担，比如苛捐杂税。用"因民之所利而利之"来衡量，三种都能解释得通。尊五美，是当政者应具备的美德，弘扬从政美德，改变官场恶习，施行仁政，反对暴政。坚持"因民之所利而利之"的执政理念，勤政爱民，清正廉洁，反对无所作为，反对用行政命令的简单粗暴方式取得"政绩"，给人民以实惠而不增加人民负担，让人民勤劳而无怨言；取之于民，用之于民，反对克扣；树立权威，而不是以权施威；平等待人而不傲慢，剔除官场从政的"虐民""暴政""恶习""吝啬"等弊端，则国家社会必将大治。

【原文】

孔子曰："不知命，无以为君子也；不知礼，无以立也；不知言，无以知人也。"

【意译】

孔子说："不懂得命运，无法成为君子；不懂礼节，无法立足于社会；不能分辨别人的言语，无法了解别人。"

【解读】

命，即命运，是指客观规律。人只有掌握自然规律，顺应自然规律，将命运掌握在自己手中，才能成为君子。礼，指仁德、礼节、规矩，只有懂得仁德、礼节、规矩，才能在社会站得住脚。言，是指语言，语言是人表达自己的窗口，往往反映这个人是一个什么样的人，只有能懂得这个人说的是什么话，分辨出这个人说话的含义和用意，才能知道这个人是什么样的人。

【本篇思考】

本篇是以开篇"尧曰"两个字为篇名的。

　　孔子的治国之道，并没有系统地论述，也没有自己专门介绍，而是将其一生讲的主张、观点、看法、论述以语录的形式，由学生根据笔记整理、归纳、编纂，从而形成了孔子的思想体系和理论体系。这一篇是全书收官之篇，可以说是孔子治国学说的概括和总结，这个概括和总结是通过学生对孔子讲述的概括和孔子自己讲的两部分组成，前者是孔子的意思，后者引用的是原话。大致包含以下内容：第一，"尧曰"是孔子治国之道的样板。要将国家治成一个什么样的国家？孔子找了一个让人看得见、摸得着的榜样，这就是尧。尧是中国的圣祖，其历史功绩一是仁政，天下太平，人民安居乐业；二是仁德，不是将国家政权交由自己儿子继承，而是让位给一位有贤德的接班人舜，这从开篇对舜的嘱托就可以看出。其后还提到汤，说到周朝的开国明君文王武王，这些时期国家都治理得很好，现在要治得像那时一样。第二，政畅行，民归心。根据先祖的治国经验，结合当时社会现实，首先要抓两件事，一是政令畅通，二是民心归服。其具体措施具有针对性。以今天的眼光看，不必细抠其中的某些具体措施，而是理解其含义。要畅通政令，首先要定制度，立法度，使行政机构健全并按正常的轨道运转起来；要使民心归顺，是将过去好的传统、好的政策、好的治国之道恢复起来，把被埋没的人才提拔重用起来。第三，要治理好国家，要重视抓四件大事：一个是人民，是治国的根本；二是民生，是治国的头等大事；三是礼节、道德、规矩；四是礼仪。第四，当政者为人处事要宽厚、诚信、勤敏、公平。第五，当政者要尊崇五种美德，屏除四种恶政。第六，知命以立人，知礼以立世。知言以识人，这是对从政者个人的要求。

后　记

　　《古论今语》是我写的关于《论语》的第三部著作，与此前已经出版的《〈论语〉及其现代意义》和《寻根》，可以说是构成了我的《论语》感悟三部曲。

　　谈及《论语》感悟，还得从"文化大革命"后期开展的"批林批孔""评法批儒"运动说起。当时全国的报刊上"评法批儒"的文章可谓铺天盖地、连篇累牍。这个时期是我一生中最为闲淡的时期，利用这个机会，我几乎阅读了能够看到的所有文章，并且还找到了不少有关思想史、历史资料和专家学者的论著，发现其对孔子的评价几乎都是负面的，认为孔子是封建统治阶级的卫道士，是复古、守旧、宣扬唯心主义的代表人物。"文化大革命"过后，关于孔子的认识却还没有理清楚，因此我产生了强烈的阅读原著的意愿。可是接下来是没完没了的工作，这一心愿一直无法兑现。20世纪80年代，我从省委机关返回高校，由组织工作改为宣传和教育工作，这促使我不得不对宣传和教育理论投入更多的精力与关注。正是从此时开始，我在工作之余加强了理论的学习和研究，除报刊、文件以外，还包括大量文献资料，其中涉及了孔子的教育思想。在此基础上我撰写发表了多篇研究论文，特别是养成了坚持学习研究加写作的习惯。这也为我退休作了铺陈，退休后这种模式得以延续，转换为读读写写的老年生活方式。

　　退下来后，我的第一个想法就是阅读《论语》。我将《论语》通读了一遍，可以说是颠覆了我近一生对孔子的看法。过去一提孔子，"五四"运动"打倒孔家店"的口号就浮现在我的脑际。读了原著以后，孔子的形象在我的心目中高大了起来，他作为我国古代伟大的政治家、思想家和教育家当之无愧。两千多年前写出的《论语》这部不朽论著，充分彰显了中华文明的博大精深。我将我的读后感写成《〈论语〉及其现代意义》一书出版，书中从孔子的政治观、人才观、伦理观、教育观和世界观五个方面进行剖析，取其精华，联系现实，以期古为今用，继承和发扬优良传统，促进现代化建设。这是我学习研究《论语》的第一个成果专著。

　　需要说明的是，我不是孔子思想的专职研究者，只是退休后才成为孔子研究的爱好者。我在研究中更关注当代社会和现实问题，结合多种报纸杂志和现代信息，将感受写成文章，作为读读写写的老年生活的乐趣，也为弘扬中华文明贡献一点余热。所写关于《论语》的文章，也体现了这一指导思想，都附录于《〈论语〉及其现代意义》一书之中。

该书出版后，我将它送给陕西省社会科学院王西平研究员，他是一位资深学者，看后建议我对《论语》进行译注，并将他的新著《老子辨正》一书送给了我。我读后非常震撼，对王西平先生的研究精神和理论文字功底深为敬佩，还为此写了两篇书评。但是要我也写出他那样的书，就很困难了。我认为，一是两书的情况不同。老子因为卷入政治漩涡，隐居期间写的《老子》一书在民间传播，版本众多，注释纷杂，就连对老子其人也看法不一，王西平先生的《老子辨正》很有必要、很有价值。而《论语》由官方推崇，版本相对固定，在两千多年的历史长河中译注颇丰，不少出自顶尖级的专家学者、国学大师之手，可以说是考证到章到节到句到字，我要译注，只能步其后尘。二是王西平先生毕业于重点大学中文系，科班出身，又长期担任省社科院图书馆馆长，从事研究工作，文字能力、理论功底都很深厚，而我是学工出身，又长期是一个忙忙碌碌的事务工作者，如此重任恐难担当。三是我年事已高，是将其作为老年生活的乐趣，不想把自己搞得太累，完成这么大的工作量我力不从心。不过我还是从中得到了很大的鼓舞和启迪。

受《老子辨正》的启发，我再一次深入通读《论语》，有了新的收获，并写出了第二本体会专著《寻根》。这本书与第一本书不同的是，前者将孔子思想展开来剖析，这次则将其归一，用孔子的话说就是"一以贯之"，将《论语》用一句话概括起来，就是论述治国之道。书中源引原著大量精辟、翔实的论述，并用治国主张、治国学说、治国思想贯通起来，形成关于孔子治国思想的较为完整的理论体系，揭示《论语》作为中华文明思想宝库中的瑰宝的价值。全书遵循的原则，一是原汁原味反映孔子思想的真谛；二是根据自己的理解，力图对孔子思想在中国历史各个不同时期的地位和作用做出客观公正的评价；三是取其精华，古为今用。

之所以冠名为《寻根》，是取其固本、弘扬之义。根，即原汁原味，根本，反映中华民族的初心。寻，即发掘，弘扬，跳出原著，将《论语》与现代联系起来。

　　根，反映两个层面，一个层面是，其学说的基本方面，对新时期的发展和治理方向起借鉴和促进作用；还有一个更重要的层面是说，两千多年的历史长河所铸造的民族特质和精神支柱，是中华民族得天独厚的特点和优势，是完成新时期历史使命的精神源泉和动力。无论时代如何发展、社会如何变化、任务如何艰难、遇到任何风险，只要根牢本固，不忘初心，都将使中华民族始终立于不败之地。

　　寻，亦包括两重含义，一个是挖掘，将优良传统挖掘出来，用之于现代化建设和治理；另一个是寻找，从正面论述讲，就是取其精华，正确运用，防止扭曲，去其糟粕。改革开放以来，西方之风盛行，西方的先进经验和好的方面传入中国，让我们学到不少好的治理经验，但是在价值观和意识形态上，也带来一些负面影响，要通过学习和挖掘来改变。中华文明，就好像一株茂密的参天大树，孔子的思想则是其主要的树根，又大又深，寻找、挖掘、培植、修剪它，乃固本之举。建设中华文明必须固本，"本立而道生"，这样才能枝繁叶茂，结出丰盛的果实，使我们的传统特点和优势得到保护和提高。至于一些负面论述，就像细小的朽根，将其去掉就行了。孔子思想源于中国，具有跨越制度、跨越历史、跨越时代的普世性和不朽性，弘扬它也是对全人类做贡献。

　　《寻根》出版后，我接着写了《正本清源，古为今用——孔子〈论语〉在新时期的启示》一文，发表于《陕西广播电视大学学报》2019 年第 2 期，该文深化了我对孔子思想的体会和理解，同时也促使我第三次通读《论语》。

　　经过前两次的系统阅读和思考，在我的头脑里，《论语》所讲是治国之道，伦理治国是其重要组成部分，这已经很清楚了。但是仍然有一个很大的疑问，就是《论语》全书中每篇都有大量关于伦理的论述，所占比重很大，这又意味着什么？它与治国到底有什么关系？在这次通读中，我反复细读深思，努力寻找全书的内在关联性和论述逻辑性，并予以贯通，孔子的治国思路终于更加清晰了起来。据此我写出了第三部体会专著《古论今语》，系统展示了孔子治国思想的着眼点和路径。

　　在谈论治国时，有一个回避不了的问题，就是"国家"和"人民"的关系。人民是国家的主体，没有人民的参加、实施，治国只能是一句空话。而要人民参加，国家就要通过伦理道德构建，让人民服从政府的安排，使人民从国家治理中受益，将其概括起来，就是伦理治国、伦理治世，这就是有人对孔子治国思想的解读。这种解读有一定道理，可是也存在着一个缺陷，就是容易产生误读，将治国扭曲为治民，封建统治阶级正是这样扭曲孔子思想的，并进而将其变为维护封建统治、禁锢人民思想的工具。

《古论今语》对此作了修正，突出说明孔子的治国思想针对的重点是统治者，而不是平民百姓。《论语》中孔子讲得最多的两个字是"仁"和"政"，其典型表述是"为政以德"，统治者能做到这样，人民就会服从、拥护。《论语》沿着这个立论，将孔子的治国主张逐步引向深入，形成了完整的治国思想体系。所有这些，主要是说给当政者听的。最后以尧、舜对接替者的嘱托作为收官篇，用意也很明白。尧、舜二人都是身先士卒、以身作则的典范，都是禅让君位的，都是先贤们所推崇的"仁政"化身。在这里，孔子是在告诉当政者，治国的好与不好关键在于执政者，在于执政者的执政思想、执政理念、执政决策、执政措施、具体实施，看你是否行得端走得正，能否取信于民（"民信"）、为民谋利（"因民之所利而利之"），能否让人民富裕（"富之"）、安居乐业（"天下有道"）。他希望所有的当政者都能加强自身修养，成为尧、舜式的人物，为平民做出表率。进而通过当政者的示范、宣传和教育，德化全体民众，最终达到"仁政"的治国目标。这和《尚书》中所说的"上身服以先"是一致的。这样一来，《论语》中的大量伦理论述就顺理成章了，孔子的治国思路也清晰可见。这就是我对孔子治国思想和伦理治国思想的总体解读。基于这一解读，我认为，《论语》不但是一部全民自身修养的教科书，而且更应该是执政者和所有领导干部搞好领导工作、治国治世的必修课。

这次通过认真的逐句逐字的阅读，我对《论语》有了更深的认识和体会。进行译注我做不到，可是意译和解读却是可以做到的。在此想法的驱使下，我写下了《古论今语》，着重阐述自己的读后体会和理解。在论述中，我没有刻意选取一种解读，有时列举特指性和一般性；有时在不违背原意的情况下，介绍多种解读；在每篇结束时，均撰有本篇思考，这些都是为了给读者提供一些思路。有一点需要加以说明，书中我没有将注释单独列出，而是放在解读之中，同时利用词典和已有成果，作为对词义的补充说明，这样有利于将原文说得更明白。

　　时至今日，我的《论语》感悟三部曲历经二十多年算是完成了。第一部《〈论语〉及其现代意义》确立了《论语》是孔子的治国之道的命题；第二部《寻根》对这一命题进行了进一步论证，并突出了孔子的伦理治国思想；第三部《古论今语》展示了孔子治国思想的实施路线图。三部书一脉相承，相互联结，完整表达了我对《论语》的认识和感受。当然，这个总框架不是最初的构思设计，而是在持续的研读中逐步形成的，是感悟一步步深化的结果。我把它分享给大家，以期引起广大读者尤其是各级领导干部对《论语》这一"半部"可以"治天下"的宏伟巨著的兴趣。

　　杨伯峻、张志钢两位先生给我提供了版本、注释和译文，对我帮助很大，在此表示衷心感谢。

本书主要参考书目：

1. 杨伯峻译注《论语译注》，中华书局，1980 年版。

2. 张志钢译注《论语通译》，光明日报出版社 2007 年版。

附录1

《论语》精句选录

学而时习之，不亦说乎？（孔子）

有朋自远方来，不亦乐乎？（孔子）

人不知，而不愠，不亦君子乎？（孔子）

君子务本，本立而道生。（有子）

孝弟也者，其为仁之本与！（有子）

巧言令色，鲜矣仁！（孔子）

吾日三省吾身。（曾子）

敬事而信，节用而爱人，使民以时。（孔子）

入则孝，出则悌，谨而信，汎爱众，而亲仁。（孔子）

与朋友交，言而有信。（子夏）

君子不重，则不威。（孔子）

过，则勿惮改。（孔子）

温、良、恭、俭、让。（子贡）

三年无改于父之道，可谓孝矣。（孔子）

和为贵。（有子）

贫而无谄，富而无骄。（子贡）

敏于事而慎于言。（孔子）

贫而乐，富而好礼。（孔子）

不患人之不己知，患不知人也。（孔子）

（以上引自《学而篇第一》）

为政以德。（孔子）

思无邪。（孔子引自《诗经》）

道之以政，齐之以刑，民免而无耻。（孔子）

道之以德，齐之以礼，有耻且格。（孔子）

吾十有五而志于学，三十而立，四十而不惑，五十而知天命，六十而耳顺，

七十而从心所欲，不踰矩。（孔子）

　　生，事之以礼；死，葬之以礼，祭之以礼。（孔子）

　　父母唯其疾之忧。（孔子）

　　今之孝者，是谓能养。至于犬马，皆能有养；不敬，何以别乎？（孔子）

　　视其所以，观其所由，察其所安。（孔子）

　　温故而知新，可以为师矣。（孔子）

　　君子不器。（孔子）

　　先行其言而后从之。（孔子）

　　君子周而不比，小人比而不周。（孔子）

　　学而不思则罔，思而不学则殆。（孔子）

　　攻其异端，斯害也已。（孔子）

　　知之为知之，不知为不知，是知也。（孔子）

　　言寡尤，行寡悔，禄在其中矣。（孔子）

　　举直错诸枉，则民服；举枉错诸直，则民不服。（孔子）

　　人而无信，不知其可也。（孔子）

　　非其鬼而祭之，谄也。见义不为，无勇也。（孔子）

（以上引自《为政篇第二》）

　　是可忍也，孰不可忍也？（孔子）

　　人而不仁，如礼何？人而不仁，如乐何？（孔子）

　　礼，与其奢也，宁俭；丧，与其易也，宁戚。（孔子）

　　君子无所争。（孔子）

　　绘事后素。（孔子）

　　祭如在，祭神如神在。

　　获罪于天，无所祷也。（孔子）

　　子入太庙，每事问。

　　君使臣以礼，臣事君以忠。（孔子）

　　乐而不淫，哀而不伤。（孔子）

　　成事不说，遂事不谏，既往不咎。（孔子）

　　尽美矣，又尽善也。（孔子）

（以上引自《八佾篇第三》）

里仁为美。（孔子）

仁者安仁，知者利仁。（孔子）

唯仁者能好人，能恶人。（孔子）

苟志于仁矣，无恶也。（孔子）

富与贵，是人之所欲也；不以其道得之，不处也。贫与贱，是人之所恶也；不以其道得之，不去也。（孔子）

人之过也，各于其党。（孔子）

朝闻道，夕死可矣。（孔子）

君子怀德，小人怀土；君子怀刑，小人怀恶。（孔子）

放于利而行，多怨。（孔子）

不能以礼让为国，如礼何？（孔子）

不患其位，患所以立。不患莫己知，求为可知也。（孔子）

一以贯之。（孔子）

夫子之道，忠恕而已矣。（曾子）

君子喻于义，小人喻于利。（孔子）

见贤思齐焉，见不贤而内自省也。（孔子）

事父母几谏，见志不从，又敬不违，劳而不怨。（孔子）

父母在，不远游，游必有方。（孔子）

古者言之不出，耻躬之不逮也。（孔子）

以约失之者鲜矣。（孔子）

君子欲纳于言而敏于行。（孔子）

德不孤，必有邻。（孔子）

（以上引自《里仁篇第四》）

闻一以知十。（子贡）

朽木不可雕也，粪土之墙不可杇也。（孔子）

听其言而观其行。（孔子）

敏而好学，不耻下问。（孔子）

君子之道四焉：其行己也恭，其事上也敬，其养民也惠，其使民也义。（孔子）

三思而后行。

老者安之，朋友信之，少者怀之。（孔子）

（以上引自《公冶长篇第五》）

周急不继富。（孔子）

女为君子儒！无为小人儒！（孔子）

质胜文则野，文胜质则史。（孔子）

文质彬彬，然后君子。（孔子）

知之者不如好之者，好之者不如乐之者。（孔子）

务民之义，敬鬼神而远之，可谓知矣。（孔子）

仁者先难而后获，可谓仁矣。（孔子）

知者乐水，仁者乐山。知者动，仁者静。知者乐，仁者寿。（孔子）

博学于文，约之以礼。（孔子）

中庸之为德也，其至矣乎！（孔子）

夫仁者，己欲立而立人，己欲达而达人。（孔子）

（以上引自《雍也篇第六》）

学而不厌，诲人不倦。（孔子）

梦见周公。（孔子）

志于道，据于德，依于仁，游于艺。（孔子）

举一隅不以三隅反。（孔子）

富而可求也，虽执鞭之士，吾亦为之。（孔子）

不义而富且贵，于我如浮云。（孔子）

五十以学易，可以无大过矣。（孔子）

其为人也，发愤忘食，乐以忘忧，不知老之将至。（孔子）

我非生而知之者，好古，敏以求之者也。（孔子）

三人行，必有我师焉：择其善者而从之，其不善者而改之。（孔子）

多闻，择其善者而从之；多见而识之。（孔子）

我欲仁，斯仁至矣。（孔子）

丘也幸，苟有过，人皆知之。（孔子）

君子坦荡荡，小人长戚戚。（孔子）

（以上引自《述而篇第七》）

恭而无礼则劳，慎而无礼则葸，勇而无礼则乱，直而无礼则绞。（孔子）

君子笃于亲，则民兴于仁；故旧不遗，则民不偷。（孔子）

战战兢兢，如临深渊，如履薄冰。（曾子引自《诗经》）

鸟之将死，其鸣也哀；人之将死，其言也善。（曾子）

君子所贵乎道者三：动容貌，斯远暴慢矣；正颜色，斯近信矣；出辞气，斯远鄙倍矣。（曾子）

以能问于不能，以多问于寡；有若无，实若虚，犯而不校。（曾子）

可以托六尺之孤，可以寄百里之命，临大节而不可夺也。（曾子）

任重而道远。（曾子）

死而后已。（曾子）

邦有道，贫且贱焉，耻也；邦无道，富且贵焉，耻也。（孔子）

笃信好学，死守善道。（孔子）

不在其位，不谋其政。（孔子）

学如不及，犹恐失之。（孔子）

才难。（孔子）

（以上引自《泰伯篇第八》）

循循然善诱人。（颜渊）

后生可畏。（孔子）

三军可夺帅也，匹夫不可夺志也。（孔子）

岁寒，然后知松柏之后凋也。（孔子）

知者不惑，仁者不忧，勇者不惧。（孔子）

可与共学，未可与适道；可与适道，未可与立；可与立，未可与权。（孔子）

（以上引自《子罕篇第九》）

食不厌精，脍不厌细。

厩焚。子退朝，曰："伤人乎？"不问马。

（以上引自《乡党篇第十》）

未能事人，焉能事鬼？（孔子）

未知生，焉知死？（孔子）

夫人不言，言必有中。（孔子）

过犹不及。（孔子）

（以上引自《先进篇第十一》）

克己复礼为仁。（孔子）

非礼勿视，非礼勿听，非礼勿言，非礼勿动。（孔子）

己所不欲，勿施于人。（孔子）

死生有命，富贵在天。（子夏）

四海之内，皆兄弟也。（子夏）

足食，足兵，民信之矣。（孔子）

民无信不立。（孔子）

百姓足，君孰与不足？百姓不足，君孰与足？（孔子）

主忠信，徙义，崇德也。（孔子）

君君，臣臣，父父，子子。（孔子）

君子成人之美，不成人之恶。（孔子）

政者，正也。子帅以正，孰敢不正？（孔子）

子欲善而民善矣。（孔子）

夫达也者，质直而好义，察言而观色，虑以下人。（孔子）

先事后得，非崇德与？（孔子）

举直错诸枉，能使枉者直。（孔子）

君子以文会友，以友辅仁。（孔子）

（以上引自《颜渊篇第十二》）

先之劳之。（孔子）

先有司，赦小过，举贤才。（孔子）

名不正，则言不顺；言不顺，则事不成；事不成，则礼乐不兴；礼乐不兴，

则刑罚不中；刑罚不中，则民无所错手足。（孔子）

上好礼，则民莫敢不敬；上好义，则民莫敢不服；上好信，则民莫敢不用情。（孔子）

诵《诗》三百，授之以政，不达；使于四方，不能专对；虽多，亦奚以为？（孔子）

其身正，不令而行；其身不正，虽令不从。（孔子）

苟正其身矣，于从政乎何有？不能正其身，如正人何？（孔子）

欲速，则不达；见小利，则大事不成。（孔子）

父为子隐，子为父隐，直在其中矣。（孔子）

居处恭，执事敬，与人忠。（孔子）

言必信，行必果。（孔子）

君子和而不同，小人同而不和。（孔子）

君子泰而不骄。小人骄而不泰。（孔子）

（以上引自《子路篇第十三》）

有德者必有言，有言者不必有德。仁者必有勇，勇者不必有仁。（孔子）

贫而无怨难，富而无骄易。（孔子）

见利思义，见危授命，久要不忘平生之言。（孔子）

君子上达，小人下达。（孔子）

君子耻其言而过其行。（孔子）

骥不称其力，称其德也。（孔子）

以直报怨，以德报德。（孔子）

不怨天，不尤人，下学而上达。（孔子）

上好礼，则民易使也。（孔子）

修己以敬；修己以安人；修己以安百姓。（孔子）

（以上引自《宪问篇第十四》）

君子固穷，小人穷斯滥矣。（孔子）

一以贯之。（孔子）

无为而治。（孔子）

主忠信，行笃敬。（孔子）

可与言而不与之言，失人；不可与言而与之言，失言。知者不失人，亦不失言。（孔子）

工欲善其事，必先利其器。（孔子）

志士仁人，无求生以害仁，有杀身以成仁。（孔子）

人无远虑，必有近忧。（孔子）

躬自厚而薄责于人，则远怨矣。（孔子）

君子义以为质，礼以行之，孙以出之，信以成之。（孔子）

君子病无能焉，不病人之不己知也。（孔子）

君子求诸己，小人求诸人。（孔子）

君子矜而不争，群而不党。（孔子）

君子不以言举人，不以人废言。（孔子）

其恕乎！己所不欲，勿施于人。（孔子）

巧言乱德。小不忍，则乱大谋。（孔子）

众恶之，必察焉；众好之，必察焉。（孔子）

人能弘道，非道弘人。（孔子）

过而不改，是谓过矣。（孔子）

君子谋道不谋食。君子忧道不忧贫。（孔子）

君子不可小知而可大受也，小人不可大受而可小知也。（孔子）

当仁，不让于师。（孔子）

君子贞而不谅。（孔子）

有教无类。（孔子）

道不同，不相为谋。（孔子）

（以上引自《卫灵公篇第十五》）

不患寡而患不均，不患贫而患不安。（孔子）

均无贫，和无寡，安无倾。（孔子）

既来之，则安之。（孔子）

吾恐季孙之忧，不在颛臾，而在萧墙之内也。（孔子）

天下有道，则庶人不议。（孔子）

乐节礼乐，乐道人之善，乐多贤友，益矣。乐骄乐，乐佚游，乐宴乐，损矣。（孔子）

君子有九思：视思明，听思聪，色思温，貌思恭，言思忠，事思敬，疑思问，忿思难，见得思义。

不学《诗》，无以言。不学礼，无以立。（孔子）

（以上引自《季氏篇第十六》）

性相近也，习相远也。（孔子）

割鸡焉用牛刀？（孔子）

恭，宽，信，敏，惠。恭则不侮，宽则得众，信则人任焉，敏则有功，惠则足以使人。（孔子）

乡愿，德之贼也。（孔子）

道听而涂说，德之弃也。（孔子）

四时行焉，百物生焉，天何言哉！（孔子）

饱食终日，无所用心，难矣哉！（孔子）

君子义以为上，君子有勇而无义为乱，小人有勇而无为盗。（孔子）

（以上引自《阳货篇第十七》）

博学而笃志，切问而近思，仁在其中矣。（子夏）

君子学以致其道。（子夏）

小人之过也必文。（子夏）

大德不踰闲，小德出入可也。（子夏）

君子信而后劳其民。（子夏）

仕而优则学，学而优则仕。（子夏）

其生也荣，其死也哀。（子贡）

（以上引自《子张篇第十六》）

宽则得众。信则民任焉，敏则有功，公则说。

尊五美：君子惠而不费，劳而不怨，欲而不贪，泰而不骄，威而不猛。（孔子）

因民之所利而利之。（孔子）

不教而杀谓之虐。（孔子）

（以上引自《尧曰篇第二十》）

310

附录2

正本清源　古为今用

——孔子《论语》在新时期的启示

[摘要]　　孔子是我国儒教的鼻祖，《论语》是孔子毕其一生心血的精辟论述，是我国社会发展初期的一部较为完整的治国宝典和丰富的思想宝库，挖掘这部历史宝典，正本清源，给予新的解读，将实现中华民族伟大复兴的中国梦置于中华文明和优良传统的深厚沃土之中，不忘初心，凝聚民族精神，弘扬民族文化，夯实民族根基，取之民族宝库，使其成为新时代的思想动力和精神食粮，是当代哲学社会科学的神圣使命。

关键词　《论语》；治国宝典

我国已经进入实现中华民族伟大复兴中国梦的新时代。近代以来，中华民族饱受世界列强的欺压和凌辱，实现中华民族伟大复兴是中华儿女梦寐以求的梦想，是无数革命前辈和先烈前赴后继、流血牺牲以至不惜牺牲自己的生命而得来的，是推翻封建统治、建立新中国而起步的，是中国人民在中国共产党领导下团结一致、艰苦奋斗，共同努力，经由站起来到富起来再到强起来的实践和探索打下的坚实基础开启的，"不忘初心、牢记使命"是新时代的最强音。不忘初心，就是不忘中国共产党成立的初心，不忘共和国建立的初心，也不忘传承五千多年的中华文明的初心；牢记使命，就是不忘初心，接过前辈的接力棒，完成实现中华民族伟大复兴中国梦的历史使命。

提起中华文明和优良传统，不能不提及一个人，就是孔子；不能不提及一本书，就是《论语》。作为一个古代人物，由统治者推到"至圣先师"的高度，成为学习的标杆；作为一本书，将其推到"罢黜百家，独尊儒术"的程度，成为教育全民的教材，推行两千多年，其在中国影响之深、之久、之大，可以说是前无古人的。由于这个人及其这本书的历史价值和给社会演变带来的影响，挖掘这份宝贵遗产，取其精华，弘扬优良传统，发扬独特优势，融入到新时代的发展和治理之中，必将对中华民族伟大复兴起到促进作用。

一、《论语》是丰厚的治国宝典和思想宝库

《论语》集中论述了孔子的治国理念，是我们老祖宗留给后世丰厚的治国宝典和思想宝库。《论语》是孔子学生将孔子的言论汇集整理成册的，类似于《语录》，不过其中还有行为、对话、问答、讲授等方面，也还录有孔子学生的一些言论。其句子和段落有长有短，句子短则几个字，段落长则几百字，每句每段都单独是一个完整的观点和论述，经典荟萃，言简意赅，多有警语和警句。仅从字数而言，这本书只能是一个小册子，可是从内容上看，可以称得上是一部浩瀚巨著。将全书内容综合起来，一以贯之，就是在阐述孔子的治国理念。概括起来，就是以"民之所利而利之"为主旨，以仁政德治为治国方略，以民富国强、先富后教为治国之策，以民心、民信、民服、民安作为治理好差的标准，传播为政以德、先之劳之、君礼臣忠、仁者爱人、选用贤才、崇德重教、天下有道等治国主张，以及先事后德、见得思义、义然后取、富而好礼、严以修己、宽则得众、信则民任等社会伦理理念，推行以孝悌为核心的家庭伦理和信和为基础的社会道德构建体系，形成家庭和睦、社会和谐、诚信有序、国泰民安的良好社会风气，将国家治理成文明之邦、礼仪之邦、富庶之邦、诚信之邦、"四方之民襁负其子而至"之邦。在人类社会发展处于初始阶段，能有如此完整系统的思想理论巨著，彰显我们老祖宗的大智慧。

二、《论语》具有不朽性和普世性

《论语》的历史价值，就在于其具有不朽性和普世性。所谓不朽性，是指虽然其产生的时代背景是源于当时的社会，却跳出当时的社会，站在人类社会发展的制高点上，抓住能给人们带来美好、能将社会治理美好的内在需求。设计出经得起历史积沉的治国谋略，其自身价值不会因时代的变迁而褪色。所谓普世性，是指这一治国学说，不是专对当时的社会，也不是专对将要进入的社会，不受社会制度和意识形态的约束，其治国谋略具有普遍通用性，仅从治国上讲，是一种较为理想的治国谋略。有一个具

体的例证就是，近代以来，我国周边的一些国家和地区，发展迅速，引起世界的关注，一些西方学者将其称为"东方资本主义"，也有称为"儒教资本主义"或者"儒教发展圈"，认为东方资本主义优于西方自由资本主义。近年来，世界不少国家成立孔子学院，孔子的名声不断提升，对于这种现象如何看？可能是从教育文化方面考虑，我以为是不是有一种理性的回归？

三、《论语》传递着矢志不移的理想信念和坚持不懈的追求精神

孔子胸怀治国大志，他那矢志不移的理想信念和坚持不懈的追求精神给后世留下了学习的榜样。从《论语》可以反映出孔子的雄才胆识。这些谋略不是坐在屋里凭空想出的，也不是自己编出来讲给学生听的，是他深刻对社会的观察和深思熟虑而精心设计的，是毕生心血的结晶。

他对自己的一生有一个精辟的总结。他说："吾十有五而志于学，三十而立，四十而不惑，五十而知天命，六十而耳顺，七十而从心所欲，不踰矩。"这大概是写得最短、最精炼、最深刻的总结，只有38个字，他卒于72岁。可以说，这个总结是对其一生完整的总结，也是最为经典的总结，没有一个虚字。

按照孔子自己的说法，自己少时家庭贫困，十五岁时，学习就是为完成自己的志向打好知识基础，这个基础打得很扎实，而且终生都在实践中学习，这就为完成志向打下坚实的基础。到了三十岁时立业。所谓立业，不是简单地找个职业，养家糊口，或者为了个人的前途功名利禄。而是实践自己的人生志向，开始他从事的是鄙贱的工作，可是，他不是一般地做好工作，而是感到这个社会不行，力图要改变这个社会，并且设想自己的主张，在工作中试图实施，也有不少困惑。到了四十岁，他已经有了治国之策，已经不再动摇，不被困难所惑，坚定不移地推行自己的治国理念。到了五十岁，他的治国理念已经成熟了，知天命，就是将社会看透了，有了成熟和系统的体系，他也当过官，也在自己所在的诸侯国鲁国推行他的主张，均推行不了，于是他一方面周游列国，推行他的主张，另一方面广招学生，传播他的主张；由于他的治国主张不被执政者所接受，或敬而远之，或到处碰壁，不仅受到上层冷遇，而且受到下层的冷嘲热讽，就连自己的

个别学生也有不满情绪。到了六十岁，孔子认为自己对这些都不在乎了，不会产生丝毫动摇。例如，有人说他是知其不可而为之，有人说他是四体不勤，五谷不分，他对学生说，正因为道之不行，我们才要改变它，如果天下有道，我们又何必要去改变。子路是学生中少数当官者之一，正身处官场，认为孔子迂腐。有一次孔子到了陈国，绝了粮，有的学生卧床不起，子路对孔子生气地说，君子也有穷得毫无办法的时候吗？孔子回答说，君子虽穷，仍然坚持，而小人穷时便无所不为。到了七十岁，他的学说更加完善了，思想境界已经到了即使从心所欲，也不会越出规矩。根据这个总结，可以说是有了治国之志，无论遇到任何的困难、挫折和非议，都意志坚定，毫不气馁，坚持不懈，十年一个台阶一个台阶地跨越，直至生命的终结。只有不夹杂个人私念，才能坚持终生；只有坚定信念和追求精神，也才能有所建树，这就是孔子不同凡人的地方。这些经典，现在还在使用，如而立之年、不惑之年、知天命之年、耳顺之年等。

四、正本清源，古为今用

中国封建社会将孔子思想作为统治阶级的思想基础，扭曲了孔子思想的初心和原意，使其在历史的长河中失去了自身原来的价值。正本清源，古为今用，是哲学社会科学的一项重要使命。孔子思想不是专为封建社会设计的，而是与封建社会制度相悖、格格不入的，可是为什么封建统治阶级要选择孔子思想作为其统治思想基础呢？这是因为封建统治阶级为了盘剥人民、维持封建统治，需要对人民加强思想控制，禁锢人们思想，之所以选择孔子思想，主要有以下原因：第一，孔子思想只讲治国而不触及制度，这是一个短板，封建统治者利用的正是这一点；第二，孔子受时代局限，也有不正确或者适应封建社会的守旧言论，这在全书占的比重较小，可是封建统治者将其凸显出来，作为主导思想，加以推崇；第三，孔子的伦理论述占很大部分，统治者强化个人修己和社会伦理，以达到思想控制的目的；第四，对孔子思想加以改造，将治国之道改造为治民之道，将君礼臣忠改造为君权至上，将"利民""爱人"改造为绝对忠君，将"君君臣臣父父子子"的各行其道、各守其责改造为封建等级制度，君为臣纲，夫为妻纲，父为子纲。这些就成为社会治理的准则，这就违背了孔子思想的初心和原意，成为封建统治的思想工具。当西方崛起之后，中国还在缓慢爬行，儒教即是改造后的孔子思想已经成为影响社会发展的思想阻力，"打倒孔家店"也就成为吹响中国革命的冲锋号。在这个漫长的历史阶段，由于统治阶级的力推，对孔子思想的研究很深，成果颇丰，是中国传统思想文化的重要组成部分，可是，多数解读、论述、评价程度不同地打上那个社会的烙印。新中国成立后，出于建立新政权、开辟新道路的政治诉求，消除封建思想已成为一个重要的任务。孔子思想作为封建社会的统治思想基础，也在消除负面影响之列，其否定和批判多见于一些解读和评价孔子思想的书刊之中。特别是那场全民批孔政治运动，评法批儒文章扑天盖地，批孔之声席卷全国，还出版一批评法批儒的书籍。"文化大革命"后，政治运动已经澄清，孔子的思想却一直无暇清理。进入新的历史时期，制度的藩篱已经拆除，封建时代已经远离，道路已经稳定，对孔子思想做出公正准确的解读和评价，正本清源，古为今用，能有更多的新成果问世，是哲学社会科学的重要使命。

五、不忘初心，以史为鉴

包括孔子思想在内的五千多年的中华文明史是中华民族得天独厚的历史遗产，取之不尽，用之不竭，将其挖掘出来，不忘初心，牢记使命，必将在实现中华民族伟大复兴中发挥其独特的作用。在五千多年的中华文明史中，先秦百家是我国古代思想创新的鼎盛时期，可以说是我国优秀思想的聚宝盆，其中孔子思想经过代代相传以及文化传承和发扬，凝聚成为中华民族独具的民族特质和民族精神，融入到中华民族的血液之中，不因时代变迁而衰退，经久不息，一直延续至今，这是中华民族伟大复兴的根和魂，一方面根深才能蒂固，经得起任何风吹浪打，另一方面，根深才能叶茂，促进实现中华民族伟大复兴的历史进程。

其一，实现中华民族伟大复兴是一项光荣而艰巨的历史使命，必须团结全体中华儿女，同心同德，艰苦奋斗，这就需要充分挖掘这种民族特质和民族精神，凝聚成为坚定的理想信念和信心，形成一种强大的意志和力量，是实现民族大业的思想保证。

其二，为了打下实现民族复兴的基础，我们付出了艰苦的努力，既积累了丰富的经验，又付出了很大的代价。其中，对外国门打开，抓住机遇，充分学习西方的先进经验，同时，又迎来西方的挑战——力图动摇我们的根和魂；对内实行市场经济，经济高速发展，国力不断增强，同时，西方对意识形态和民族特质进行冲击。只有稳固我们民族的根和魂，就能站稳脚跟，什么都不要怕，保证前行的大方向。

其三，新时代面临的国内外环境比较复杂多变，国内长期高速发展带来的诸多困难和矛盾积累，历史和环境形成的地理条件和发展带来的不平衡解决的难度很大，需要魄力和大智慧。中央已经为我们制定了宏伟的蓝图和一步一个脚印的实施步骤，这是我们的信心和力量所在。同时，我们同样需要从我们的优秀传统思想文化的宝库中，吸取大智慧，汇集成为新时代的智慧和力量，促进民族复兴大业顺利实现。

综上所述，加强对先哲思想的研究，将不忘初心、以史为鉴转变成为实现新时代使命的凝聚力、动力和奋斗精神。同时，要以先哲为榜样，学习他们敢为人先、矢志不移的坚定信念和锲而不舍、坚持不懈的追求精神。在那样的时代、环境和条件下，能够创立如此不朽的杰出思想，这一点比学习思想本身更为重要。我们现在的时代，是知识横溢、信息涌流的时代，研究的环境和条件，那个时代根本无法相比，因此，应该产生更多不愧于我们这个时代、不愧于我们祖先、超过前人、穿越历史的不朽成果，为人类社会做出更大的贡献。